U0129165

歲月無痕

張　帆著

文　學　叢　刊
文史哲出版社印行

國家圖書館出版品預行編目資料

歲月無痕 / 張帆著.-- 初版 -- 臺北市：文史哲，
民 102.03
頁; 公分（文學叢刊；279）
ISBN 978-986-314-091-7（平裝）

855　　102001709

文學叢刊 279

歲月無痕

著　　者：張　　帆
出 版 者：文史哲出版社
http:// www.lapen.com.tw
e-mail：lapen@ms74.hinet.net
登記證字號：行政院新聞局版臺業字五三三七號
發 行 人：彭　正　雄
發 行 所：文史哲出版社
印 刷 者：文史哲出版社
臺北市羅斯福路一段七十二巷四號
郵政劃撥帳號：一六一八〇一七五
電話886-2-23511028・傳真886-2-23965656

定價新臺幣四二〇元

中華民國一〇二年（2013）三月初版

著財權所有・侵權者必究

ISBN 978-986-314-091-7　　08279

歲月無痕

目　　次

新疆天池　文 P.16

金緞鑲邊　文 P.27

賽湖花季　文 P.23

賽湖騎影　文 P.23

高山聖湖　文 P.23

精河縣巴音阿門景　文 P.20

花季萬壽菊　文 P.38

貝林鄉荷塘　文 P.41

天鵝湖　文 P.93

夏爾西裏的花海　文 P.44

精河小海子　文 P.56

精河小海子　文 P.56

猴　趣　文 P.67

青島嶗山　文 P.76

鄂托克賽爾河谷　文 P.85

青青小荷　文 P.41

輯一　行走的風景

絕色天池

新疆地大物博，氣候與地理環境千差萬別。很多內地人誤以爲新疆就是烏魯木齊，或者新疆全是沙漠戈壁、雪山高原，不毛之地，更不用說與江南的山清水秀相提並論了，其實這都是很片面的。除了山川風貌，新疆的湖泊與河流堪稱絕色，具有獨到的廣、闊、雄、奇，剛柔相濟的特點。

我走過新疆的四大著名湖泊：喀納斯湖、天池、賽里木湖、博斯騰湖，它們被人喻爲中國古代的四大美人，即西施、貂蟬、王昭君、玉環。喀納斯湖是西施，曼妙從容；天池是貂蟬，華貴而明麗；賽里木湖恰如王昭君，優雅深沉；博斯騰湖當屬楊貴妃，端莊又雍容。

天池距烏魯木齊約 110 公里，天池以其靠近首府的地理位置、便捷的交通條件，得以讓眾多遊客首先目睹她的容顏，被譽爲"天山明珠"。天池海拔 1980 米，是一個天然的高山湖泊，湖面呈半月形。它湖水清澈，晶瑩如玉，四周群山環抱，挺拔、蒼翠的雲杉、塔松，漫山遍嶺，遮天蔽日，素爲有名的遊覽勝地。1982 年，它被列爲第一批國家重點保護的風景名勝區。1990 年聯合國設立的"博格達《人與生物圈》保護區"，把天山天池風景區納入了保護區的範圍。

天池古稱"瑤池"，傳說 3000 餘年前周穆王曾在天池之畔與西王母歡筵對歌。據說神話中西王母宴群仙的蟠桃盛會便設在此處。古往今來，不知有多少文人墨客在此吟詩賦文，更留有"冰池耀日俗難觀"的佳句。七十年代初，郭沫若陪同西哈努克親王旅遊，臨湖吟出"一池濃墨沉硯底，萬木長毫挺筆端"的佳章。

到天池去，要從烏魯木齊乘坐汽車前往。上山時山路蜿蜒曲折，伴隨一條奔騰的溪流，這是來自天池的水，清澈的溪水衝擊岩石時激起雪白的浪花，使人感到一股清新氣息。進入天池前，要經過一道石門，石門是進入天池風景區的天然山口，兩側寬約百米，最窄處僅 10 來米。石門兩峰夾峙，一線中通，是河道切割形成的峽穀，故又稱“石峽”。石壁巍峨，高達數十米，長約 100 米，天巧奇絕，猶如打開的兩扇門板。石色赭暗，如同鐵鑄，又稱“鐵門關”。石門內三工河穿流，水旋路轉，河水湍急，浪花飛濺，崖聳穀深，聲震幽谷，有詩曰：“巍峨石峽瑤池門，峭壁懸天險斷魂。鬼斧神工刀劈就，一線通途上青天。”

傳說故事中，天池是西王母梳洗之用，一般人是不能隨意進出的，就連窺一眼都不行。王母娘娘在西小天池外修了一個石門。這石門兩峰夾峙，中通一線，門窄僅 10 余米，極易把守。西王母洗澡的地方有這一道門，就派小白龍去看守，可謂萬無一失了。

進入天池前，會在路邊看到一個小湖，人們稱之爲“西小天池”、“王母腳盆”。由天池湖水從地下滲漏入池，水似玉汁，猶如王母的冰肌玉體，傳說是“王母娘娘的洗腳盆”。池周圍塔松競秀，披綠掛翠，倒映湖中，墨染幽深；到了夜晚，碧月當空，靜影沉壁，月影微顫，與粼波成趣，有詩曰：“一泓碧流成龍潭，青松白雪鑲翠盤。金秋桂月沉壁底，疑是嫦娥出廣寒。”

過了西小天池不遠，路右側的瀑布即爲“西小天池瀑布”，瀑布淩空，垂簾數十米，猶如一卷垂落的銀簾，銀簾的後面，隱現著王母娘娘梳洗的倩影。

天池道路以前以險峻著稱，隨著景區建設的加快，公路兩側變成了一幅長長的畫卷。天池公路好像一條巨大的蟒蛇盤繞山間。乘車在這樣的山路上旅行，遊人會隨著山勢的變化而忽喜忽驚。上出重霄，時有飛閣流丹；下臨無地，峰迴路轉之間。天然圖畫一步步引人入勝。行進在天池盤山路上，可以覺察到一日之內，一山之間，而氣候不同。穀底山花爛漫，蜂飛蝶舞，時在三春；山巒青松白樺，茂林蔽日，序屬九夏；坡上枯藤老樹，倦鳥昏鴉，是晚秋景致；而博格達峰的千秋瑞雪，則輝映出隆冬風光。四季煙景，一朝在目，使人應接不暇。

沿著盤山道，進入停車場。下得車來，再步行百多米，整個天池的真容就展現在眼前。只見雪峰倒映，雲杉環擁，碧水似鏡，風光如畫，湖光山色，令人心醉神迷。正如王宇斌先生的《天池賦》中描述："地脈環靈氣，天機鑒自然。送綠者爲使，潤物雪開源。花動曉風馨，泉響孤月明。寒波滯雁陣，冷露潤花唇。白雲冰峰一色，綠波層林難分。"

天池長 3400 米，最寬處約 1500 米，面積 4.9 平方公里，國家 5A 級旅遊風景區，背靠常年積雪的博格達峰。湖畔流光溢彩，景色旖旎，天池像一顆巨大晶瑩的藍寶石，與周圍奇異的角峰、刀脊、冰門以及晶瑩剔透，插天掩雲的博格達峰，交相輝映，構成一幅如夢如幻的人間仙境。博峰映在水面，才顯出了瑤池的與眾不同。湖岸豎著一塊巨大的石頭，上書珠紅大字"天池"，站在這裏，極目遠眺，湖水面坦蕩，碧綠清澈，四周群山巍峨，幽林繡草。遠處峰頂的冰川積雪，閃爍著皚皚銀光，與天池澄碧的湖水相映成趣，構成了高山平湖綽約多姿的自然景觀。隨著天陰天晴，日出日落的光影變化，一池湖水也在不斷地變幻著顏色，一艘快艇在天池的水面上快速的滑過，天池寧靜依舊。山上富有特色的小房子映襯著此山此景，別有一番北歐風情。

博格達主峰左右又有兩峰相連。抬頭遠眺，三峰並起，突兀插雲，狀如筆架。傳說在很久很久以前，天池有一條惡龍，經常出來禍害百姓，有三個小夥子決定聯手，除掉這個妖孽。三人歷經艱險，攀入天池，把惡龍追到博格達峰頂，展開了殊死搏鬥。經過七七四十九天的鏖戰，終於打敗了惡龍。他們自己也筋疲力盡，昏倒在天池旁。他們這一昏倒後，就再沒有醒來，隨後就化爲三座山峰，並肩而立，守護著天池這塊聖地。

沿湖岸往南走，越往深處越秀麗，從峽穀深邃處流淌出夢幻一般的藍、幻思中清幽裏瀉散的一股子綠。看天池的美決不能一葉障目，要徒步深入，細細看，慢慢品。一個小山包，一片黃花地，一道湖水彎，可謂一步一景，景景入勝，此地的一草一木，均有靈性，一溝一壑，皆爲上品。春天池秀中掩媚，夏天池幽中露豔，秋天池深中顯俏，冬天池曠中亮麗。“雄、奇、險、秀、幽、奧、深、曠”的天然絕色，四季變幻，勝景層出，神形各異，奇趣無窮，“瑤池仙境世絕殊，天上人間遍尋無”。

冬天，天池是人們滑雪、滑冰的好去處。冬天的那份歡鬧，一點也不亞於夏季。在熱熱鬧鬧的冬天裏，早已把幽靜的含義徹底瓦解，把冰冷的概念化爲蓬勃的春潮。

高坡之上，綠蔭層層，萬物疊疊，霧縷如煙草闊如野、霞霏繾綣鷹隼翻飛。登山的過程，是純淨心靈的過程。遠處的博格達雪峰，讓人忘卻塵世煩惱，甚至塵世快樂。

天池有一個美麗的傳說故事。玉帝和王母娘娘有 7 個女兒，就是人們常說的七仙女。七個女孩整天錦衣玉食、琴棋書畫，這樣的日子過久了，也會索然無味。一天，七個女兒在天上呆得寂寞了，就下入凡間，來到古西域，她們飛過草原牧場，飛過戈壁大漠，遠遠地看到了高聳入雲的雪白的博格達峰。她們圍著山峰飛呀飛，嘻戲著、打鬧著，這裏的冰清玉潔、這裏的草深林幽，花波蕩漾，都深深地吸引了這七位仙女。她們很想經常來到這裏遊玩，飛到天上去以後，她們就要求母親在博格達山下修一個洗澡池供梳妝打扮用。王母娘娘非常寵愛這七個女兒，便答應了她們。她命令雷神挖天池、雨神下雨。雷神在博格達峰附近花了 7 天時間將池挖好後，雨神連續下了 49 天大雨，終於匯成了一座湖，這就是天山天池。由於專門爲七仙女洗澡而建，天池熱氣騰騰，是一個非常理想的人間洗澡池。

這一美好神奇的傳說，激發了古往今來多少文人墨客的無盡遐想。唐代大詩人李商隱一首千古絕唱：“瑤池阿母綺窗開，黃竹歌聲動地哀。八駿日行三萬裏，穆王何事不重來？”至今令人盪氣迴腸。毛澤東主席生前曾滿懷嚮往地說過：“我要上一趟天池”，“瑤池傳說中是王母娘娘沐浴的地方，到時候我也要在裏面洗個澡”。夙願雖未實現，但足以印證天池的無窮魅力。

一個傳說、一幅畫、一曲歌、一首詩，就可以讓一個自然景觀蜚聲中外、獨領風騷，就可以讓遊客爲之傾倒、歎爲觀之，就可以讓人興趣盎然、感慨不盡。現在，不管是本地還是內地來的遊客，都喜歡去天池乘涼避暑，休閒娛樂。高山溶雪彙集而成的湖水，清純怡人。每到盛夏，湖周綠草如茵，繁花似錦，花香醉人。即使是盛夏天氣，湖水的溫度也相當低，乘遊艇在湖面上行駛，一陣陣涼風吹來，暑氣全消，是避暑的好地方。

“早知天池美，何必下蘇杭”。天池，背倚直插雲天的博格達峰，面俯欣欣向榮的首府烏魯木齊，見證了歷史的滄海桑田，造就了一方壯美異常的人間天堂，以她的靈山秀水、神秘誘人，飲譽古今，令海內外賓客遊人心馳神往，遊而忘歸，留連忘返。

巴音那木的星空

巴音那木是精河縣南部山區中的一片水草豐美的山甸草原，位於科羅婆努山的北麓。崇山峻嶺、藍天、白雲、陽光、青松、綠草、各種鳥獸和蝴蝶，是這裏永恆的旋律。當山下酷熱難擋的時候，這裏卻是草長鶯飛的清涼世界，尤其是夜晚，牛羊入圈、飛鳥歸巢後，松濤起伏，泉水叮咚，“明月松音照，清泉石上流”，成爲巴音那木草原一道獨特的景致，吸引著遠近遊客慕名而來。

對於巴音那木，我並不陌生，早在八十年代，我做共青團工作時，就曾經與幾位團幹部一起夜宿巴音那木牧村，當時在與當地的團員青年聯歡過後，帶著醉意進入了夢鄉，沒曾刻意地留心巴音那木的美妙星空。

這次我與幾位藝術家再一次來到了巴音那木。雖說進入了秋季，但天氣依舊很暖，山路窄窄彎彎，和泉水清清淺淺地伴著，陽光撒下來，頭頂的樹葉變成翡翠，隨著腳步的移動，光線的變化使山呈現出各種層次的綠，山的生命活了起來。太陽斜斜地照著，一座座山峰縱縱橫橫地排在眼前，有風吹拂，一大片白雲貼著山坡湧過，雲彩纖細清晰，輕柔舒慢，似乎有意在顯示它那靈巧的身段。於是空氣有了流水的質感，一伸手就可以捧了來喝，跳進去就可以浮游。

我們是被一場雨留在了巴音那木。天亦有意，一番雲遮霧障、一番秋雨綿綿之後，本以爲只會有愁雲慘霧、幾杯清酒作伴了，或許靜夜聽雨聲了。不料，走出山間的小閣樓，看到的卻是一個美妙的星空出現在頭頂上方，滿天的星辰，滿天的透徹明亮。遠處是黑黝黝的山的輪廓，似乎比白天更貼近了。滿天的星星，仿佛是時間老人隨意地拋灑在宇宙間，然後隨著這種貫力，引起星星們的自由旋轉。

尋一處坐下，夜靜聽天籟。小時侯老師教我，說某人的文章好，可說是與天籟齊鳴，天籟就是大自然的聲音了。在我想來，星星月亮會說話麼，夜恐怕也是無聲的。或許“白楊蕭蕭，聲如濤湧”可以算做是天籟，“四壁蟲聲唧唧”也是天籟。夏天和秋天的夜晚大概是最富有詩意的。身處深夜中的巴音那木，不遠處的山泉流淌而過，偶爾幾聲狗吠聲，剩下的便是夜空中的星星在竊竊私語了，這，也是天籟吧。

在星空中，我們所在的地球，仿佛是一艘大船，載著我們在無限的宇宙中穿行，與一顆顆星球擦肩而過。我們置身於飄渺無際的宇宙中央，我們的身邊就是巴音那木草原，是流淌不息的巴音那木河，是一座座漸行漸近的黑糊糊的大山。這與滿天的星星構成了一幅壯麗的場景。這些星星，觸手可及，伸手可摘，要是誰大喊一聲，就可能驚落幾顆。

銀河系這道天河，由南而北穿行而過，它阻斷了牛郎織女美好的田園生活。位於銀河兩岸的牽牛星和織女星，負載牛郎和織女的離情別恨，飛渡河漢，在人們的不知不覺中，每年七月七，作著一年一度的短暫歡聚。

織女和牛郎的故事，本是人們根據天象創造出來的美麗神話。織女星在銀河之北，牽牛星在銀河之南，即將到來的農曆七月七，兩星的距離最近。於是，人們推想，牽牛和織女就在這夜靜更深的時候，在人不知鬼不覺中，相聚了，可很快就分開。當然，還要抓個使兩個人分隔的罪魁禍首，於是，就讓威嚴而沒了人情味兒的天帝來阻遏，這樣故事就能完整，就能讓每逢七夕，烏鵲引渡，一年一會的生動情節和鮮明的人物形象，作為一個民間故事來一代一代的流傳至今。

這個膾炙人口的美麗傳說，是人們對美滿婚姻和戀愛自由的追求，也是對封建專制的反抗。據說這個故事產生在漢代，但那時並沒有這麼生動的情節的。《古詩十九首》說："迢迢牽牛星，皎皎河漢女，纖纖擢素手，劄劄弄機杼。終日不成章，泣涕零如雨。河漢清且淺，相去複幾許？盈盈一水間，脈脈不得語。"只說了迢迢之邈遠，皎皎之燦爛，相望不能相聚的苦楚，並無其他。可見，那烏鵲引渡和七夕相會是後代人們的再創造了。

其實，織女織雲錦的傳說比這更早。查《詩經·大東》章有雲："跂彼織女，終日七襄。雖則七襄，不成報章。"意思是說那織女從早到晚的換了七個時辰，她都沒織出錦緞來。這可不是說織女比較笨，幹不出活兒來，而是言統治者的榨迫。

而今夜呢，夜涼如水，如此的清冷。我想像著織女窈窕的身姿和那手下高超的織技，又聯想到七月七那天，雙星趕赴佳會的急切心情，他們在微茫的景象中，鬱鬱霄行，雖然有烏鵲這些多情的鳥兒引渡，誰也看不到他和她是怎樣渡河的，卻也是幽獨淒涼。

可又想，這世間有無數的人，有幾個能像牛女那樣的對愛情忠貞不貳，可與日月同輝，與天地同壽呢？這世間的夫婦朝夕相處，又有幾對能如牛女相會那樣的心誠意摯、情意綿綿呢？天帝的淫威壓之不懼，迢迢的河漢隔之不斷，歲月的流轉而二人對愛情的忠貞毫無虧損，這正是雙星愛情傳說的動人之處啊！在這裏，我們不能不嘲笑自己如同世人那樣的虛偽和短暫的愛情，也不能不歌頌這傳說的愛情的純真。

纏綿的感情像天河中的流水，明潔蕩漾，而又那樣深沉廣大，浩淼漫流著；美好的相逢如夢境般的真切而又迷離。試想，那終年的苦別，短暫的會面，是真的一刻千金。而此後，歸路在後，看都不忍看，更何況說出一句別離呢？但天意如此，也只好回去做那"思君如流水，何有窮已時"的盼望了……

銀河、牛郎、織女，給了人們無限的遐思，漣漪回蕩，沁人心脾。而在茫茫宇宙中，又有多少我們難以探究的秘密？相對而言，我們這些常人知道的是少而又少了。比如我們人類用肉眼可以看的星星有 7000 多顆，而看不到、望不到盡頭的星星還有多少？在宇宙中，人類是渺小的，人生是短暫的。人生如夢，人的一生就好比做了一場夢，有的人到臨死的時候，這夢也沒有醒，有的人則上演了一場人生大戲，讓自己那比流星燃盡那一刻還要短暫的生命在歷史的長河中留下永久的記憶。

在巴音那木觀望久違了的星空，讓人思緒翩翩。此時，有一種天人合一的感覺。兒時誦讀的李白詩雲："危樓高百尺，手可摘星辰；不敢高聲語，恐驚天上人"忽然顯現在眼前。不忍打破這靜謐的時刻，驚動星星們對明天的憧憬，輕輕地，走回了自己的夢境。

高山聖湖 — 賽里木

是遺落在草原上的一輪滿月嗎？是吟唱邊塞的一支戀歌嗎？是散發芳香的一杯馬奶子酒嗎？

長路漫漫的古絲道上，在人們的印象中總抹不去那種灰黃、乾燥的基調。然而，在“絲綢之路的北道的西端，卻有一個群山環抱、景色佳麗的絕妙去處 — 賽里木湖。這裏，山清如洗，水碧如染，波濤與松濤共鳴，草色與藍天竟翠。每一個跋涉在古絲道上的旅人來到湖畔，幾乎無一例外地要在這裏駐足小憩，聽一陣濤聲，心遊神馳，掬幾朵浪花，疲憊頓消。

因 312 國道、烏 — 奎 — 伊高速公路傍湖而過，很多人有緣和它相逢，它像一顆明珠鑲嵌在祖國西北邊陲。它保持著原始生態，顯得有些荒蕪，有些野性，但是人們一旦見到了它，就會傾倒在它質樸的風姿、清秀迷人的柔情裏。

賽里木湖，是新疆海拔最高、面積最大的高山湖，蒙語稱“賽里木淖爾”，意爲“山脊樑上的湖” ，古稱“乳海”。賽里木湖的湖水，浩渺無垠，深波幽邃。賽里木湖安臥於北天山的崗吉格山、呼蘇木奇根山、科古爾琴山之間，青峰翠嶺，黛崖赭壑。淡雲遊弋山腰，薄霧輕繞峰巒，萬千氣像凝山水，千姿萬態掛雲間。

賽里木湖那澄澈的湖水、澄綠的草原、澄藍的天空，渾然溶成一體，把人們引入迷人的童話世界。這裏的一切是寧靜的，這裏是花草馨香純淨的世界。靜靜的湖畔是花草的梳粧檯，靜靜的湖水是花草的明鏡，草原的情韻在這裏聚集了，大自然潔新的思維在這裏凝固了。忽然一陣清風吹過，透明的鏡面被打碎了，迷人的靜謐被打碎了，濃鬱的詩情被打碎了。草原上的萬紫千紅，雲影霞光，一起彙聚在湖水裏，湖水興奮地波翻浪湧。光怪陸離的色彩，濃淡各異的馨香，一齊在湖上流動，任何高明的色彩學家，都無法把水中色彩區分開來。

賽里木湖是花草歡樂的湖，是天鵝、大雁和野鴨追波逐浪的樂園，也是魚類歡躍之鄉。經過科學工作者對賽里木湖的大量的綜合性研究，大面積冷水養魚已獲成功，賽里木湖正成爲新疆的重要水產基地之一。

當然，真正的歡樂還是屬於湖畔的牧民，每年的七月份，羊肥馬壯，一年一度的那達慕大會，都要把博爾塔拉草原上所有的歡樂集中到這湖畔。那時車輛載著豐收，駿馬馱著力量，雄鷹銜著膽識，牧歌趕著愛情向湖濱彙聚，“兒童能走馬，婦女亦彎弓。”當著名的賽馬、摔跤、射箭三藝比賽開始的時候，草原就傾斜了，大山就搖晃了，湖水就沸騰了。歡歌和馬嘶混在一起，笑臉和紅霞映在一起，浪花和鮮花開在一起，整個草原都沉醉在歡樂裏。

賽里木湖是深沉的，有關她的傳說，世代在民間相傳：在很久很久以前，這裏並沒有湖泊，而是一片水草豐美、鮮花盛開的草原。就在這片草原上，有一位勤勞善良、美麗動人的牧羊姑娘，她的名字叫切坦。切坦姑娘和英俊的牧馬青年斯得克朝夕相處、互敬互助，在共同的勞動中，建立起真摯、純潔的愛情。有一天，切坦姑娘趕著雲朵般的羊群，邊歌邊舞，正在鳥語花香的草原上放牧，與外出遊獵的草原魔王相遇，草原魔王爲填滿他的欲壑，便下令左右衛士，把姑娘搶進宮去做妃子。忠於愛情、嚮往自由的切坦，不畏強暴，不爲宮中的榮華富貴所動，誓死不從，趁人不備，策馬而逃。如狼似虎的衛士緊緊追趕，眼看就要把她抓住。就在這時，切坦發現一個望不見底的深潭，便縱身跳了下去。牧馬青年斯德克聞訊趕到，舉刀殺死衛士之後，悲愴地喊著姑娘的名字，也一頭紮進深潭。潭水頓時翻騰怒吼，黑浪滔天，一個浪漩就把草原魔王和他的宮殿吞沒了。這對含恨而死的戀人，在波濤洶湧中化作兩座形影不離的小島，至今比肩而在萬頃碧波的湖面上。

賽里木湖原來不生長魚，主要是因為賽里木湖是一個與外界隔絕的湖，魚苗無法進入湖裏。近些年來，水產部門與漁業企業，在溫泉縣建立了冷水魚繁育基地，先後在湖裏投放鯉魚、鰱魚、鯽魚、裸黃瓜魚、虹鱒魚、金鱒魚、高白鮭魚等，都獲得了極大成功。今天的賽里木湖已成為新疆重要的冷水魚生產基地，產品在滿足市場需求的同時，還出口到歐洲。

因為有魚，以魚為食的各種水鳥聞訊而至，昔日寂靜的湖面上，一年比一年熱鬧起來，就連天鵝也不遠萬裏，來到賽里木湖落腳，產卵孵雛，歡度蜜月。直到秋風蕭瑟，小天鵝羽毛豐滿，才拖兒帶女，振翅遠飛。

賽里木湖是美的。夏天麗日，賽里木湖金波粼粼披彩霞，秋天驕陽，賽里木湖綠浪萬頃映金暉。每到冬天，這裏雪湧水凝，圓形的湖面，鑲在冰山雪原之中，宛若潔白鬆軟的絲錦上擱置著一塊晶瑩的翡翠。飽覽賽里木湖的迷人景色，無疑是人生難得的享受。

大美賽里木

有些地方，一旦走過，就會很快忘記；有些地方，雖然不曾走過，卻讓人魂牽夢繞；有些地方，它不害怕孤獨，不害怕遺忘，更不害怕被人知曉，因爲它有著不可替代的魅力，即使不被關注，依然生生不息。賽里木湖，就是這樣一個讓人流連忘返的地方，它像一首熾熱的詩，一幅流動的畫，讀之餘味無窮，使人心靈得到洗滌。

這裏，山清如洗，水碧如染，波濤與松濤共鳴，草色與藍天競翠。每一個跋涉在古絲道上的旅人來到湖畔，幾乎無一例外地要在這裏駐足小憩，聽一陣濤聲，心遊神馳，掬幾朵浪花，疲憊頓消。

也許得近水樓臺之便，從八十年代初開始，我幾乎每年都要來到賽里木湖畔，賞湖光山色，聽波濤拍岸，看羊肥馬壯，品草原情韻。每一次見到了它，我都會傾倒在它質樸的風姿、清秀迷人的柔情裏。變幻莫測的湖水，每一次去都以妖嬈多變的顏色呈現在我的面前，隨著雲彩的移動、光線的強弱，湖水時而淡藍，時而墨藍，時而寶藍，時而又銀光閃閃，讓你徜徉忘返。

記得 1981 年第一次到賽里木湖，是乘坐一輛進山的大卡車，從溫泉縣城出發，在塵土飛揚的盤山道中，50 多公里的路途，行駛了大半天才看到湖水；而今，早已是柏油公路通暢無阻，不到一小時的車程便能嗅到賽里木湖濃淡相宜的花香了。再用兩個小時繞環湖公路一周，就可以看盡松柏蒼翠墨綠，湖濱碧草繁花，氈房星點，馬嘶羊咩，萬千氣像凝山水，千姿萬態掛雲間。

去看賽里木湖，當然是五月下旬六月初最好了。

五月，是賽里木湖鶯飛草長的季節，是花的季節、花的海洋。

賽里木湖的春天腳步姍姍來遲，也許是受到沃土和白雪長久孕育的緣故吧，進入五月，春天一露頭，就顯得是那麼濃鬱、猛烈、鮮亮，露帶山花落，雲隨野水流，賽里木湖周圍就進入了花季，就變成花的世界了。馬櫻花、蒲公英、芍藥花、野薔薇和一些無名的小花，競相綻放，開得花攢綺簇，開得浪蕊浮花，開得層巒疊嶂，開得氣吞山河，開得天地間映出一片片純情。

賽里木湖的花兒，與春天簽了協議，她們綻放著熱情，藏匿起秘密，一路兼程一路飄逸，害怕遺失了芬芳，害怕跌落了鮮豔，蹦蹦跳跳的溪水挽留你，啁啁啾啾的鳥語挽留你，也擋不住彩雲追月般的步履，走過三月的和風，走過四月的細雨，趕往五月去赴花兒的聚會。花兒托起了五月。五月，住在花裏，賽里木湖的五月，浮在花的海洋裏。

賽里木湖的春天是燦爛多彩的。在賽里木湖的西岸丘陵草原上，披滿了五彩的山花綢緞：芍藥花、蘭花貝母、紫草、水絨草、單花鬱金香、野罌粟、蒲公英、燈心草……有的金黃，有的橘紅，有的火紅，有的紫晶，各自綻放出生命中最濃鬱的色彩，交織成一條又一條絢麗無比的錦帶。這些繽紛而自然的奇花異草，密密麻麻地籠罩了你的想像，承載了你的嚮往，化爲你夢中的伊甸園。這時的賽里木湖就成了攝影家的天堂，他們帶著全部的攝影家當長槍短炮，趕來擁抱賽里木湖的春天，與漫爛山花相會。此時的攝影家們，個個都是“貪得無厭”，起早貪黑，恨不得把賽里木湖所有的美麗收入鏡頭、把賽里木的花波蕩漾、湖光山色裝入自己的私囊。

夏天的賽里木湖是熱烈的，金波粼粼披彩霞，陽光斑斑駁駁的丘陵草原，由金黃色、淡藍色、白色和粉紅色的鮮花鋪就，遠看是草、近看是花，令人眼花瞭亂。湖畔草原上，流水叮咚，花草繁茂，多姿多彩，使人陶醉。那澄澈的湖水、澄綠的草原、澄藍的天空，渾然溶成一體，把人們引入迷人的童話世界。這裏的一切是寧靜的，這裏是花草馨香純淨的世界。靜靜的湖畔是花草的梳粧檯，靜靜的湖水是花草的明鏡，草原的情韻在這裏聚集了，大自然潔新的思維在這裏凝固了。忽然一陣清風吹過，透明的鏡面被打碎了，迷人的靜謐被打碎了，濃鬱的詩情被打碎了。草原上的萬紫千紅，雲影霞光，一起彙聚在湖水裏，湖水興奮地波翻浪湧。黃昏時刻，晚霞與野花竟相爭輝。湖畔林茂澗清，草深花繁，遼闊的草原上，幕帳點點，炊煙嫋嫋，牛羊無數，牧馬賓士，構成了一幅粗獷深遠的牧場風光畫。光怪陸離的色彩，濃淡各異的馨香，一齊在湖上流動，任何高明的色彩學家，都無法把水中色彩區分開來。

秋天，賽里木湖是天鵝、大雁和野鴨追波逐浪的樂園，也是魚類歡躍之鄉。賽里木湖原來不產魚，主要是因爲賽里木湖是一個與外界隔絕的湖，魚苗無法進入湖裏。近些年來，水產部門與漁業企業，先後在湖裏投放鯉魚、鰱魚、鯽魚、裸黃瓜魚、虹鱒魚、金鱒魚、高白鮭魚等，都獲得了極大成功。今天的賽里木湖已成爲新疆重要的冷水魚生產基地，進入了漁業盛產期，產品除滿足本地消費需要外，已出口到歐洲。

因爲有魚，以魚爲食的各種水鳥聞訊而至，昔日寂靜的湖面上，一年比一年熱鬧起來，就連天鵝也不遠萬裏，來到賽里木湖落腳，產卵孵雛，歡度蜜月。直到寒風蕭瑟，小天鵝羽毛豐滿，才拖兒帶女，振翅遠飛。

冬天的賽里木湖，雪湧水凝，美麗多姿，五彩繽紛，安靜的像一篇凝固的詩，又是一首無言的歌。古人雲：“才見嶺頭雲似蓋，已驚岩下雪如塵；千峰筍石千株玉，萬樹松羅萬朵雲”。雪山有雪山的雄奇偉岸、湖泊有湖泊的博大安祥，雪松有雪松的蒼勁挺拔，藍天、白雲和雪峰相互映襯，銀妝素裹的科古爾琴山和崗吉格山靜靜地環抱著這一湖聖水，顯得靜謐而深邃。與平時人們所看到的湖相比，又是一種韻味。湛藍的天空襯托著巍峨的蒼山和聖潔的湖水，在尉藍色的天空下，太陽照耀著湖的四周；圓形的湖面，鑲嵌在冰山雪原之中，宛若潔白鬆軟的絲綢上擱置著一塊晶瑩的翡翠。

清人丘處機對賽里木湖描述到：“大池方圓二百里，雪山環之，倒影池中”。冬季的賽里木湖少了夏日喧鬧，少了碧綠的草和五色的花，還有白雲朵朵似的氈房，映入人們眼簾的是枯黃的草，岸邊的冰雪，還有終日與湖水相伴的高山峻嶺也換上了潔白的冬裝。天地間萬籟無聲，那是一片澄澈、明淨、純潔透明的湖，遠離塵世與喧囂。一隊隊喜愛戶外徒步的驢友們、戶外攝影的色友們，紛至遝來，踏雪履冰，在湖邊拍攝、對著遠山呼喊，享受著這如詩如畫、如夢如幻的視覺盛宴，把一串串長長的足跡印在了湖周的雪野中，驢友的熱情融化了湖面上的積雪；一棵棵松柏，輕輕地晃動著手臂，歡迎著這些熱愛戶外的朋友。行走在冬日的賽里木湖，銀裝素裹，薄霧輕渺，如臨仙境，令人飄然蕩魂，看夕陽斜照，真有種不知今昔何夕之慨！

黃昏時分，金色的落日在雪峰頂上與賽里木湖做著最後的吻別，賽里木湖頓時羞紅了臉頰，便在山水間留下了最後一抹金燦燦的霞光。冬日的賽里木湖是那樣的恬靜明朗，那樣地懾人心魄，它是塞外的“香格里拉”，更是一處現代人夢寐以求的聖地。

賽里木湖，一個美麗的約定。她期待你難忘的心靈之旅！

開車的日子

“小迪”(比亞迪 F3)與我一起，轉眼之間就跑到 10000 公里了。“八千里路雲和月”，作爲私家車，在短短幾個月中，跑這麼長的里程，應該說不算少了。這期間，“小迪”隨我走過了城市、鄉村、牧區、戈壁荒漠，經歷了山間陡峭牧道的巔簸、經歷了嚴寒和冰雪道路的考驗，平安地闖過了一道道關口，即將到維修站進行二保。

有了“小迪”以後，給出行帶來了極大的方便，在享受那種風馳電掣的感覺的同時，觀看著道路兩旁閃過的各種流動的風景，也享受著視覺的快感。每週到南城接送女兒，免卻了孩子在冬季黑暗冰冷中擠公共汽車之苦；順便捎帶朋友和同事，感受到了幫助他人所帶來的快樂；看望親戚與老鄉，也無需顧慮返回時間的早晚。

在冰雪季節開車，也考驗了我的耐心。每次出行前，都要仔細地檢查汽車的各個部位，看看有無漏油、漏水、漏氣現象，有沒有不正常的雜音，檢查螺絲、扣卡有無鬆動跡象，保證安全出車。在風雪氣候和冰雪道路上駕車，路滑視線差，需要膽大心細，反應靈敏，眼觀六路、耳聽八方，時時按照交通規則行駛，力戒粗心大意、輕率盲目。

入冬以來，“小迪”隨我經歷了兩次危險氣候：一次是剛入冬的傍晚，我從博樂市往溫泉縣行駛，大風伴隨著冰雨加鵝毛大雪，鋪天蓋地，迷迷茫茫。落在前擋風玻璃的雨雪，讓刮水器刮不勝刮，很快地前擋風就堆積了一大堆雪，我不得不停車冒著暴風雪進行手工清理，加之視線極差，可視距離不過百米，路上分不清是泥還是雪，濺滿了車身。儘管如此，我仍保持著 60 碼的速度前行。另一次，是車過小營盤，頭天剛下過的小雪，落在地上，經過一夜的冰凍，路面上結成了薄薄的一層冰，不仔細觀察，還以爲是光光的黑色瀝青道路。在這種路面上行駛，稍有大意，就會"一失足成千古恨"，要麼追尾，要麼側滑，無奈地掉進路邊的深溝。我以 30 碼的速度，小心翼翼地走過了這一危險路段。

在 10000 公里的行駛過程中，也發生過兩次有驚無險的"險情"。一次是深夜從精河縣返回博樂，行至五台到博樂的博五公路中間，我正準備超過一輛大貨車時，突然發現前方是一個大轉變，而且前面突然出現兩輛相對行駛的汽車，我立即踩死剎車，就在我利用慣性將汽車轉回到右側車道的同時，那兩輛大貨車呼嘯著擦肩而過，令人驚出一身冷汗，而車內的文友還在趁著酒勁在高談闊論，對車外的事毫不知情。交規明確規定，在彎道處禁止超車，而在晚上，由於視線原因，對彎道的把握遠沒有白天那樣清楚。再一次險情就是經過小營盤鎮時，我由東向西行駛，屬於幹道直行，車速保持在 40 碼內，就在路過街中心轉盤時，發現一輛小型貨車突然由南向北由支線穿過公路，而此時在我車正前方的路中間，還有幾個民族人站在路中間閑諞，我急忙閃大燈並鳴笛警告，並及時拐了一個弧型彎，避過了那個開貨車的莽撞鬼和路中間幾個閑諞的傢夥，避免了一場意外的發生。

"小迪"行駛到現在，除了剎車時有摩擦聲音外，基本上沒有出過什麼故障。就是 1 月中旬的這次強寒流強降溫天氣過程，讓愛車受到了些小損害。這次強寒流讓阿勒泰地區和塔城地區等地暴雪成災，氣溫降到零下 40 度以下，給生產生活帶來了很大的災害和損失。我到汽修廠看過，此次災害天氣讓許多汽車受損，發動不著是一個普遍現象。“小迪”使用的是廠家配備的“比亞迪”四季機油，在南方地區、在零下 25 度以上發動車輛是不存在問題的。可是，前些天的夜間氣溫達到了零下 30 度以下，加之 3 天沒有動車，超過了汽車機油所能承受的上限，所以在發動車輛時，好幾次打不著，採用別的司機傳授的土辦法加油發動，結果造成機油濾清器損傷漏油、防凍液洩漏。托人把上次首保時剩下的機油帶來補上，將車開到保修廠家更換了機油濾清器，才把一顆懸著的心放下來。

進入了汽車時代，開上了自己的汽車，讓生活品質得到提升，在汽車的疾馳中讓自己的腿變長，體味著飛的夢幻，感受著愜意的人生之旅。汽車生活帶來了歡樂、帶來了效率和便捷，同時也在慢慢改變著人生軌跡。但凡事皆有兩面。看過一幅漫畫，一輛童車裏，裝著一輛咧著嘴笑的小汽車，而推著童車的主人則帶著無可奈何的神態。駕車，不光是權利，也要承擔著許多義務，遵守許多規矩，還要應對時不時出現的麻煩，這種心態也正應了時下網絡流行的一句話：哥開的不是私家車，哥開的是煩惱。

冬天裏的沙漠穿行

有些地方，一旦走過，就會很快忘記；有些地方，雖然不曾走過，卻讓人魂牽夢繞；有些地方，它不害怕孤獨，不害怕遺忘，更不害怕被人知曉，因爲它有著不可替代的魅力，即使不被關注，依然生生不息。烏蘭旦達蓋沙漠，就是這樣一個讓人流連忘返的地方，它像一首熾熱的詩，一幅流動的畫，讀之餘味無窮。

舞動的紅旗、攢動的人群、鮮豔的服裝……陣陣喧鬧，打破了烏蘭旦達蓋沙漠冬天裏的沉靜。

1 月 16 日，由精河縣旅遊局倡議的、博州“大漠戶外”、“藍羊戶外”、“野狼戶外”、“尖峰戶外”組織的“走進精河 —— 杞鄉荒漠生態徒步遊”，在精河縣烏蘭旦達蓋沙漠揭開序幕，近百名戶外驢友參加了這次徒步遊活動。這也是我第二次穿越這個沙漠。

徒步線路由沙漠西端開始，至東部出口直線距離 13 公里。這是一次相對比較輕鬆的徒步之旅。冬日裏雖然寒氣逼人，但對於在沙漠中徒步行走的人來說，卻也免了夏日穿越過程中的酷熱與口渴。隨身帶了 3 瓶水，直到走出沙漠，也沒有喝完一瓶。而在一年多前的那次穿越中，我帶了 4 瓶水，也沒有解脫那種難耐的乾渴之苦。

冬天的烏蘭旦達蓋沙漠別有一番景致，連綿起伏的沙丘，猶如翻滾的巨浪，托起白色的浪花，精美絕倫的沙紋肌理又似艾德萊斯綢般光豔華貴。

沙丘中的梭梭樹、紅柳等根徑相連，在沙漠中依然挺立，任憑寒風肆虐。正是這些珍貴的植被，才使得沙漠與農田彼此守望，人與沙互不相侵，展示了人與自然和諧相處的美好一面。我曾經在〈沙山子烏蘭旦達蓋沙漠體驗之旅〉一文中對這種人文與自然交相輝映的奇跡作了描述，這篇文章曾被多家媒體轉載，從那以後，許多人瞭解到博州有一片尚未被世人所知的沙漠。

此次穿越烏蘭旦達蓋沙漠，也是很多驢友在進入 2010 年後的第一次外出徒步。由於“7·5”事件的影響，博州戶外運動也受到了影響，戶外網絡的論壇和博客被關閉，各種互動聯繫中斷。所以對這次活動，大家熱情高漲，勁頭十足，甚至還有 3、4 位小學生模樣的小驢也加入到驢行的隊伍中來。小驢們一路上大呼小叫，一會兒跑在隊伍的前列，一會兒又停下把玩晶瑩的黃沙。驢行速度很快，在寒氣襲人的曠野中，每個人都成爲一團火焰，汗流浹背，熱氣騰騰。有的首次參加徒步的新驢，剛開始還可以跟隨隊伍，但行程過半後，行進速度明顯滯後，顯示體力不支的跡象。好在這是一次類似練蹄的平緩活動，無需過多的戶外裝備與驢行經驗即可適應。

一串串長長的足跡印在了沙漠中，驢友的熱情融化了沙地上的積雪；一棵棵小樹，輕輕地晃動著手臂，歡迎著這批熱愛戶外的朋友。沙漠中的行走，考驗著每一個驢友的毅力，也培養了一種新型的團隊精神。

戶外，帶給了我們健康與歡樂；戶外，給我們帶來了陽光與溫暖。戶外，讓我們回歸自然、賞心悅目。戶外徒步，痛苦的是過程，享受的是結局，愉悅的是心靈。

新的一年，讓我們相約，走得更好、更遠。

有了“小迪”以後

經過長久的精打細算積攢銀子、久久的選擇、久久的期待之後，在 2009 年的 8 月，終於夢想成真，把“小迪”（比亞迪 F3 標準型）開進了家門，成爲我家的第四個成員。

擁有一輛屬於自己的愛車，曾經是我遙不可及的夢想，也是前輩們想都不敢想的事。但是在快速進入資訊社會、汽車時代以後，這些在今天竟然變成了現實。

望著漆黑鋥亮的“小迪”，我收不回久久凝視的愛憐目光。它有著優美的“身段”、寬敞舒適的空間，有了它，就等於我的腿變長了，可以縮短時空的距離，拉近親友之間的感情。我可以駕馭著它，駛近遼闊的夢境；它可以載著我，走過美麗的山山水水，去看秋日金黃的碩果，閱盡所喜歡的風土人情。

記得在兒時，我曾爲擁有一輛自行車而朝思暮想，我幻想著騎著黑亮的自行車飛馳在馬路上，騎車去上學、去逛大街、去看親友，讓路兩邊的樹木與村舍快速從眼前流過，感受速度帶來的那份愜意、風從耳邊拂過的快感。但是由於囊中羞澀和家中經濟上的窘迫，擁有一輛自行車一直是一個可望而不可及的夢。直到我成爲上班族後，才把單位淘汰下來的扔在庫房角落裏的一輛破自行車進行簡單維修後，拿來作爲自己的“坐騎”，這輛“老爺車”除了鈴鐺不響、其他全響，但是我依然樂此不疲地騎著它上下班、及至下農牧區工作。工作三年後，用了自己將近兩個月的薪水購買了一輛“鳳凰大鏈盒”

輕便加重自行車，這才算是圓了青少年時代的“有車族”的夢。

時光如流。轉眼間，我已過了不惑之年，經過幾十年的打拼，汽車之夢離我越來越近。30 年的改革開放，促使時代在發展、人們消費觀念在更新、國家汽車產業在不斷進步，人們出行理念衝破了傳統的桎梏，汽車進入尋常百姓家庭已是司空見慣的事了。用了一年的時間，我在網上仔細查找所心儀的車型資料，利用出差機會在內地城市、在首府的汽車 4S 店對各型汽車反復進行比較，找老駕駛員詢問車輛的品質與性能方面的問題，最終確定了比亞迪 F3 標準型白金版作爲我家第四個成員的候選人。又經過了訂車、交定金、付車款、購置稅、買保險、上牌照……冗長而繁鎖的手續之後，終於把嶄新鋥亮的“小迪”領回了家。

“小迪”作爲家庭的新成員，成爲增進家人親情的潤滑劑。我們在週五返家時再也不用四處打電話叫車，也無須爲找不到返程的車而懊悔。我們可以不慌不忙、從容地處理完手頭工作，準備好行裝再啓程。在隨風而去的行駛中，可以聆聽自己所喜愛的音樂，望到往後移動的樹木花草，以及漸去漸淡的農舍，讓他們消失在我的後視鏡裏。遇到風景別致的地方，可以停車欣賞拍攝，把美景收進鏡頭，留住那美好的瞬間。車子髒了，父女倆可以洗車擦車，默契配合，在勞動中培養親情、收穫快樂。

“小迪”讓我們開闊了視野、調整了心情。在閒暇時光中，一家人驅車到山野中，得山水之樂，感受青山綠水、山風徐來的情致，與山水共脈動；到棉花田中，採摘銀棉朵朵，分享棉農豐收的喜悅；到水庫邊，觀看魚燕翻飛、長河落日的那種壯觀景象；到公園中，領略依依垂柳的柔美、鳥語花香的浪漫。在令人心曠神怡的路途中，邊走邊看，邊看邊學，望雪山飛瀑鏡湖流霞，看長風揚鬃駿馬賓士，品酒肉之美奶茶之香，聽牧歌豪邁琴聲悠揚，在旅行中增長知識，在行走中放飛心情，讓旅行充滿了色彩。

“小迪”的到來，也同時帶來了幾許擔憂和煩惱。沒有車以前，對汽油價格漲跌漠不關心，有了車之後，我幾乎每天都要看看歐佩克的石油產量、盤算著國家發改委對石油價格調整的升降幅度，暗自盼望著汽油價格只降不漲；在途中，害怕碰到有理說不清的亂收費，怕過不完的收費站，怕以“政策”、“規定”爲名的各種稅費、雜費；汽車是“三分駕七分維護”，害怕愛車不小心要進修理廠，車子一修，就意味著你要往外不斷掏銀子，還要把時間泡在維修站，搞不好，還要過幾天沒車的日子。還有一些讓人害怕的事：怕路上顫顫巍巍的老人；怕沒有父母看護的兒童；怕過街只看前面不看兩邊的“懵膽大”；怕走路跌跌撞撞的醉漢；怕交警突然向自己招手；怕偶然一分心電子員警就在你背後狂閃；怕堵車，怕拋錨，怕夜間對方不變燈，怕找不到停車位，怕別人借車……其實，規矩也是給“怕”出來的，表面看，“怕”是由心而生的一種情緒，但事實上，“怕”卻更像一股巨大的力量，規範和約束著駕車人的行爲。也正是因爲害怕，才心生畏懼。因爲怕交警，自然就得遵守交通規則；因爲怕行人，開車自然就得一看二慢三通過；因爲怕拋錨，自然就得勤檢測勤保養；因爲怕堵車，自然就得早出晚歸藉以避開行車的高峰。

有了“小迪”以後，就有了馳騁曠野的開心與樂趣，有了車輪上的快意與微笑，有了諸多的便捷，也有了隨之而來的煩惱與喜憂參半的複雜情感。汽車時代，汽車以它不容置疑的方式，改變了人們的衣食行的習慣與規律，也改變了人們的思維與觀念。

花季萬壽菊

盛夏酷熱，周末駕車外出，在風從耳畔拂過、車輪飛馳中，駛過城郊，透過車窗，看阡陌縱橫，觀雲卷雲飛，賞綠野無邊，滿目青萃。

驀然間，一片燦爛金色撲入眼間，仔細一瞧，原來是萬壽菊的花季到了，原野裏，怒放的菊花爭香鬥豔、蜂飛蝶舞。鋪天蓋地，是花的世界，仿佛來到了夢幻的時光。這裏是兵團農五師 84 團傳統的萬壽菊種植基地。

花有千萬種，賞花人的心情也各有不同。呀呀學語的孩子，花兒吸引他們的是五彩斑斕的色彩；情竇初開的少男少女們，欣賞的是花的嬌豔，或借花傳情……不同年齡、不同性別的人看花的心境不一樣，城裏的人和農村人看花的目的也不一樣……城裏人看花，在於花的美麗和芳香，而農村人看花，可以看到收穫與希望。萬壽菊的引進和大面積的推廣，不僅爲萬頃綠野增添了斑瀾色彩，更成爲本地農民增加收入、改善生活的重要渠道。於是，我們在不經意間，可以看到農民們鍥而不捨地守護在它們身邊，像守護自己的孩子一樣，給它們鬆土、給它們澆灌施肥，用最純樸的方式守護著豐收的希望。

萬壽菊，是近些年來才引進來的經濟類作物，是提取純天然黃色素的理想原料。萬壽菊的花是圓形的，遠遠望去像一個小球，近看，它的花瓣密密麻麻，數也數不清，再仔細一看，捲縮的花瓣像微型小喇叭。它可以根據需要上盆擺放，也可移栽於花壇，拼組圖形等。萬壽菊花色彩豔麗，花梗較長，作切花後水養時間持久，是優良的鮮切花材料。

萬壽菊能夠延緩老年人因黃斑退化而引起的視力退化和失明症，以及因機體衰老引發的心血管硬化、冠心病和腫瘤疾病。美國從 20 世紀 70 年代起就開始從萬壽菊中提取葉黃素，最早是加在雞飼料裏，可以提高雞蛋的營養價值。葉黃素還可以應用在化妝品、飼料、醫藥、水產品等行業中。國際市場上，1 克葉黃素的價格與 1 克黃金相當。

每一種花都有自己的語言，花語雖無聲，但此時無聲勝有聲。萬壽菊的花語是：友情、甜蜜愛情、健康長壽、別離的傷感。用七枝萬壽菊可以表示：喜相逢、我偷偷地愛著你、無盡的祝福、馬到成功。萬壽菊可以適應任何一種土壤，即使是剪下來的帶莖鮮花，也依然豔麗如昔，因此它的花語是“健康”。

萬壽菊還有一個傳奇的故事在民間流傳：16 世紀中葉最早傳到華南時，當時人們不知其名。由於它的花和葉都有一股臭青的異味，只好隨便稱之爲“瓣臭菊”。有個縣官大人要過 60 壽辰，縣府管家爲了增添喜慶氣氛，便在大門口錯落有致地擺上兩排盆花，頓時黃綠交輝，耀眼異常，縣官看了後大喜。隨即問道：“這是什麼花？”管家回答說：“是瓣臭菊”。誰料縣官聽錯了，說“啊，是萬壽菊，好呀，好呀！”管家連忙將錯就錯地恭維道：“對，對，是萬壽菊，祝老爺萬壽無疆！”從此，萬壽菊之名便不脛而走。1688 年清代陳扶搖所撰寫的《花鏡》一書中，正式寫上了“萬壽菊”的芳名。

萬壽菊是一種生命力很強的植物，花大色美，花瓣豐滿，植株生長齊整，花期又長，是夏秋佈置花壇的好花卉。但它並不嬌貴，也沒有四溢的香氣。雖然它無法與花木中的一些“大家閨秀”相比，但之所以能夠迎春綻放，在於它知道自己的價值，它以繁茂、精緻和俏麗贏得人們的喜愛。一朵、兩朵……它與其他一些沒有機會進溫棚、沒有機會出現在各類名花展覽的諸如桃花、梨花、橘花一樣，安靜地、自得其樂地生存在田野上，"寧可抱香枝頭老，不隨黃葉舞秋風"，它們不溫不火、不驕不躁，努力爲生活在它們周圍的人們奉獻著自己。

萬壽菊花盛開的田野，是靜穆的世界，襟袖間是泥土的氣息、流連在這金黃的世界裏，徜徉在生命的季節中，世間多少冷暖，早已融人那輝煌的境界中、不必說這裏的天藍雲高，也不必提這裏的綠樹成蔭，這一片片如火的萬壽菊花辯，就將使你醉倒在斑斕的色彩之中。萬壽菊，你是風雨一年的收穫，你是又一載充滿幻想的開始。

其實，看過花之後，人們會發現，人的一生也大抵如此：只要盡自己所能，儘管地位不顯赫、身份不高貴，但同樣因爲盡力釋放了自己的價值而變得美麗無比。

盛夏賞荷花

博樂市東去30多公里的貝林鄉，有一個“小荷度假村”，規模不大，幾個魚塘，一池荷花，再加上三兩個蒙古包，在叢樹和蘆葦的環繞下，便也成了城裏人愛去的消閒之處。

今年第一次去拍荷花，是在清晨的濛濛細雨之中。我駕駛著“小迪”，輕快地行駛在雨中的柏油路上。我想，很多人喜歡在清早和傍晚去拍荷花，我在薄霧小雨之中去拍，說不定還別有一番韻味呢。

40多公里的路程，半個多小時便到了。下了公路，再走過約1公里的新鋪柏油小路，就到小荷度假村了。

水塘很淺，水也不多，平時只是個濕地，估計是把水田稍作修整，種上蓮藕，就當作荷花塘了。沒有水的荷花塘，不知在酷熱的夏夜裏，有沒有《荷塘月色》的那種韻味呢？李白的《淥水曲》“淥水明秋月，南湖采白蘋；荷花嬌欲語，愁殺蕩舟人。”因爲少水更無漁舟，便也找不到江南水鄉的那種詩情畫意了。

也許是受到雨露的滋潤，也許多日的酷熱、乾旱的煎熬，小小荷塘裏荷花逢雨競相開放，在微風中搖晃著花枝。荷葉上滾動著晶瑩的水珠，綻放的花蕊嬌而不豔，浪漫如夢。恍然中，有了一些“半畝方塘一鑒開，天光雲影共徘徊”的意境。雨中的蓮荷，又似出水芙蓉，正如宋朝詩人杜衍所描寫的：“翠蓋佳人臨水立，檀粉不勻香汗濕。一陣風來碧浪翻，真珠零落難收拾。”（《雨中荷花》）。

荷花花朵豔麗，清香遠溢，碧葉翠蓋，十分高雅。荷花像徵君子、潔淨無染。荷花又稱“花中仙子”、清純高潔。中國傳統文化中荷花代表吉祥如意的寓意，佛教中很多地方都用到荷花作爲吉祥的象徵。

中國在很早的《詩經》中就有關於荷花的描述“山有扶蘇，隰與荷花。”“彼澤之陂，有蒲有荷”。荷花作爲觀賞植物引種至園池栽植，最早是在西元前 473 年，吳王夫差在他的離宮（即現在的蘇州靈岩山）爲寵妃西施賞荷而修築的“玩花池”。北魏賈思勰的《齊民要術》對種植蓮藕作了詳細記載：“春初掘藕根節，頭著魚池泥中種之，當年即有蓮花。”；又有“種蓮子法”：“八月九日取蓮子堅黑者，於瓦上磨蓮頭令皮薄，取墐土作熟泥封之，如三指大，長二寸，使蓮頭平重磨去尖銳，泥幹擲于池中重頭泥下，自然周皮，皮薄易生，少時即出，其不磨者，皮即堅厚，倉卒不能也。”可見，當時南北兩岸的中原地區荷花的栽培技術已是相當高超了。

新疆何時栽培蓮藕的歷史，不可詳考。但在這個偏僻的鄉野裏，荷花獨自矗立，展放著，等待著，美麗著。荷花與污泥相伴相生，不以污泥恥，而因污泥爲友，它知道沒有污泥自己就會無處紮根。荷花爲春天捎來一池春風，爲夏日帶走三伏鬱悶，爲秋天添加生機一片，就連冬日的殘荷也有人感動，那時荷花大概會在冰下冬眠，做著春天的夢。月色也因爲有了荷花而清輝絕倫。

荷花是徹悟生命的智者。我看到，在風吹雨打中，不經意時吹落了一葉荷瓣，倒影上浮，花瓣飄蕩。它似乎在啓示我們：這瓣荷花，曾飽嘗過孕育的艱辛，也曾感受過生命的快樂，而此時面對生命的消逝，它卻是如此的平靜，走得如此的飄逸，如此的灑脫。

與蓮荷對視的時光裏，獨自品味一段美麗的回憶，靜靜的，像獨自矗立的荷花。荷花雖然出生美麗和清純，但沒有一絲作秀的成份，它在眾人的讚賞中，依舊平淡純真，浪漫如夢，它超脫了世俗凡塵，“出淤泥而不染，濯清漣而不妖”，這已成爲一種精神象徵，一種豁達超然、充實豐厚的人生境界。

神秘異境 — 夏爾西里

昨天，我們幾位本土作家相約到夏爾西里去采風。

夏爾西里，原屬中、哈兩國爭議區，1998 年中哈勘界補充規定將這裏劃歸我國，夏爾希裏才真正完整地回歸中國版圖。由於長期屬於軍事爭議區，很少有人的活動，這裏的自然資源保存完好，被譽爲"上帝的後花園"。

能到夏爾西里走一趟，頗不容易，得費很多周折辦上通行證方能成行。好在，同行之中有一位年輕作家是軍分區的軍官，他就充當了我們的"臨時通行證"。

我們從小營盤以北、經過哈拉圖魯克的道路前往邊防五連。越野車在盤山道上忽左忽右地轉來轉去，盤旋而上，層層的盤山道如同蛇纏龍繞。山路陡峻、險要，窄窄的小路只能容下一輛汽車通過，峰迴路轉的急促，有時令你有窒息的感覺。

登臨高高的山巔，舉目四望，但見重山疊翠，群嶺起伏，綠草連綿，林木蔥郁，神秘美麗的夏爾西里，盡收眼底。"綠色天堂"，這會是你的第一感覺。夏爾西里保護區內溝壑縱橫，地形複雜。有冰川、雪山、高山草甸、山地森林、丘陵、荒漠、河谷、湖泊等，海拔高度從 310 米一直到 3670 米，落差達 3360 米。

越野車駛上位置最高的"玉科克"撩望哨，站在撩望哨的頂端，遠山近水，盡收眼底。夏爾西里溫和濕潤的氣候，使豐茂沒膝的芳草，像一面面偌大的綠毯，把座座大山從山頂到山腳，包裹得嚴嚴實實；金黃、水紅、純白和深紫的各色野花，開得滿世界的姹紫嫣紅，織成一條條一方方美麗的彩色錦緞；挺拔筆直的雪松，亭亭玉立的白樺，一大片一大片的，將每一道山麓都點綴的美不勝收。

在山中的一座小橋邊，潺潺流淌的不起眼的一條小河自西向東流過。經人介紹，才知那是從哈薩克斯坦流向我方境內的河流。一棵枯樹橫亙在小河之上，成爲連接兩國間的一座最簡易的小橋。仔細端詳，才看清對方境內有一座上黃下藍的界碑。而我方境內在同一地點相對豎起了一塊書寫“中國”兩個大紅字的界碑。

一排排白色的掛著鐵絲網的水泥杆將整塊的草甸劃分開來，告訴來人那面就是“國外”了，如果沒有這道鐵絲網，任你怎麼看，也感覺不出同樣的樹木花草會有什麼不同。一抹嫣紅的野薔薇撒著歡兒開，連綿起伏，點綴著山谷草原，它們可不管什麼國境線或者是否“越境”，從這頭開到那頭，直至與鐵絲網那邊的花草手牽著手，連成一片。

夏爾西里保護區內野生動物資源也十分豐富。據初步調查資料顯示，保護區約有陸棲動物和鳥類 179 種，其中屬國家重點保護的動物有 35 種，主要爲雪豹、北山羊、棕熊、猞猁、馬鹿、盤羊、蒼鷹、草原雕、雪雞、雕等，保護區不僅是珍稀、瀕危野生動植物的天然分佈區。又是中國新疆西北部重要的鳥類遷徙地、繁殖地、越冬地，因此成爲我國一座獨特的生物基因寶庫。

在夏爾西里走上一圈，你會羡慕生活在那裏的所有生物，草木冬枯夏榮，鳥獸盡享天物；你會由衷地感歎：如果能生活在夏爾西里，乃是人間幸福的極致！然而，對於夏爾西里來說，你只能是匆匆過客。

夏爾西里，被稱爲“人類的淨土”，希望它能永遠超凡脫俗，不要沾染上暇疵和污濁，爲人類靈魂留下一處聖潔的空間。

现在的国境线.另一侧就是哈萨克斯坦了

車窗外的風景

在不斷被拉斜的樹影中，我駕車在冬天的公路上疾駛。公路平坦且直，剛下過雪的路上，中間的雪已經被一輛輛過往汽車帶來的風吹走，露出黑色的瀝青，兩邊的積雪依然覆蓋著路肩，車輪壓上去，發出“吱吱”作響的聲音。

車窗外是零下十幾度的寒風，車內的空調則保持著令人舒適的溫度。車外是悄然無聲的曠野，車內則流淌著悅耳的草原音樂。喧鬧的夏季已經遠去，路旁一排排的白楊伸向天空的枝丫，告訴人們曾經有過的綠葉與輝煌。輕踩剎車，用心聆聽微風與樹枝共舞的聲音，細心撿拾鳥兒一路拋灑的音符。

潔白的積雪掩蓋了往日綠野萬頃的田地，沉寂是這時田野的聲音。此時此刻心中的的千年之音都歸於寧靜、輕鬆、嫻靜，讓人氣定神閑。但沉寂不是生命的終止，厚厚的積雪下有著綠色的麥苗、有一棵棵等待發芽的草籽、有沉眠的冬蟲，它們正在積蓄力量，在未來的春天裏，破土而出，唱響生命的合奏樂曲。

路邊一望無際的樹幹，像是一排排列隊的士兵，在冬日的暖陽中，在公路上留下了長長的拖影，又似長短不一的琴鍵，在激昂的音樂響過後，恢復了暫時的寧靜。樹下的枯草葉上，在陽光中挽留著晶瑩的冰霜。一群牛羊從遠處走過，在雪野裏留下的一串串足印，走向那蒼茫的遠山。

不遠處的博爾塔拉河，此時像一條銀色的緞帶，不時升起夢幻般的霧靄，一改夏日裏的歡歌勁唱，在冰層下麵，輕吟著來年的新曲。

在風的呼嘯中，在車輪飛快的旋轉中，一座座村莊向後退去，飄灑的炊煙也漸行漸遠。眨眨眼，抖落滿身的疲憊。窗外風依舊輕盈，撲入眼簾的一片銀色樹掛又讓人忍不住在後視鏡中目送它遠去。明天它會依然掛在樹梢嗎？曾經的風景換卻了無數榮華。

人類的歷史，是不是也如這行車一樣？想一想，多少的王侯將相、英雄豪傑，以及多少像我一樣默默無聞的小人物，又有哪個不是歷史這輛車窗外的風景呢？《三國演義》的開篇詞寫的好啊："滾滾長江東逝水，浪花淘盡多少英雄。是非成敗轉頭空，青山依舊在，幾度夕陽紅……"如果歷史是一輛車，那我們充其量，不過是它道路旁的一座山、一條河、一棵樹，甚至是一粒沙土……

車在前行，路兩邊的景色都呈流線型，窗裏窗外的顏色和面孔悄然遠去，一切都美如童話。

我駕著車，看外面的風景，你在你的車上看我，我是你最美的那道風景。

路，爲你的車輪和夢想而誕生，只要上路，隨時能與美相遇。當你與雪山叢林河流對視，車窗外便不再荒涼。

我輕輕地扶著方向盤，依然幸福地懷想著窗外的過去和窗外的未來。

走進博爾塔拉的春天

隨著春節喧囂的聲音漸漸遠去，“年”已經落下了帷幕。堆積了一個冬天的路邊的雪堆一天比一天縮小，博爾塔拉河冰封的河道裏傳出的水流叮咚聲也越來越大。樹林中的小鳥也一改冬天中縮頭縮腳的模樣，在枝頭中不斷跳躍、大聲鳴叫招呼著同伴。天空也亮了許多，白色的哨鴿，從孤獨中飛起，嘹亮的聲音劃破了空中的沉寂。南飛的天鵝們，攜兒帶女，又回到了博爾塔拉河，成雙成對地在緩緩流動的河水裏覓食、遊弋嘻戲，給寂靜了一個冬天的河谷增添了鮮活的生機。

該醒來的都逐漸醒來了。一絲絲的不知名或知名的花草使戀愛的季節提前來了。鶯正飛，草正長，歌正甜，花正放，野外不再是冷色調。春天已經翩然臨近。博爾塔拉，青色的草原，正漸漸泛出新綠。在被白雪覆蓋了一個冬季的草原上，春天的腳步沒有冬天那麼沉重，也許你感覺不到震動，但是小草知道，它們在夢中伸了一個懶腰，就迷迷糊糊地醒過來了，顫微微地抬起了頭，迎接那清晨的甘露。草原上的春天沒有夏天那樣強烈，也許，它細微的變化吸引不了你的眼睛，但是風兒知道，她給光禿禿的記憶，種下鳥語花香；給裸露的岩砂，植下鮮亮的期待；給未來的歲月，播下故事和詩行。

冬去春來，由冬天走向春天。原先的起點在這一瞬間演變成了終點；生命從繁華到蕭索，又從蕭索到新生，這就是它。一個極具壓迫性的季節……“春天”來了。

博爾塔拉地形西高東低，最早感受到春天氣味的應該是東部精河縣的農人，還有艾比湖周圍的小動物們。

農人們在經歷了年三十守歲、初一到十五拜年、放煙花、看花燈，一直到二月二“龍抬頭”，才算把年過了個完，興猶未盡。這時，各家各戶的院子裏開始出現了忙碌的身影。棉農們開始檢修擦洗農機具、備好塑膠薄膜和肥料，培育棉種；果農們走進葡萄園翻起掩蓋在枝上的黃土，把甜蜜的夢搭上架子；枸杞的主人則理枝施肥，打點著紅色的憧憬。等待著第一縷春風掠過，播下這新一年的希望。

艾比湖的動物們對春天的到來更是渴望與歡欣。湖岸被強勁的西北風卷起的湖冰，慢慢地融入蘆葦的根莖。豐富的水源給魚兒提供了自由遊弋的天堂，同時也引來了大量的飛禽，在湖面上戲遊的天鵝、野鴨、大雁婉轉啼鳴，讓魚兒做起了飛翔的夢，魚兒看見鳥兒拍翅飛向藍天，那無意的一瞥，在瞬間激起了漣漪，在靜靜的湖水中，魚兒在不斷地祈禱，來生一定要做會飛的魚，去追尋鳥兒的倩影……

春天的過程是透明的、無聲的，在春風中搖曳的蘆葦，因爲有了這個過程，才會長大、長高，生命經歷了由童稚到青春到成熟。蘆葦，湖岸的守衛者，一個又一個青蔥的秘密，一曲又一曲刻骨銘心的相思，它和鳥兒魚兒是不是在共同守護著、相互傾訴著？

相對于艾比湖，被稱爲如王昭君一般優雅深沉的高山湖 — 賽里木湖，春天就要來的晚一些。“人間四月芳菲盡”，賽湖繁花始盛開。賽里木湖自古隔絕塵世，人煙稀少，四周山色秀麗，峰巒起伏，煙雲繚繞。白雲宛如天際蕩起的銀色波濤，飄飄忽忽地掠過山頂，在湖面上投下時明時暗的光影，朦朧飄渺。

賽里木湖的春天腳步姍姍來遲，也許是受到沃土和白雪長久孕育的緣故吧，進入五月，春天一露頭，就顯得是那麼濃鬱、猛烈、鮮亮，露帶山花落，雲隨野水流，賽里木湖周圍就進入了花季，就變成花的世界了。馬櫻花、蒲公英、芍藥花、野薔薇和一些無名的小花，競相綻放，開得花攢綺簇，開得浪蕊浮花，開得層巒疊嶂，開得氣吞山河，開得天地間映出一片片純情。

賽里木湖的春天是燦爛多彩的。賽里木湖四周連片的山坡，披上了五彩的山花綢緞：有的金黃，有的橘紅，有的火紅，有的紫晶，各自綻放出生命中最濃鬱的色彩，交織成一條又一條絢麗無比的錦帶。這些繽紛而自然的奇花異草，密密麻麻地籠罩了你的想像，承載了你的嚮往，化爲你夢中的伊甸園。這時的賽里木湖就成了攝影家的天堂，他們帶著全部的攝影家當長槍短炮，趕來擁抱賽里木湖的春天，與漫爛山花相會。此時的攝影家們，個個都是"貪得無厭"，起早貪黑，恨不得把賽里木湖所有的美麗收入鏡頭、把賽里木的花波蕩漾、湖光山色裝入自己的私囊。

深藏于阿拉套山脈的夏爾西裏景區和庫克他烏景區，被人稱爲"世外淨土"、"上帝的花園"，沿著國界線遙遙相望。這兩個地方春天來得都比較晚，五月天尚不熱，九月初氣溫便降了下來。冬天的降雪十分驚人，足以彌補上年地下水的消耗。所以山裏的松柏遮天蔽日，山下的牧草繁多茂密。奇花異卉不可勝數，珍禽稀獸時有出現。山區有高大的蒼松翠柏，有密密匝匝的灌木林，沒有樹木的地方，有著齊腰深的各種野草和鮮花。自然的山風料峭寒涼，盛夏也了無暑意。春天裏，百草萌發，碧波萬頃，像是萬花筒，又像是四時變化的五彩神毯，夏天到來，南觀博河河谷，東望艾比湖，藍天白雲之下，花海碧波之上，不知今昔何夕。

庫克他烏草原丘陵起伏，特別是以冰草、羽毛草和野草莓爲主的牧草長勢茂盛，四季鮮花競放，蔥蔥蘢蘢的鋪滿了方圓數十平方公里的區域，遠遠望去，猶如鋪著一張五彩織就的地毯。攀上庫克他烏，登臨高處，舉目四望，遠山近水，盡收眼底。傍晚的天空在夕陽的映照下，像鋪了一層紅地毯，流雲掠過，似烙印的玫瑰之吻，給人留下一絲絲的遐想。此時整個庫克他烏地區就是一幅巨大的、風光無限的油彩畫。這裏每一條小溪、每一片山坡、每一個山谷，都被斑斕的色彩所覆蓋，遠看是草，近看是花，晚霞與野花競相爭輝，爲山脊鑲上了一道道絢麗奪目的金邊。周圍是滿天的火燒雲，萬道霞光，勾畫出一幅人間仙境般的奇異美景。庫克他烏在煙雲繚繞下，時而觀之如海市蜃樓，時而觀之靜謐秀美，讓人頓覺靈氣回溢，遊而忘歸，世間繁鎖軼事一掃而光，發出“此境與桃源何異？”的感歎。

當冬天最後一枚太陽被遙遠的地平線吞噬、草葉和渴望亮若星辰、花朵的彩虹橫亙大地時，位於博爾塔拉西部別珍套山深處的天泉，隨著融化的鄂托克賽爾河的叮咚春水，煥發出新的生機與能量。這裏長冬無夏，春秋相連，氣候溫和濕潤、冬暖夏涼，是天然的空調、天然的氧吧。“天泉”，因其在博州溫泉縣的三個泉中，海拔最高，離天最近，始得其名。春天的天泉，近處是草木蔥蘢，但四周的群山上依舊是雪山冰川閃著冷光。“春日洗浴，升陽固脫；夏日浴泉，暑溫可怯；秋日泡泉，肺潤腸蠕；多日洗池，丹田溫灼。”這是流傳於我國民間的一句用溫泉療疾、養生、美容的經驗之談。春日之中，躺在潔淨的泉水中，打發時間靜靜地流淌，享受著冰雪與熱泉、冰火兩重天，感受大自然的奇妙造化，穿過千年的水霧氤氳，達到身、心、魂的人生至境，不亦樂乎？

春天的博爾塔拉河是一條流淌著音樂的河。走進了博爾塔拉河谷，望見了那一片蔥綠的樹叢，看見了博爾塔拉河一路歡唱著向東奔湧而去，看到了天空透出的那種純淨的幽藍，整個河谷充滿了生機與活力，綠草如茵，萬森蔥蘢，野花爭放。這裏的春天，曠遠恒久，似乎釋放著大自然一世的情懷。

行走在河谷間，深深地吸上一口氣，頓覺得花香沁心脾，神清氣更爽。你可以看到那純淨的天空如同尉藍的緞子，雪白的雲團則像是繡綴其上的圖花；遇到風雨天氣，你就可以看到雲霧像輕柔神秘的面紗，遮繞於綠色山巔。綠茵之上，藍天之下，最惹眼最奪目最醉心的還是那一株株、一叢叢、一簇簇盛開在坡上、林間、溪邊的各種野花。紅的、粉的、白的、黃的，姹紫嫣紅，婀娜多姿。有的含苞欲放，羞澀無比；有的花片舒張，落落大方。紅的如桃腮，白的如素面。桃腮素面，這哪兒是花呀，分明是一個個不施胭脂、不著粉底的純情女子，明眸皓齒，纖塵不染，流眸顧盼，秋波暗遞，深情款款拋灑出火辣辣的目光啊。

博爾塔拉河谷裏一棵棵充滿滄桑的古老胡楊、幾隻攀岩的小山羊、一段刀削般的懸崖，都能讓你停下匆匆的腳步，凝視良久，駐足思索。那是兒時放蕩的綠原嗎？那綠的河，綠的樹，綠的影！無邊的蔓延，透著誘人的微笑，品味著年輕而善動的心，猶如妖媚的、蕩漾的、西子的絲絲秋波，穿透你的靈魂，看透你的心意。

誰家的幾頭在河邊吃草的牛，慢慢地抬起頭，像一個個沉思著的哲人。一隻小花狗從牧人院子裏走出來，在暖洋洋的春日下伸著懶腰。甚至還有一隻公雞的鳴叫聲從深深的草叢裏傳出來。兩岸花草秀木看不盡，潺潺東流水猶如一首不絕於耳的音樂。置身其間，物我兩忘，不在天堂，不在人間，在什麼地方呢？哦，在花間草上，若一隻自由的小鳥，若一隻輕快的蜻蜓，歡歌縱舞……

紅河谷，那抹凝固的火焰

博爾塔拉蒙古自治州有一片鮮爲人知的地方，被攝影家們稱爲“紅河谷”。因爲大河沿子河及其數條間歇性的支流從這片方圓十幾公里的紅土地流過，故被稱爲“紅河谷”。

3 月中旬，咋暖還寒時節，我與幾位熱愛戶外運動與攝影的朋友一起，走出了蝸居了一個冬季的城市，來到“紅河谷”呼吸清新的空氣、觀看壯觀的自然景象。

我們一干人馬分乘兩輛越野車出發。從奎賽高速下來，沿著大河沿子河在戈壁灘上行駛，進入一片乾枯的、看不到一點綠色的山區。山的積雪已經融化爲一片片晶瑩的冰塊，冰塊下面，流淌著涓涓細水，一絲絲、一條條細流，奔向山下的大河沿子河。河邊上，散落著幾戶民居，幾群牛馬羊在陽光下，懶洋洋地啃著河邊的枯草。汽車在沙石路面上蜿蜒前進，打破了山谷的空曠寂靜。

沿著曲折崎嶇的山路，繞過一條條窄小的牧道，我們離那片紅色的山巒越來越近。這片間夾著砂岩和泥板岩的陸地瀚海，地質學上稱它爲“戈壁臺地”，與克拉瑪依的“魔鬼城”有著神奇般的相似。這是由於，千百萬年來，由於風雨剝蝕，地面形成了深淺不一的溝壑，裸露的石層被狂風暴雨雕琢得奇形怪狀：有的呲牙咧嘴，狀如怪獸；有的危台高聳，垛蝶分明，形似古堡；山壁間一道道深壑，有的如手掌上掌紋，粗細不一，清晰可數；這裏似亭臺樓閣，簷頂宛然；那裏像宏偉宮殿，傲然挺立。真是千姿百態，令人浮想聯翩。在起伏的山坡地上，佈滿著各色石子，宛如魔女遺珠，更增添了幾許神秘色彩。

黃沙走天涯，紅山尋一夢。我們在紅色的山谷中攀行。這裏沒有生命的氣息，恍然間，疑爲是在千年沉默、荒涼寂靜的月球之上。只是，遠處的雪峰、飄過的白雲，告訴我們身在何方。

厚積的泥土，成就了一片片、一座座紅色的山巒，像是凝固的火焰，吸盡了陽光的精華。

我們對著眼前這片神奇的“火焰”盡情地按著相機快門，想把這些茫茫戈壁中的自然之火收進鏡頭，留著溫暖未來的生活。

沿河逆行而上，河的北岸，守候了億萬年的一座座溝壑、山巒顯得異常平靜，沉澱著遠古的荒涼，多少世紀的滄桑隨風而過。遠看，一座一座的城堡錯落有致，在夕陽的照射下，披上了一抹金黃，一會兒又變成桔紅，金碧輝煌中現出幾分神秘幾分莊嚴，億萬年前的一次地動奇跡似地造就了今天我們所看到的絕世容顏。大自然神斧天工的傑作，引起人們無限遐想。

“一片青煙一片紅，炎炎氣焰欲燒空。春光未半渾如夏，誰道西方有祝融。”徒步走出了紅河谷，回首望去，只見那片紅褐色山谷在陽光的照射下，猶如一團團湧起的炭火，溫暖著這冬日的淒涼。

忍不住一次次地回望那凝固的火焰，仿佛有什麼東西遺留在這片紅色的山谷中。

精河小海子，一湖一世界

“海子”蒙古語的意思是“山間的湖泊”。湖泊是大地的眼睛，如果一個地方沒有湖泊，就像一個美麗的女子缺少了眼睛、一個聲名顯赫的人少了名片一樣。

在新疆連綿不絕的山區裏，由於冰川作用而形成的堰塞湖很多。在飛機上看，這些山間湖泊就像一串串耀眼奪目的珍珠，在新疆廣袤的大地上璀燦發光。

在精河縣巴音阿門自然風景區的東面有兩個湖：迭蘭淖爾和鬧幹淖爾，蒙古語的意思分別是“平安之湖”和“藍色的湖”，亦稱大海子和小海子。它們相距不遠，但一個是鹹水湖，一個是淡水湖。

精河小海子，對我來說，一直是個傳說。這些年來，走過了許多山山水水，唯獨這個在驢友中流傳頗廣的小海子似乎是籠罩著一層神秘的面紗，未能一識真面目。

得益于精河縣朋友的安排，這次始得成行。

精河的小海子在縣城東南方向，距縣城約 40 多公里，海拔 1900 多米。沿途一直是上坡的簡易公路，進山之後，道路就變得沒有形了，一會是陡坡，一會是山洪沖刷形成的溝谷，山高路長，彎彎曲曲，崎嶇艱險，蜿蜒穿行。隨著山勢的急速升高，氣溫也變得涼爽起來，天空也變得越來越通透湛藍，朵朵白雲馱著人們的心情在輕舞飛揚。

越過烏勒孜達板，車在山間顛簸之間，隨著一道山梁的轉過，一池碧綠清澈的水撲入眼簾，讓整個乾涸的山谷都浸滿了潮濕。經歷了滿眼黃沙戈壁的人們，對這驀然出現的一泓青水是這樣的親切、感動。

小海子南北約 400 多米，東西約 300 多米，湖邊散落著一些蘆葦、水草。小海子鬧幹淖爾的水是深藍色的，是個美麗的鹹水湖。湖邊的雲杉靜靜地倒映在深藍的湖水裏，將湖的顏色變爲墨蘭，晚霞中的鬧幹淖爾更是在橘紅的陽光照耀下呈現異樣的美麗，嬉戲的野鴨和一些不知名的水鳥在金紅的湖水裏或者湖面上撲閃著翅膀飛過，還有湖邊的草叢中隨處可以俯拾的野鴨蛋會讓你被一份驚喜擊中。

湖岸涼風習習，時空幽靜，湖水深不可測，隱藏著不爲人知的秘密。千百年來，它就靜靜地孤守在大山深處，與冰川相望，與松林爲伴，遠觀近讀，帶著它驚世的清麗，和日月星辰共同走過漫長的歲月。

湖的西岸，聳立著一排刀切斧劈的絕壁。峭壁面向湖的一面，溝壑密佈，成爲一道道凝固的瀑布。偶有霧靄沉沉，絕壁突兀，驚世駭俗，忽而霧散雲開，碧空萬裏，霞光齊飛。小海子以它獨特的視覺衝擊著每一個過客對夢境的極盡想像。每年一度的“阿肯彈唱”就在小海子湖畔舉行，觀者雲集，氈房如雲，令人賞心悅目，歎爲觀止。

湖東岸的高坡上，迎風挺立著一座敖包。敖包，是蒙古語的音譯，也有譯成“鄂博”的，就是人工堆成的“石頭堆”、“土堆”或“木塊堆”。最早，敖包是道路和境界的標誌，起指路、辯別方向和行政區劃的作用。後來，敖包在蒙古族中又演變爲神物，在風景優美的山嶺、湖泊、泉水、交通要道處或交界處壘積石、木、土堆，賦予一定的紀念意義，即使在尋常的旅途中，路經敖包都要下馬膜拜。小海子邊上的這座敖包，見證了星轉鬥移、滄桑巨變，蘊含了本地牧民對美麗的小海子恩澤的感激，寄託了他們思念親人的情懷。

我在湖邊淌洋，沐浴在霞光中。一隻雄鷹無聲地從小海子上空掠過，湖水中倒映的飛影，跳脫出小海子的曠世之美，奪走了你的眼神！

一座樓房，一個地標 — 尋訪七坊街

廢棄的廠房、色彩張揚的塗鴉和造型誇張的雕塑，不禁讓人想到了北京的 798 藝術區，然而這所“798”不在北京，而在新疆的烏魯木齊市。

七坊街，這是近年來走紅新疆烏魯木齊的一個地名。

在繁忙的學習之餘，我駕駛著“小迪”從賽馬場駕向水磨溝區的七紡街。

經過延安路、東外環路，堵車不是很嚴重，不一會兒就走過 10 多公里的路程，來到了溫泉西路，大街兩側建築儘是塗鴉的七坊街。在路的盡頭，有一個大大的紅色樓房，這裏是“創意產業聚集區”。

這個紅樓房內外，裝飾了很多新銳、新潮的塗鴉符號，盡顯另類和時尚。這裏原來曾是一個破舊的樓房，等待拆除。幸而水磨溝區的領導中有有識之士，看到了這塊地方蘊含著文化生機和商機，他們學習上海的“田子坊”、“八號橋”，學習北京的“798”，萌發了建立一個創意園的想法。

北京的“798”和上海的“八號橋”都是建在廢舊的工廠裏，有歷史感覺的建築和現代藝術結合，會給人一種奇特的感受。樓裏有 48 個藝術空間，這是 48 個打開的視窗，又是 48 座溝通的橋樑。48 個藝術空間，正是藝術家們進行不斷交流的無數電流的“正負極”，藝術家們的交流就像電流的兩極，只有進行交流了，才能產生真正的藝術創造。

把"創意產業聚集區"選在七紡，主要是七坊是眾所周知的一個方位概念，就像是二道橋，只要人們一提，馬上就知道在哪里。另外，七一棉紡廠是新疆現代紡織業的搖籃，七紡這個老工業基地的品牌和知名度值得利用。

"坊"，有作坊、個體手工的含義，用"坊"可以很好地詮釋藝術創作中的原創精神，而"七坊"與"七紡"的發音又基本相同。

文化產業是現代服務業中的高端產業，有著無可限量的發展潛力。水磨溝區政府的目的是通過把"七坊街"作爲文化產業發展的一個端點，來引領和帶動整個區域文化產業的大發展，進而把文化產業作爲水磨溝區服務業產業升級的加速器。

巢已經築好了，就等著一隻又一隻的鳳來棲。而能否引來眾多鳳凰，能否打造水區自己的特色，還要看管理者的創新型的政策和管理模式、以及包容度和耐心，需要更多的黨政領導真正有文化、真正懂文化、真正會用文化。當然，也更需要文化部門與組織的傾力支援和扶植。

看完了七坊街，感覺雖然規模還不算大，尚在起步階段，但是我還是要向水磨溝區領導班子中的有文化之士表示致敬。在普遍考量直接的經濟指標現代社會中，作爲一個官員，能有如此文化經營思路，把文化當作產業來做的人，水區當屬第一個，是新疆第一個敢吃螃蟹的政府，他們不怕簡陋、勇於實踐的精神非常值得其他地方政府學習。

文化，不是說起來重要、幹起來次要、忙起來不要。文化，在切切實實地影響著我們的生活、改變著我們的生活。文化創意產業的最大邊際效應是改善社會文化心態，聚集影響力，使人更開放、更熱愛創造和創新，而創新是我們人類社會進步的基本動力。同時它對服務業的吸納力特別強。

“七紡”變成“七坊創意文化產業區”，是“物質”變“精神”，這是一個可以實實在在地生出利潤的“精神”，是浴火重生、鳳凰涅磐。

戈壁藍波艾比湖

有湖的地方是幸運的，尤其是在新疆。湖泊是大地的眼睛。一個地方如果沒有湖，就如同一個美麗的姑娘缺少了眼睛，一個聲名顯赫的人少了名片一樣。

我走過新疆的四大著名湖泊，這些湖很多人耳熟能詳：喀納斯湖、天池、賽里木湖、博斯騰湖，它們被人喻爲中國古代的四大美人，即西施、貂蟬、王昭君、玉環。喀納斯湖是西施，曼妙從容；天池是貂蟬，華貴而明麗；賽里木湖恰如王昭君，優雅深沉；博斯騰湖當屬楊貴妃，端莊又雍容。

唯有艾比湖，深藏於大西北一隅，如果把一些名山大川比作繁華都市中的俊男靚女，那麼，艾比湖就是出自大漠孤煙的孩子，鮮有人知。通過"穀歌"衛星地圖察看艾比湖，是一個青黛色的橢圓型巨大玉盤，被造物者不經意地擱在茫茫戈壁之中。艾比湖，蒙古語稱爲"艾比淖爾"，"艾比"爲"向陽"之意，"淖爾"意爲"湖"，艾比湖即"向陽之湖"。艾比湖是新疆境內最大的鹹水湖，水面面積爲 650 平方公里，它的北面，是峰巒起伏的阿拉套山，東面是一望無際的准葛爾盆地古爾班通古特沙漠，西面是邊關阿拉山口，南面是一望無際的蘆葦叢林、富繞良田和肥沃牧場。周邊的博爾塔拉河、精河、奎屯河則源源不絕地向艾比湖輸送著來自高山峻嶺的冰雪融水，給艾比湖帶來了生機與豪情。

博爾塔拉深處內陸，少有人見過大海。艾比湖就是博爾塔拉人心目中的大海。茫茫戈壁，居然出現這麼一片天水一色的大湖，似乎是一個神話。艾比湖雖然輪廓略顯粗糙，但是依舊不失水靈。鹽鹼在它的四周鑲上了素雅的銀邊。來自阿拉山口強勁氣流，卷起了層層藍色波濤，隨著被風揚起的白色城塵沿著湖面向前奔湧，遠遠望去，仿佛這個湖在強勁舞動。波光粼粼的湖面和淺灘上，一群群天鵝、水鳥在歡快地覓食嬉戲。艾比湖用它的綠色和生命之水，固守著戈壁大漠曾經潮濕的記憶，在千回百轉的沙礫折皺中一路走去。艾比湖與西南方向的賽里木湖遙遙相應，構成了博爾塔拉大地兩隻清澈的眼睛。明淨、冷豔是艾比湖的冬顏，是戈壁大漠中透明的、藍色的夢。

幾十年前的艾比湖，煙波浩渺，水勢洶湧，植被旺盛，水頭直達今天的精河縣黑山頭一帶。後來由於無節制的開耕荒地、人爲破壞自然植被，截堵河流上游水源，導致艾比湖來水量大幅度減少，湖泊面積由原來的 1200 多平方公里縮減到今天的 600 多平方公里。大片的湖底裸露在陽光下，變爲白花花的鹽鹼磧地和沙丘，成爲沙塵暴的策源地。耐鹼耐旱的胡楊樹和梭梭林成爲沙地寶貴的固沙植物。

片片胡楊林和梭梭林是艾比湖的舞裙。艾比湖邊的胡楊樹在這片遙遠的沙海裏，躲避著世人的滋擾，於天地，於人間，背負著生命的倔強，獨自面對著命運的多舛，一種宿命的定位，藏在這人煙稀少的地方，風景看過，過眼雲煙，從不抱怨，從不失落，靜看庭前花開花落，閑看長空雲卷雲舒。清人宋伯魯作詩描繪胡楊：君不見額林之北古道旁，胡桐萬樹連天長。交柯接葉萬靈，歲掀天踔地紛低昂。

矮如龍蛇欲變化，蹲如熊虎踞山崗。……

沙漠胡楊，永遠是一種精神的象徵。它有點露水就有生機，有點雨就煥發蓬勃；她用自己未竭的軀體抵抗著風吹日曝，阻擋著滾滾白沙。她活著就是挺立在荒涼地界最嫵媚的身影，她死後便鑄成不屈抵抗惡劣環境的不朽木碑……

艾比湖的南東岸與南岸，分佈著被稱爲“甘家湖”、“鴨子灣”、“蘑菇灘”的地方，名字的來歷，已無從考證。但這些名字，肯定隱藏和記錄著某一段不爲人知的歷史。暗淡了駝隊背影，遠去了僧侶身影，滄海桑田後，又有誰知道當初那些已經埋進土裏的故事和傳說呢？這一帶水草豐美，植被茂盛，四周密佈的蘆葦連綿起伏，一眼望不到邊。這裏的蘆葦是當地建築業和手工業的寶貴原料。來自西北山口的勁風吹拂著蘆葦和綠樹，無垠的綠色植被吐露著濕潤的空氣。當夕陽西下的時候，遠山近水展現出“落霞與孤鶩齊飛，秋水共長天一色”的壯美景觀。

在上個世紀，艾比湖的湖岸近在咫尺，煙波浩渺，驚濤拍岸，植被茂密，湖邊的蘆葦與數十萬畝的梭梭林，是動物和鳥類的樂園，數十條大大小小的河道像蟒蛇一樣穿梭在葦叢和樹林中，這塊土地上到處充滿了盎然的生機：野蜂和白蝴蝶在苦苦菜、沙棘、紅柳和那些叫不出名字的野花間，一邊覓食一邊追逐；成群的麻雀在葦湖中嘰嘰喳喳地一邊搭窩一邊尋找配偶；狼群則在烏雲遮住月亮的時候，發出痛快淋漓的嗥叫聲；“呦呦”的鹿鳴聲和“呼呼”的野豬吼叫聲交織成一首高低音部完備、吃生日蛋糕般的祝福曲。而如今，湖水遠退，留下的是白色的鹽鹼灘和稀疏的蘆葦與胡楊。波浪浩蕩的歷史一去不復返。湖水的退卻、乾旱的加劇、沙塵暴的肆虐，使生命力極其頑強的胡楊林、紅柳也處境艱難。叢林中的動物奏鳴曲也銷聲匿跡，再也難以聽到。放眼目之所及的山川河湖，自然界的確存在一個更加合理的生命秩序。改變這個秩序，就會首先危及人類自己。

假如大湖裏剩下最後一滴水的時候，當沙漠裏最後一株胡楊因生態環境惡化、乾枯而死的時候，人類失去的不僅僅是湖泊、是樹木，而是一個完整的荒漠濕地草原生態系統，失去的是一片湛藍的天空和清新的空氣，艾比湖就會步羅布泊的後塵，成爲生命的禁區。善待大自然，就是善待我們人類自己。面對艾比湖的危情，湖區周圍的人們的選擇是：繁榮的村鎮、豐饒的農田與牧場，將與保持一池碧波的艾比湖共存亡。艾比湖生態環境的惡化引起了政府高層的關注，“封育封片”措施、治沙引水工程已經開始實施，林區管護的條件的改善、護林力度的加大，環保意識已經深入人心，湖區環境惡化的局面已得到控制，生態正朝著良性扭轉。

艾比湖，美在春花之燦爛、夏水之柔美、秋葉之熱烈、冬霧之冷豔之中；艾比湖，是蒼茫大漠中一首熾熱的詩，一幅流動的天然圖畫，一個美麗動人的故事，是一個讓人流連忘返的地方，你一旦走過，就會魂牽夢繞。艾比湖以它大漠藍波的奇觀、以它不可替代的魅力，即使在逝去的流年裏，未曾被關注過，也依然生生不息。綠色是青春的顏色，綠色是人類的明天。我期待著“黃沙萬裏今何在？一片青紗映碧空”這樣的宏願能夠在艾比湖周圍再一次變成現實。

江城文化的寶庫 — 武漢博物館

到武漢快兩個月了，今天是難得一見的晴空萬裏、烈日當空。前些日子的陰霾密佈、淒雨綿綿的景象不再。在大雨滂沱中，武漢大學變成“水上樂園”、江城一片“水中澤國”的情景也隨著一團團滾燙的空氣而消失得無影無蹤。

青年路往漢口火車站的公車很多，隨便上了一輛公車，乘客很少，刷完卡，找了一個座位，坐 3 站便看到了漢口重要路標之一武漢博物館了。

博物館，是一個城市精神的凝聚點，是城市文化的名片。看過一個博物館，就等於和這個城市結了緣，你就對這個城市的靈魂有了初始的觸摸，你也才有機會真正走近這座城市、聆聽這個城市的心跳。

有的人走了很多城市，也有的人在一個城市呆了很久，但他依然是一個茫然的過客。究其根源，在於他不懂這個城市的精神、沒有貼近這個城市的靈魂，他不知道這個城市靈動的脈膊，因而他只能在城市的沙漠良久徘徊。

博物館，給渴望走進城市的人們提供了一條捷徑，給心靈饑渴的人們奉上了知識的甘泉。

武漢博物館，就是這樣一個城市中的綠地、江漢文化的彙聚點。它是人們探尋人文關懷、觸摸中華文化底蘊的藝術殿堂。

武漢博物館建築壯麗巍峨，集東方文化的典雅與現代功能於一體，蔚爲壯觀。踏上長長的階梯，走進了先民們數千年創造的精神寶庫。武博展示的主要內容有：《武漢古代歷史陳列》、《武漢近現代歷史陳列》和《歷代文物珍藏陳列》、《古代陶瓷藝術陳列》、《明清書畫藝術陳列》三個專題藝術展覽。通過武漢歷史陳列和專題藝術陳列這兩扇穿越歷史的視窗，爲觀眾展示了悠遠、凝重、豐厚的中國古代文明和瑰麗多姿、八方交融的江漢區域文化。

森林公園賞猴趣

38℃！武漢首創今夏以來高溫！

這個氣溫，逛街已不是享受，而是難受了。

今天我選擇去江城的馬鞍山國家森林公園，那裏應該沒有汽車尾氣、含氧量高，濃蔭蔽日、清風送爽，正是避暑納涼的好去處。

馬鞍山森林公園地處武漢東郊，南界珞瑜東路，北瀕東湖，東止九峰港，西臨喻家湖，屬於國家重點風景名勝區 — 東湖生態旅遊風景區的吹笛景區。主峰馬鞍山海拔爲 136 米，中間凹陷，兩頭突起，狀若馬鞍，公園由此得名。

公園突出森林和濕地兩大生態特色，體現了"自然、生態、清新、野趣"。園內植被主要是由以馬尾松爲主的針葉林和以樟樹、楓香、女貞爲主的闊葉林混交而成，濱湖濕地區還有大片池杉林。

最能吸引人們眼球的便是猴山了，猴山散養了 100 多隻猴子，在武漢僅獨此一家。

進入猴山，便可在山中小道上看見頑猴蹲坐在路中間，大有"此路是我開，此樹是我栽，要想從此過，留下買路錢"的架勢。數十隻猴子在山林中上躥下跳，或向過往遊客討取食物，或雜耍逗樂，其機靈頑皮令人捧腹。

這些猴子天天同遊客打交道，與人類已經"打成一片"。只要你手心攤開食物，它就會大模大樣地上來抓取；倘若挨近它攝影留念，它也絕不躲躲閃閃，忸怩作態，而是自然地擺著 pose。於是，蛋糕、麵包、牛肉幹、花生米紛紛落入猴爪。大家慷慨地給著，開懷地笑著，"哢嚓"地照著。說實在的，平素身居鬧市與動物幾乎絕緣，公園裏雖然也有猴館，但那一道鐵柵將人猴隔成兩個世界。

我把朋友帶的饅頭拿來喂猴，小猴兒吃一半扔一半，而老猴則不同，知道"粒粒皆辛苦"的道理，把接過去的饅頭全部塞進嘴中，吃個精光。一隻年輕的猴子，趁遊客不備，片刻便搶得了兩袋花生，毫不客氣地當場撕開包裝袋，大口饕餮起來。另一隻頑猴，飛快地從另一位嚇得驚叫的女遊客手中搶劫了一袋子飲料，抱著飲料瓶亂啃，最終咬破塑膠瓶，喝到了甘甜的飲料。老猴則老練的多，很聰明地捧著飲料瓶口對口喝起來。還有一隻"流氓猴"，在一個美女餵食的時候，一手緊緊地抓住美女的裙子不鬆手，另一隻手不停地向美女索要食物，大有不吃好就不甘休的架勢。

香蕉和桃子是猴子的最愛。一隻猴子得到了一個紅色的水蜜桃，高興地喜出望外，捧著桃子躲在旁邊自顧自地啃吃起來，另一隻眼饞的小猴盯著桃子，想趁其不備搶走桃子。在樹上養神的一隻猴子，半醒半夢之間，瞄見兩位遊客提的袋子裏有香蕉，便悄然下樹，一直尾隨在後，恃機奪得那誘人的美味。

當你在樹下納涼休息、吃著午餐的時候，可要小心埋伏：說不定就會有一隻猴子從天而降、出其不意地搶走你手中物，和你共用帶來的美餐。

當然，在猴山，這些"猴哥猴弟"給你帶來的更多是歡樂和喜趣，是人與動物和諧相處的溫馨。

時光流轉，停在青島

一、美麗的島城

青島，是一個美麗的城市，是世界最適合人類居住的城市之一。青島依山傍海，風光秀麗，氣候宜人。紅瓦、綠樹、碧海、藍天交相映出青島美麗的身姿；赤礁、細浪、彩帆、金色沙灘構成青島美麗的風景線；歷史、宗教、民俗、風土人情、節日慶典賦予了青島旅遊豐富的文化內涵。濃縮近代歷史文化的名人故居；具有典型歐式風格的各國建築，形成了中西合壁的特色。

仲秋之際，我來到了這座嚮往已久的城市。在青島停留的時光，也是我最開心的日子。

青島市三面環海，面積一萬一千多平方公里，市區分爲市南區、市北區、四方區、嶗山區、李滄區、城陽區、黃島區。其中市南區、市北區、四方區、嶗山區爲核心市區。

在青島，我每天穿行於島城的大街小巷，所到之處，碧海映著藍天，綠樹掩著紅瓦，山巒秀麗、疊嶂起伏。天孕而成的地理環境，別致的城市風光，豐富的自然旅遊資源及人文景觀構成了一幅幅集“海光、山色、洋城、古郊”爲一體的中歐風情的風景畫卷。

青島市的中苑海上廣場、棧橋、海軍博物館、海產博物館、小青島、八大關風景區、啤酒街、科技街、文化街、中山公園、魯迅公園、嶗山風景區、滙泉灣、石老人、奧森匹克帆船中心、五四廣場、海底世界、雕塑街、極地海洋世界……眾多的景點景區讓人目不遐接，總感覺時間太短，行走太慢，景物太多。

在匯泉灣，我第一次真正地接觸了大海，接受了海水的洗禮、海風的撫弄。看著那一望無際的大海、起伏的波浪，以及在海上遊弋的巨輪，真有一種立即投入到大海母親懷抱的衝動與感動。海灘浴場上，游泳的遊客人頭攢動，大人和孩子們在海水裏打鬧嬉戲，不時傳來陣陣歡笑聲，在大海的面前仿佛人人都變成了小孩子，盡情享受大海帶來的歡快和愉悅。沙灘上也是熱鬧非凡，有的曬日光浴，有的撿小貝殼，有的在遮陽傘下休息、吃著海鮮燒烤，還有些小孩在忙裏忙外挖沙玩。白色的浪花朵朵，輕柔的海風陣陣，眼前的大海就像一位美麗溫柔的母親，她輕吟低唱，用溫柔的手指撫摸著每一個遊人。遠處白帆點點，摩托艇劃開了平靜的海面，激起了陣陣白色的浪花。

青島是一個天然良港，中國的海軍基地就設在青島。著名的棧橋，就是最早的碼頭。它像一條巨龍，把頭伸進了大海，成爲青島的標誌建築之一。棧橋的南端是半圓型防波堤，堤上建有回瀾閣，沿螺旋樓梯登上亭閣，可觀巨浪洶湧、飛閣回瀾。

青島的海陸空交通非常發達。市內有流亭機場，青蘭高速、濟青鐵路相連，今年 6 月份開通的膠州灣跨海大橋、黃島海底隧道，成爲兩個全國第一，更讓島城交通日益便捷。在市區內，看不到像在武漢、鄭州等城市如蝗蟲一樣雜亂的電動車，甚至自行車也很少看到，城市公交扮演著市內交通主力。眼下正在修建的青島地鐵、輕軌更讓青島插上飛翔的翅膀。那時，地鐵、輕軌、公交會帶你快捷地走到城市任何一個目的地。

海鮮是青島一大特色。走在大連路的農貿市場裏，我會被那些五顏六色的海鮮迷亂了眼睛。當然，我也會鬆開緊捂的錢包，抽出兩張紅色"老人頭"，品嘗了大個海螃蟹、辣炒蛤蜊、海陸一鍋鮮等美食。魯菜爲北方菜系，菜份量大，大盤大碗地上，和南方菜量小精緻迥異，其味道卻是絕佳，尤其是海鮮味道足以讓人們產生戀戀不捨、盼望小住的念頭。

青島盛產美女。走在青島的馬路上，你很隨意地就會發現，如同青島的山水一樣，青島女人像雋永的詩、像清麗的畫，是一道多姿多彩的時代風景線。青島女人不似北京女人那麼大氣圓潤，不似上海女人那般婉約雅致，不似江南女人那番時尚嫣麗，但青島女人身上流露出的瀟灑靈秀，卻是別有一種天生的韻味。青島小嫚兒（方言對美女的稱呼）會讓你體驗人性魅力。

我在青島所到之處，雖然只是匆匆一瞥，但都給我留下了難以忘卻的美好回憶。每天傍晚從海邊返回後，都仿佛依然擁著層層海浪、聽著輕柔濤聲酣然入睡。

二、在青島看海

在青島，每天必然是要去看大海的，尤其對我這樣一個來自亞洲大陸中心的匆匆過客。

青島是山東半島上的一個半島，東、西、南三面環海，一年四季氣候宜人，是一個海洋氣息特別濃厚的城市。在隱藏在城市各個角落的農貿市場，你更能感受到海洋城市的味道。每天的早市和夜市上，人聲鼎沸，各種海產品的叫賣聲不絕於耳，五顏六色的海鮮剛剛從海裏打撈上來，鮮活亂蹦，海蟹在蘿筐裏揮舞著大鉗相互制掣，海蝦在水盆裏此起彼落地蹦跳，蛤蜊不時地噴出一股股水流，打濕了過往的行人，一條條海魚則被擺到了案臺上，由顧客挑選。在這裏，海的味道，彌漫在所有的空間。

大海給城市裝扮了秀美的風光與景色。到海邊去看海、去聽海，會帶給你別致的心情與感受。風和日麗的日子，行走在海邊，陽光、沙灘，紅瓦、綠樹、碧海、藍天、白雲，是青島獨有的風情。這時候的海水，像一個含情脈脈的少女，與海岸竊竊私語；到了夜間，海浪輕拍海岸的聲音，又仿佛是不停奏鳴的小夜曲。

張愛玲《金鎖記》裏有段文字："曬著秋天的太陽，兩人並排在公園裏走著，很少說話，眼角裏帶著一點對方的衣服與移動著的腳，女子的粉香，男子的淡巴菰氣，這單純而可愛的印象便是他們身邊的欄杆，欄杆把他們與眾人隔開了。空曠的綠草地上，許多人跑著，笑著，談著，可是他們走的是寂寂的綺麗的回廊——走不完的寂寂的回廊。"不同的是，青島的海邊公園，不光有綠草地，還有碧藍的大海。就算是露水一樣短暫的愛情，到了海邊的棧道轉一圈，也恍若貼近了海誓山盟，仿佛可以天長地久似的。

青島的海水也有風起浪湧、激情迸發的時候。有風的季節，走在海邊的棧道上，你就會看到一道道巨浪，以排山倒海、勢如破竹的氣勢，沖向海岸，這種情景，在一般的河湖裏是很難看到了。那海浪，有時像驀然隆起的一道山嶺，卷起一堵水牆，"嘩"地一聲，向海灘傾覆下來，然後留下一大片撲朔迷離的水花，再緩緩退去。這種海浪的聲音，很容易就把你衝浪的激情給激發起來，然後撲向大海，在浪尖上與海浪共舞。

三、青島"三寶"

青島早在 20 世紀初就成爲中國著名的旅遊勝地。住在青島，是無比愜意的享受。微風輕叩窗櫺，海浪輕拍沙灘，沙粒間漏下月光的寧靜，是愛人耳邊的呢喃，抑或吟唱的小夜曲。

在青島停留的時間長了，就有機會仔細地體味和觀察這個美麗的城市。

青島人有三寶：喝啤酒、吃蛤蜊、洗海澡。這三樣都是青島人幸福生活的寫照。

關於喝啤酒，從上世紀 90 年代起，青島每年 8 月都有一個"青島國際啤酒節"，時間長達半個月之多。每到這個時候，整個青島市便到處彌漫著啤酒的香味。不管男女老少，全民皆飲，"自古聖賢皆寂寞，唯有飲者留其名"。這個時候的青島市民很自豪，個個都成了"飲界"高手。在黃昏籠罩的青島啤酒街，我就看到一群喝得微醉的老外，和臨桌的青島人抱在一起唱著對方不知所云的民歌，那一刻，醇香的青島啤酒帶給他們的歡樂，使他們忘記了國度、忘記了時間、忘記了語言。

吃蛤蜊，這是青島官與民、老與少都喜歡的小吃。黃昏時刻，漫步在青島街頭，你可以看到路兩邊的小吃店在外面都拉開了桌凳，一群群食客花上三、五十元，點上一大盆鮮美可口的辣炒蛤蜊，加上一小碟醋和細蔥，擺上幾大罐啤酒，一邊吃著香味四飄的蛤蜊，一邊高談豪飲，有的甚至可以喝到通宵達旦。走在農貿市場或者超市里，只要有賣水產品的地方，就必定少不了蛤蜊，就跟我們新疆人走到哪兒都吃羊肉串一個樣兒。不過，你要是到了青島，在跟老闆要蛤蜊時，可不要照字讀音，那樣會鬧笑話的，青島本地人稱"蛤蜊"爲"嘎啦"，早已約定俗成了。當然，你吃完蛤蜊後，還可以把一些漂亮的貝殼帶走，作爲青島的紀念品，送給家鄉的親朋好友，作爲遠離海洋的新疆，這些可是稀罕物兒。在海邊居住的農民和市民，每當海水退潮的時候，都拿個小耙子，去沙灘挖蛤蜊，場面很是壯觀。

洗海澡，已經成了青島人日常生活的必修課程。青島之美不在山而在水。青島人說游泳也不叫游泳，叫"洗海澡"，洗海澡，是青島非常普及的一項群眾運動，就跟我們平時跑步晨練一樣平常。青島人洗海澡，一是爲健身，二是爲游泳，三是爲納涼。青島人親切地把海濱浴場叫成“一浴”、“二浴”、“三浴”，這三浴分別是指匯泉灣、太平灣、浮山灣。由於青島的海岸線曲折離奇，在每個位置見到的景色都截然不同，身臨其境才能體會得到。匯泉的海水浴場寬廣而水淺，坡度緩，作爲浴場據說是東亞第一。而“六浴”則是在離青島火車站最近的青島灣。有不少青島人開著私家車，舉家來到海濱浴場，在車裏就換上了泳裝，然後大大方方地穿過停車場和濱海步行街道，瀟灑自如地走到海邊，躍向大海。

我從小就喜歡並擅長游泳，而且在十多歲時就曾拖著一根木棒游過了淮河。到了青島，我自然早就盼望著能在青島的大海中像魚兒一樣，和大海親密接觸，暢遊一番、過過遊癮了。一個猛子紮下去，再浮出水面，渾身通泰舒暢，頓感豪氣充盈。青島的海水非常溫軟，不像在新疆，水是徹骨的冰涼。一波接一波的海浪，好像是搖藍一樣，讓我時光倒流、回到了童年。遊著遊著，我甚至有一種不知今昔何年、想睡倒在大海裏的感覺。

其實在青島，洗海澡最好的季節不是七八月份，應該是立秋後及九月份，這時氣溫乍降，水溫舒適，北風拂來，水準浪靜，遊人銳減，沙灘空曠，只是上岸後有些雞皮疙瘩。此時洗海澡最是愜意。

青島的海澡，讓我洗去了疲憊、洗去了煩惱，獲得的是歡快愉悅之情。

四、青島“三怪”

每一個城市都有自己的特色，特色是一個城市的靈魂和精粹。

青島以獨特的城市靈魂獲得了 2005 年“公眾最嚮往的中國城市”第一名稱號。青島除了歷史底蘊悠久、人文地理豐富、名勝古跡繁多、山海奇觀著稱於世、旅遊景致美不勝收以外，還有一些有趣的與眾不同的生活現象。比如青島的“三怪”：騎車沒有走路快、啤酒裝進塑膠袋、男人的肚皮像鍋蓋。這三怪都讓人記憶深刻。

第一怪“騎車沒有走路快”，不生活在青島是感受不到的。青島原是一片丘陵地帶，地勢高高低低，坐汽車可能還感覺不明顯，如果是騎自行車，光是爬坡就會讓你累得氣力不支。另一種說法“開車沒有走路快”，近年來，青島與其他一線城市一樣，汽車數量直線上升，擁堵也已經成爲城市交通一大難題。青島城市道路的單行道很多，也許你要去一個很近的地方，可是由於單行，你乘車必須繞行很遠才可以到達。所以在青島幾乎看不見騎自行車的人，有些道路汽車也很少，大部分都是走路的人們。這在某種程度上，緩解了城市交通壓力、張顯了“綠色、環保”的城市建設理念。

第二怪是“啤酒裝進塑膠袋”。自 1991 年青島始創“青島國際啤酒節”後，啤酒文化已經滲入了這個城市的每個角落，讓這個城市更加的充滿激情與活力。當年朱鎔基總理視察青島時曾說：“中國在世界上叫得響的品牌有兩塊，一是青島啤酒，一是西湖龍井”。青島人的啤酒主義，是這個城市的信條。有人說，青島是一座漂浮在兩種泡沫裏的城市，一種是大海泡沫，一種就是啤酒泡沫。

在青島，不分男女老少，都能喝上幾杯啤酒而神態自若。最常見的，在大街小巷，時不時就可以看見一個人手上提著一個塑膠袋，裏面是金燦燦的液體，不用說，那准是讓青島人自豪和喜愛的“青島原漿啤酒”，提著塑膠袋的，有時是一位老者，有時是一位夾著皮包的公務人員，有時是一位妙齡少女，有時是帶著安全帽的工人，有時是一位笑呵呵的鄰家大嫂……，此時，你會感到青島人的血液都是金黃色的了。

我在青島啤酒街上“掃街”的時候，就看到一家小店在門上貼著“喝青島啤酒，交天下朋友”，紅紅的字，充滿了喜慶，也充滿了自信與大氣。我在想，這幅豪情萬丈的對聯後面，一定是一群臉色紅樸樸的幸福的人。

每天的傍晚，青島的大街小巷上都是流動的盛宴，每個小酒館的外面，都搭起了桌子，哪怕塵土飛揚的馬路邊，大家也都無懼汽車尾氣，一盆辣蛤蜊，一大杯散啤，吃喝個不亦樂乎。八月份的啤酒節，更把這流動的盛宴推向了高潮。

入鄉隨俗，一向喜歡喝幾杯的我，也在每天下午拎上一塑膠袋青啤，再炒上兩盤海鮮、煮上幾隻海蟹，就可以打發一個快樂與詩意的夜晚。

青島第三怪是“男人的肚皮像鍋蓋”。這一怪不足爲奇，天天泡在啤酒裏的青島男人，被啤酒撐大的肚皮，是意料之中的事。青島人的啤酒情結，是解不開擰不斷的。青島啤酒聞名於世，世界的人們喜歡喝青島啤酒，青島人更喜愛喝自家的啤酒。青島男人的善飲，常常讓外地人目瞪口呆。

在酒館裏，青島啤酒都是用一種可以保持啤酒清涼的大鐵罐來存放啤酒，一個鐵罐，裝上七、八十斤啤酒不成問題。青島男人很喜歡講上海男人一個笑話。該男人失戀了，悲痛欲絕，到了酒吧放聲疾呼：“這回我要不醉不歸！”然後吩咐：“Waiter，給我來一支啤酒！”青島男人也很喜歡講自己征戰外地的壯舉。譬如，四個人到了上海，跟酒店服務小姐說：“給我們來三箱啤酒！”讓可憐的小姐懷疑自己的聽覺出了差錯。

青島男人最喜歡以酒會友。啤酒是快樂的飲料，美得冒泡。大杯喝酒，再加上一整條烤黃魚，用牙齒撕咬，大塊吃肉，頓生江湖聚義的豪情。想要尋找快樂的傢夥，端起啤酒，和朋友狂放地一碰杯，咚咚咚地灌下去，圖的就是那份爽快；喜歡喝白酒的人，相形之下，難免可笑。小酒盅一碰，叮的一聲，分貝猶如蚊子哼哼，勉強乾杯，還要皺眉咧嘴，滿臉痛苦之狀，又是何等小氣！

我在青島期間，新疆著名作家蔣光成先生攜夫人也到了青島，我們相約找了一家小酒館，也一改新疆人愛喝白酒的習慣，像青島人那樣，要上幾盤蛤蜊、烤魚、大蝦，彼此不用相勸，便開懷豪飲。三兩口便將一大杯啤酒吞盡後，又豪氣地喊著“老闆，再打 3 斤啤酒！”。連續整了五、六個塑膠袋青啤。啤酒是剛從生產線上下來的，沒有經過高溫殺菌，入口的時候是那種純純的香。入胃的青島啤酒，把激情、快樂和時尚傳遞給了我們。乾杯！暢飲甘露！暢飲大海！那種海風徐來、飄飄欲仙，把酒臨風、寵辱皆忘的感覺，真是妙不可言。此中真情感受，別處再也難求。

青島，這座充滿著魅力與風情的海濱城市，就像那濃濃的原漿青啤一樣，越品越有味道，越品越韻味悠長。

品讀一條河流

一、博爾塔拉河是青色草原的魂

博爾塔拉，被稱作是“青灰色的草原”。這地方一聽就覺得駝鈴響，這地方一唱就覺得草原那麼廣，這地方一想就聞到了奶茶香，這地方一念就覺得故鄉路長長。

博爾塔拉河，發源於別格怎山和阿拉套山匯合處的空郭羅鄂博山的艾生達阪。這裏，雪峰環繞，發育其間的大小山溪像一把梳齒從一個個山谷裏流淌出。接著，在中下游與鄂托克賽爾河、阿日夏提河、哈日圖熱格河、大河沿子河等支流一起，像女人沒有梳理好的頭髮，從阿拉套山、婆羅科努山上，一縷縷盤旋而下，最終攜百川雪水，成就了博爾塔拉河的廣博與豐富。博爾塔拉河由西向東，穿山涉穀，流經溫泉縣、博樂市、精河縣，經過近 300 公里的跋涉，最後注入了艾比湖。

有水的地方就有活力，有水的地方就有靈性。水能養育萬物，水能包融萬象。是博爾塔拉河，帶給了博爾塔拉這塊土地綠色與希望，養育了各族兒女，同樣也養育了白雲般的羊群，成爲聞名遐邇的“西來之異境，世外之靈壤”。在中國，水文化源遠流長。毛澤東的詩詞中就有許多寫水的，或直接寫水，或間接寫水，或字帶水傍。俗話“一河一天地”，博爾塔拉人與江南水鄉的人一樣，都有一種水的情結，愛把河稱作爲“母親河”，而水則成了“母親的乳汁”。

博爾塔拉河是大自然書寫了千萬年的無字天書。她孕育了博爾塔拉多元文化的基因。這種文化悠遠深厚，攘括了土爾扈特蒙古東歸文化、察哈爾蒙古西遷戍邊文化、絲路古道文化、農墾文化、古文物文化、草原文化、邊塞文化、綠洲文化，漢、蒙、維、哈等各世居少數民族風情文化，特色濃鬱，魅力獨具。

博爾塔拉河雖然沒有長江波浪洶湧、萬馬奔騰的氣勢，也沒有黃河那樣一瀉千里、奔流到海不復回的壯觀，但是她也一樣被博爾塔拉人稱之爲青色草原的母親。她像一個散漫的、沒有心思的少女，時而湍急，時而緩慢，隨意漫流，輕盈飄逸，河兩岸或是金黃、或是翠綠的樹葉襯托著清澈的水。河水到了中下游，擺脫了青春草率的氣質，沉澱了狂野和浮躁，變得從容不迫、寵辱不驚。在博爾塔拉河谷中行走，就好似漫步於幽長曲折的時光隧道之中。

博爾塔拉河是青色草原的魂，如果沒有博爾塔拉河，那麼草原與農田也會如同遲暮的美人，失色枯竭，失去生機、失去綠色，就沒有生命的延續，就沒有博爾塔拉的活力與生機，也就沒有草原的歡歌與韻律，沒有下游農耕的春播與秋收。這條維繫博爾塔拉生命與綠色的河，積澱了對森林和草原的記憶，輕輕巧巧從遠方奔來，淌過雪山，穿越戈壁，歷經艱險，永遠青春蕩漾，不曾沾染一絲沿途的風塵。經過長途跋涉的歷練，看起來更加盈盈嫵媚、楚楚動人。博爾塔拉河猶如一條純白的絲帶，把阿拉套山的恢宏氣勢與青色草原的溫良厚重巧妙連接，這一連就是數千年，這一連，就連出了一串深深淺淺的歷史。

二、博爾塔拉河是見證歷史的河

博爾塔拉河見證了成吉思汗在人生的巔峰時期率領大軍征服西域的鐵蹄與豪邁，也見證了察哈爾蒙古八旗萬裏西遷、屯墾戍邊的壯舉，見證了吐爾扈特蒙古部落在渥巴錫汗的率領下，毅然東歸祖國的波瀾壯闊、悲壯與執著。二百年金戈鐵馬，氣吞萬裏，他們用長槍和硬弓捍衛了祖國的邊陲；二百年的淒風苦雨，篳路藍縷，他們以血汗和牧歌鐫刻了博爾塔拉的歷史豐碑。

十八世紀中葉，清朝政府爲了確保西北地方管轄和軍事防禦，有計劃地進行戍遷移民。1762 年到 1764 年，清政府分兩批、各一千兵丁，趕著牛羊，從張家口一帶出發，告別家鄉，長途跋涉，履盡浩如海洋的戈壁荒漠，穿越一路高山峻嶺、川流險境，飽償了噙淚惜別於故土與父老鄉親的辛酸情愫，親歷了遷徙行軍途中的甜酸苦辣。歷經大半年，始到達目的地。西遷後的察哈爾蒙古軍民，在今天的博爾塔拉地區落營，分別同索倫營、錫伯營和厄魯特營遙相呼應，自北向南並連結伊犁河成爲我國西部邊界的忠實守衛者和建設者之一。他們駐守台站，守衛卡倫，換防塔爾巴哈台、喀什噶爾等地，巡查哈薩克和布魯特遊牧邊界，發展當地農牧業生產，維護內部安定，先後參加平定張格爾、七和卓、倭裏罕之亂，參加驅逐阿古柏侵略勢力的戰役，爲抵禦沙俄侵略者，守疆衛土，維護祖國統一，作出了巨大的貢獻。

土爾扈特蒙古部落東歸，爲博爾塔拉注入了新的活力。爲了反抗沙俄對土爾扈特的種族滅絕和壓迫，清乾隆三十六年（1771）一月五日，27 歲的渥巴錫汗，帶領土爾扈特 3.3 萬餘戶，近 17 萬人，高呼“我們要回到太陽升起的地方！”，毅然踏上回歸祖國的萬裏征途。他們一路衝破哥薩克的攔截，粉碎了 5 千俄軍和哈薩克及巴什基人共 2 萬軍隊的追擊。面對戰爭、疾病和饑餓，人口大量減少，特別是在通過沙喇伯界時，茫茫戈壁，寸草不生，饑餓使土爾扈特人“皆取馬牛之血而飲之”。這一切沒有動搖土爾扈特人回歸祖國的決心。他們歷經艱辛，衝破重重艱難險阻，終於在乾隆三十六年

（1771）六月底、七月初進入中國境內，實現了他們多年回到祖國的願望。土爾扈特東歸是一個歷史創舉，在世界歷史中，一個民族遠離祖國 150 多年，作出這種重大民族犧牲回歸祖國是非常罕見的。歸來後的土爾扈特分為東西南北四路，其中土爾扈特西路居住在博爾塔拉河下游，即今天的博樂市達勒特鄉、貝林鄉和精河縣。

三、博爾塔拉河是一條流淌著音樂的河

博爾塔拉河是一條流淌著音樂的河。在這裏，有著名的蒙古族長調和短調，有哈薩克族的阿肯彈唱，有維吾爾族的木卡姆。是博爾塔拉河嘩嘩流淌的水，讓這些民間藝術經受了時光的洗禮，一代一代地傳下去。蒙古族的長調，其悠長的曲調悠揚而流暢，節奏自由而感情深沉，充滿了西部雄偉峻撥的高山牧場氣息。如〈賓士的駿馬〉：

棗紅色的駿馬，是我兒時的夥伴；
父親溫暖的懷抱，是我生長的搖籃。
剽悍的駿馬，昂首賓士在草原；
潔白的氈房，有我無限的依戀。
父親悠揚的琴聲，伴隨我長大；
敬愛的父親，是我人生的燈塔。
濃濃的奶茶，系著母親的思念；
遙遠的氈房，裝著父親的期盼。

蒙古族短調則有固定的曲調，往往即興填詞演唱，節奏明快，內容風趣幽默。如《察哈爾八旗》：

徐徐東升的太陽，
在一片朦朧的煙霧裏。
我們的故鄉察哈爾八旗喲，

不知離這兒有多遙遠。

冉冉升起的太陽，
在一片彌漫的雲霧裏。
咱們的家鄉察哈爾八旗喲，
不知離這兒有多遙遠。

我多麼想念可愛的家鄉，
可惜沒有雄鷹的翅膀。
我時刻想念可愛的家鄉，
可惜沒有雄鷹的翅膀。

蒙古族長調、短調都有一個共同的特點，即歌詞押韻合轍，唱起來朗朗上口。蒙古族民間還流傳著許多優美動聽的歌，以歌頌英雄巴特爾爲主題的《江格爾》最爲代表性。

四、博爾塔拉河是一條金絲帶

博爾塔拉河是一條金色絲帶，從西部邊境的發源地開始，把一個個村落、城鎮，把各個景點景區像一串串珍珠連接在一起。

在博爾塔拉河最上游，被稱爲"卡昝河"，位於溫泉縣西部山區，海撥 3000～4000 米，一年中大部分時間是寒冷風雪氣候。這裏有一座邊防站，人們習慣地叫作"卡昝河邊防站"。在邊防站周圍高山牧場上，居住著 300 多戶牧民，這裏不光有溫泉縣本地的牧民，還有霍城縣、伊寧市的牧民，他們交叉居住、放牧生活，時間一長，難免產生矛盾與糾紛。卡昝河邊防站就成爲一個沒有任命的"卡政府"。牧民因草場糾紛請"卡政府"調解，牧民家裏有了矛盾願意找"卡政府"說說，有的牧民找對象還要請"卡政府"當參謀。"卡政府"一心爲民，開辦了“爲民商店”、草原季節小學，爲牧民風雪搶險，救回牧畜財產。1974 年 8 月 17 日，邊防站軍醫高繼友深夜帶病出診搶救蒙古族重病兒童，返回途中落水犧牲，他把年輕而寶貴的生命永遠地留在了這片高山雪原之上。

如果你有機會到了卡昝河，一定不要忘了去看一眼“國旗牆”。由於卡昝河常年大風不止，普通的國旗掛起來沒有兩天就會被狂風撕裂，於是邊防站官兵們開動腦筋，最後用鋼筋水泥壘起了一面國旗牆，刷上紅色油漆，這樣，一面迎風傲雪、鮮豔奪目的國旗矗立在國境線上，成爲一道別致的風景線。

博爾塔拉河在溫泉縣境內的這一段被稱爲“溫泉河”。出生於溫泉縣、並在溫泉縣度過了童年和少年時代的著名軍旅歌唱家王宏偉，他用一曲《溫泉河》，讓溫泉縣紅遍了天山南北：“故鄉的大地托起了我/父親的臂膀般的溫泉河/嫩綠的草原養育了我/母親的奶水般的溫泉河/溫泉河啊溫泉河/常在我血裏流過/泛起了思念的浪花幾多……”

“溫泉河”這一段河有被稱爲“古生物活化石”的新疆北鯢棲息地 — 蘇魯別珍自然保護區。新疆北鯢是生活在三億年前的古生物，是我國生物多樣性寶庫中珍貴的物種資源。在新疆北鯢身上，三億年前的生命進化線索竟然變得如此清晰，這是怎樣的神奇和不可思議。

還有傳奇色彩的“母親石”，在宋朝時就被附近的牧民奉爲求子祈福之神。它造型奇特，極具靈氣，前來祭祀朝拜的善男信女，絡繹不絕。景區內還有許多春秋戰國時期的“賽種人”墓葬群、古岩畫，可供遊人懷古探秘。

溫泉河兩岸生長著茂盛的森林植被，這裏樹木蔥蘢，藤蔓纏繞，翠穀清流，泉響石鳴，蜿蜒曲折的河水像一條飄帶縱貫其間。蔚藍蔚藍的天空、高低起伏的遠山、鬱鬱蔥蔥的山林景色、亮晶晶的河水構成了溫泉河谷獨特而優美的畫卷，是漂流、戶外探險的好去處。

居住在上游的牧人們有一個傳統：特別敬畏蒼天敬畏山水，從不在山崗草地亂采濫挖，從不把汙物丟棄在河流中。誰要是在河流上游洗澡洗衣，必遭眾人責難，嚴重了還要受懲罰。也許正因為如此，溫泉河兩岸，少有工業廢水廢料排入博爾塔拉河，清清的、漫流而過的河水隨性滋養了多種野生的草木雜樹，仿佛一個巨大的肺，為整個下游帶去了清新。

博爾塔拉河像一個不知疲倦的仙子，用心織造著人間最美的絲帶。它又像冬不拉有兩根羊腸弦，彈撥著牧人的憂鬱和歡樂。博爾塔拉河又是一根不倦的快樂之弦，日夜不息地為樹木花草們彈頌著大地最溫暖的的聲音，唱著歡快的歌謠向中下游博樂市、精河縣奔湧而去。

五、博爾塔拉河是帶來無限生機的河

進入博樂市境內，博爾塔拉河在五一水庫一帶凝聚，尋找到了一個溫馨的港灣。河水到了這裏，像緩緩流動的液態金屬，閃著粼粼的銀光。整個五一水庫像一個碩大的綠色果盤，積蓄著生命之水，讓博爾塔拉河水在這裏暫停休憩，以待更遠的征程。與五一水庫相鄰相通的河道，則開闢為人民公園和濱河公園。濱河公園保持原有地形地貌，依山就勢，順水而行，佈局大氣，一景一物似信手拈來，卻又渾然天成。園中小路曲徑通幽，景色幽美，風光旖旎。公園以自然、生態景觀為主。這裏叢林蘆葦婆娑多姿，芳草萋萋，鳥語花香，清風拂面，河裏浮光躍金，魚燕翻飛，九曲連橋通幽，垂柳輕拂水面。撫亭而視，綠樹連蔭，起伏跌宕，蒙古包點綴其間，步步是景，處處生輝。到了冬天，濱河公園又成為天鵝的樂園。這些天鵝白天成雙成對地在緩緩流動的河水裏覓食、遊弋嬉戲，晚上就臥在野草邊休息。天鵝們悠然自得的身姿、悅耳的鳴叫聲，吸引了眾多的市民到濱河公園觀看這難得的景觀。攝影愛好者們則支起三角架，架好長焦照相機，耐心地守候，把天鵝優雅的身影一一收進鏡頭、把這一美好的瞬間封存起來。面對著紛至遝來的觀眾以及攝影鏡頭，天鵝們落落大方，瀟灑自如，演繹了人與動物和諧相處的感人場景。

博爾塔拉河的水是濃厚的，浪花是調皮的。陽光普照大地，河水一如既往翻騰著細浪，向下游湧去，將生命與眾多生靈融爲一體。博爾塔拉河中盛產一種土著魚，被當地人稱爲“狗魚”。這種魚屬於小型雜食型魚類，喜群聚活動，通體褐色，身上有斑點花紋，大者如筷子長短，小者如手指頭。這種狗魚，肉質綿軟，味道鮮美，用狗魚煲湯，富有營養價值，是當地人宴席桌上不可或缺的一道美食。

隨著哈日圖熱格河、大河沿子河的加入，這時的博爾塔拉河的河水是充盈的，就像是一個哺乳期的女子，總有流不完的乳汁，在澆灌和孕育著下游數十萬畝的田地。下游的人們，發揮自己的聰明與智慧，開發利用著這份蒼天賜予的厚禮，滋潤著萬畝良田。那翠綠連天的棉田、瓜地、葡萄園，多半是被這清悠悠的博爾塔拉河水供養起來的。

博爾塔拉河逐漸走近了它的歸宿地 —— 日映波光、月落青萍的鳥類王國艾比湖。艾比湖陽光充足，夏季平均日照時數在 10 小時以上，蒸發量遠大於降水量。正是有了博爾塔拉河的寶貴水源的補充，才使得艾比湖成爲動植物的樂園，給戈壁荒漠帶來了無限生機，也才遏制了艾比湖的乾涸與環境退化，維持住艾比湖的生態平衡。

靠近入河口一帶，水草豐美。豐富的水源和叢生的蘆葦，使河水產生了豐富的浮游植物、浮游動物、底棲動物，其中有“軟黃金”之稱的鹵蟲卵，產量在國內鹽湖中獨佔鰲頭。這些都給魚兒們提供了豐富的餌料，而這些魚兒又引來了大批的水鳥。艾比湖的每年夏季，藍色的波濤，蕩漾不息；岸邊的蘆葦叢，綠意正濃；湖面上戲遊的天鵝、野鴨、大雁婉轉啼鳴。秋季，碧水長天，蘆花飛放，朝日起，夕陽下，湖面流彩溢霞，綺麗迷人。湖的四周，有大片的梧桐、梭梭、紅柳等灌木林，成為鹿、野羊、野兔、野雞的棲息地，還生長著勿忘我、千里光、紫羅蘭等芳草野花。冬季，波濤在冷空氣影響下，形成了層層迭迭的巨大冰塊。第二年春天，湖水解凍，許多鳥類又來到這裏，生兒育女，年復一年。

不論什麼季節，不論流經何處，博爾塔拉河都讓人感到生命的律動。在它激蕩不羈而又寬厚沉穩的性格裏，始終有種不放棄生的信念。站在河岸邊，看著清清的河水嘩嘩流淌，體會著它的前世與來生。河裏流淌著的，是綿延不絕的生命與恩情，是高山雪原的萬種風情。

水向天去，雪傲蒼穹。伴隨著雪山草原、青黛連綿，茂盛叢林、碧草野花，阡陌縱橫的綠洲，走過博爾塔拉河，這些都會形成永久的記憶。記住了博爾塔拉河，就會記住了博爾塔拉這個地方，記住了新疆西部這塊青灰色的草原。

悠悠博爾塔拉河，是一條古老而神聖的永不枯竭的長流水，是一個年輕而迷人的正在煥發青春的精靈，是一首婉轉吟唱的歌，是一幅立體的畫、流淌著的詩，是一本品讀千遍也不夠、曆閱千秋也不盡的長卷書。博爾塔拉河，將帶著歡笑和希望，向著遠方，向著太陽，永遠奔流不息。

遊黃鶴樓

黃鶴樓是很多遊客久已嚮往的地方，那是必須去尋訪的地方。

小時候背誦的關於黃鶴樓的詩句，至今依然能耳熟能詳：李白的《送孟浩然之廣陵》："故人西辭黃鶴樓，煙花三月下揚州。孤帆遠影碧空盡。唯見長江天際流。"《與史郎中欽聽黃鶴樓上吹笛》："一爲遷客去長沙，西望長安不見家。黃鶴樓中吹玉笛，江城五月落梅花。"崔顥的《黃鶴樓》"昔人已乘黃鶴去，此地空餘黃鶴樓。黃鶴一去不復返，白雲千載空悠悠。晴川歷歷漢陽樹，芳草萋萋鸚鵡洲，日暮鄉關何處是？煙波江上使人愁。"……這些詩句，堪稱爲黃鶴樓的絕唱，後人再無人能企及。

天上時不時地滴著幾點小雨，天氣很涼爽，正是武漢難得的觀賞黃鶴樓的好時機。黃鶴樓前的臺階上，遊人如織，千年古剎矗立在煙雨之中。

現在的黃鶴樓是 1981 年重建的,歷史上的黃鶴樓相傳始建於三國時期，歷代屢毀屢建，幾曆戰火，幾度重建，最早的黃鶴樓地址應是今天的武漢長江大橋橋頭堡的位置。坐擁兩江，是黃鶴樓一份莫大的榮耀。

今天的黃鶴樓樓址仍在蛇山頭。主樓高 49 米，共五層，攢尖頂，層層飛簷，四望如一。底層外簷柱對徑爲 30 米，中部大廳正面牆上設大片浮雕，表現歷代有關黃鶴樓的神話傳說；三層設夾層回廊，陳列有關詩詞書畫；二、三、四層外有四面回廊，可供遊人遠眺；

五層爲嘹望廳，可在此觀賞大江景色。附屬建築有仙棗亭、石照亭、黃鶴歸來小景等。

在黃鶴樓的第四層，我們可以看到自三國以來歷代黃鶴樓的建築規劃佈局的模型，那些建築各朝各代風格迴異，最初是兩層，後來是三層，現在的五層樓的設計是建國後的作品，比較以前各個時代的設計，現在的黃鶴樓氣勢空前。

黃鶴樓的建築模式是“外五內九”，意爲“九五之尊”，外面看是五層，其實裏面是九層。樓裏面還有一部電梯，居說是專爲江澤民視察黃鶴時修的。

信步到樓頂，舉目四望，感覺這個位置的確爲古時候瞭望軍情的極佳地點。黃鶴樓扼江夏高地，站立樓頂，矯首遐觀，可以俯視天下。江風遠來，穿門廳而過，衣衫飄飄，風生水起，雲霞滿身。

在黃鶴樓景區裏行走，感覺有一個人的影子依然存在，他就是毛澤東。多處的旅遊商品銷售店鋪裏播放著有關他的錄影與聲音。在每一處播放這些畫面的地方，都有大量的毛澤東紀念品出售，他的雕像，他的文集，他的紀念章，他的相關音像製品，應有盡有，其中相當一部分是文革遺物。老毛當年掀起的那場文革風暴給人們帶來的巨大衝擊力，給國家和民族帶來的巨大災難，還是可以從那些聲畫製品中感覺得到，那種狂熱依然具有巨大的影響力。

我從老毛紀念品前匆匆走過，沒有再回望一眼。

一座樓，一條江，一座城市，一千多年的流風餘韻，讓黃鶴樓與東去的長江水一樣，綿綿流長。

百年武大，名校風采

江城難得的一個涼爽的日子，我來到了百年名校 — 武漢大學。在武漢呆了這麼久，如果不去武大，將是一種遺憾。

武漢大學可以溯源於 1893 年 11 月，當時的清政府湖廣總督張之洞，是一個在當時難得清醒和睿智的官員，他奏請清政府在武昌創辦自強學堂，得以始建。歷經傳承演變，到了 1928 年，定名爲國立武漢大學，是近代中國第一批國立大學。

在武大的南大門，八一路上矗立著一幢高大的門樓，“國立武漢大學”幾個蒼勁的深色大字引人注目，在此拍照留影的遊客與學生們絡繹不絕。

門口有很多中巴車，這些車是校車。由於校園太大，校內辦事往返要選擇乘坐校車才行。我沒有乘坐校車，堅持步行，因爲只有在行走中才能仔細品味百年名校的風采，感受名校厚重的人文底蘊。

武漢大學環繞東湖水，坐擁珞珈山，校園環境優美，風景如畫，被譽爲“世界上最美麗的大學之一”。當然，要考入這所大學也是相當不易的，從往年的錄取分數線看，高考總分低於 600 是沒有希望跨入武大門檻的。

武大校園交通方便，植物茂盛，滿目青翠，平坦的柏油道路四通八達，翠綠的綠蔭擋住了熾熱的陽光，路邊不時有一塊塊指路牌告訴行人行走的方向。學校占地面積 5100 多畝地，建築面積 252 萬平方米。一處處中西合璧的宮殿式建築群古樸典雅，巍峨壯觀，有 26 棟早期建築被列爲“全國重點文物保護單位”。校園內處處綠枝紅葉，滿園蒼翠，桃紅紅櫻白，鳥語花香，擁有多種國家一級保護樹種，是一個天然的植物園。在一處山泉流淌的邊溝裏，竟然有一些小螃蟹在水中遊弋，幾位小朋友拿著小木棍和塑膠袋，把沒有吃完的飯碗丟在一旁，歡呼雀躍、津津有味地捉小蟹。

暑假將至，又有一批武大畢業生即將告別生活了數年的母校。在一幢宿舍樓前，我看到了一段寫在涼席上的話：“妹紙，哥走了，學弟就不帶走了，你們好生照顧！”小男生們留戀校園生活的心態不言自表。

一處樹蔭下，不同於其他寧靜的校區，熱鬧非凡，原來是十幾位即將離校的畢業生們在拋售學習和生活用品。在幾位女孩擺的攤位前，一本幾十元的課本和教輔材料賣 5 元一本，10 元三本；一對耳機賣 2 元，一件沒有打完的圍巾只賣 1 元，一隻五、六十元的石英表 5 元就出手，一隻 20 元買來的髮卡 3 元就賣……這種半賣半送的物品甚至引來了食堂的大師傅們的青睞。這些即將走向社會的男孩女孩們，之所以拋售伴隨了他們數年的學習生活品，大概是借此是要徹底告別學生時代，開闢一個嶄新的未來；他們不再像上一輩人，總是留戀過去，把凝聚著往事記憶的物品珍藏起來，放在心房。他們拋棄過去，對自己充滿自信，他們對未來的生活充滿了憧憬。

百年武大，讓人看不完、讀不盡、品不夠。

從天鵝湖歸來

8 月上旬，自治區檔案局在巴音郭楞蒙古自治州召開了全疆檔案法制工作會議。會議結束後，在會議組織者的安排下，我和其他與會人員一起參觀了美麗的巴音布魯克大草原和神奇迷離的天鵝湖。

一、天鵝湖

天鵝湖位於巴音布魯克草原珠勒圖斯山間盆地，海拔 2000-2500 米，是一個東西長 30 公里，南北寬 10 公里的高源湖泊，面積 300 多平方公里。1986 年被批准為國家級天鵝自然保護區。連綿的雪嶺，聳入雲霄的冰峰，構成了天鵝湖的天然屏障。泉水、溪流和天山雪水匯入到湖中，水豐草茂，食料豐足，氣候涼爽而濕潤，適合天鵝生長，每當春天來到，冰雪消融，萬物復蘇，大批天鵝從印度和非州南部成群結隊的飛越叢山峻嶺，來到天鵝湖棲息繁衍，在和煦的陽光下，湖水、天光、雲影、天鵝，構成一幅“片水無痕浸碧天，山容水態自成圖”的畫卷，當地蒙古族牧民把天鵝視為“貞潔之鳥”、“美麗的天使”、“吉祥的象徵”。天鵝湖鳥類資源十分豐富，水禽種類多，數量大。據考察，有大天鵝、小天鵝、疣鼻天鵝一萬餘隻，還有灰雁、斑頭雁、白頭鶺、燕鷗、雕、禿鷲等近 10 餘種珍稀鳥類，屬國家一、二級保護動物。保護站在天鵝湖畔的高處上，建有一座瞭望台，可供遊者觀看天鵝的生活習性。

巴音布魯克天鵝湖是一個著名的湖沼區，開都河豐富的水資源給這裏注入了無限的生機。隨著天鵝一聲聲悅耳的鳴叫，使你感覺到人與大自然是多麼的和諧。

在天鵝湖畔，我租了一匹蒙古烈馬，縱馬揚鞭，策馬飛奔，再次嘗到了在草原上一種"飄"的感覺。騎著喘著粗氣的棗紅馬，率先來到了天鵝湖邊，終於拍下了寶貴的天鵝鏡頭。

二、巴音布魯克大草原

巴音布魯克位於天山山脈中部的山間盆地中，四周為雪山環抱，是新疆最重要的畜牧業基地之一。水源補給以冰雪溶水和降雨混合為主，部分地區有地下水補給，形成了大量的沼澤草地和湖泊。巴音布魯克蒙古語意為"富饒的泉水"。遠在2600年前，這裏即有姑師人活動。清乾隆三十六年（1771年），土爾扈特、和碩特等蒙部，在渥巴錫的率領下，從俄國伏爾加河流域舉義東歸，清政府特賜水草肥美之地給他們，將他們安置在巴音布魯克草原和開都河流域定居。

巴音布魯克草原，蒙古語意為"泉源豐富"，距庫爾勒市636公里，位於和靜縣西北，伊犁谷底東南，中部天山南麓，海拔約2500米，面積約2.3萬平方公里，是典型的禾草草甸草原，也是天山南麓最肥美的夏牧場。巴音布魯克草原東西長270公里，南北寬136公里，四周山體海拔在3000米以上。巴音布魯克草原居住著蒙、漢、藏、哈等9個民族，民族風情燦爛多彩，一年一度的草原那達慕盛會，賽馬、射箭等比賽活動更讓遊人留戀忘返。

著名的天鵝湖就坐落在草原上，在新疆和靜縣巴音布魯克區政府約60公里的巴音鄉西南部。天鵝湖實際上是由眾多相互串聯的小湖組成的大面積沼澤地，這是全國第一個天鵝自然保護區。保護區水草豐茂，氣候濕爽，風光旖旎。

三、夜宿鞏乃斯森林公園

我和同事們在鞏乃斯國家森林公園住了一晚上。這里海撥較高，空氣濕度大，加之一直陰雨朦朦，仿佛到了初冬季節。每個人都穿著單薄的衣服，所以晚飯後，大家都早早地鑽入被窩。不料，被子都是潮乎乎的，同事們只好抱著被子，一夜聆聽“雨打芭蕉”，哆嗦著當了一夜的“團長”。

淩晨起床，走出旅館，舉目四望，一團團潔白、溫柔的白霧從山下升起，雲絮般地越飄越多，濃濃的、柔柔的，在慢慢滾動中，一絲絲向山的高處飛去；另有一些則沿著山脊向我們所在的山岡爬，貓一樣地、悄無聲息地往上爬。像煙，卻比煙白麗、聖潔；像風，卻比風有形，看得見，摸得著。

四、翻越天山

從鞏乃斯國家森林公園沿著歡暢的鞏乃斯河東行，經過團結橋，就上了天山盤山公路。我們一行坐車行進在路上，細細的雨滴不聲不響地從天上落了下來，輕輕的，柔柔的。一會兒，雨就下大了。透過車窗玻璃，我看到翠綠的遠山籠罩著一層薄薄的雨霧，將天山潑得空空渺渺、似有似無，綠色的森林、綠色的草原變得更加遙不可及。雨停了之後，我們發現無邊無際的大天山又露出了真面目：披著綠色大氅的山體呼吸著潔淨的空氣，在過去和未來中伸展著起伏的軀體。

天山公路上，一路峽穀蜿蜒，山巒起伏。從峽穀上去，野花瑩瑩，草坡漫轉，這是山陽。一俟背陰，一律的雲杉浩淼。雲杉筆直蔥蘢，四季常青，如果這山陰面寬闊，雲杉林上天入地扯起，仿佛列陣般。深濃的綠色山谷立刻沉靜一地吸納住陽光，使山色在這裏變了風姿。草坡、雲杉林就這樣在山脈中肆意綿延轉換，間或也有岩石崚嶒。從山頂望去，藍天潔淨，雲朵如剛出爐的棉花糖，蓬鬆柔軟無比；山巔堆積的冰雪，就如被貪吃的小孩猛吃後丟灑的棉花糖。雪線下的山嶺，褐黃綠諸色草皮，覆蓋著碎石細沙鋪就的山體。

五、受阻巴音布魯克草原

由於連日降雨，加之 218 國道全面改造，300 多公里的便道成了眾多司機難啃的“骨頭”。返回途中，竟用了近一天一夜的時間。一路顛簸，一路泥濘，一路陷車，一路勞頓，一路無眠，一路饑渴寒冷。車陷在黑暗無際的大草原上，動彈不得，車外是寒風裹著冷雨，吹打著車窗。幸有各位同事下車冒著刺骨寒風，奮力推車，幸有各位司機師傅發揚風格，相互幫助，終於在天明時分擺脫了泥窩。一路與困難抗爭的經歷，給大家巴音布魯克之行留下了終生難忘的印象，眾人戲說這也是一種寶貴的人生歷練、精神財富。

過干溝

說起“干溝”，去過南疆的人印象一定十分深刻。從 90 年代初到 2003 年間，我去過六次南疆，除乘飛機外，先後來回多次乘汽車經國道 314 線過“幹溝”，每一次都是感受頗深。當然，現在再過干溝，已是“搓板”變坦途了，這段近百公里的路面，已達到山區二級標準。時至今日，想起當年過干溝的情景時，仍然栩栩在目，難以忘懷。

第一次過干溝時是在 92 年 8 月，我到巴州參加一個共青團的工作會議，當時的中共中央委員、團中央第一書記宋德福也曾親臨會議。離開托克遜縣城，吉普車在戈壁大漠上向南飛馳。烈日當頭，時已中午，車篷被烤曬得滾燙，那呼嘯的熱風叫人覺得如置身煉鋼爐前。早上從烏魯木齊出發時穿的外套、襯衣現在統統脫了下來，但仍感到灼熱難當。“早穿皮襖午穿紗”，並非戲言也！

大戈壁漸漸地拋在了後面，原先在地平線上像烏雲四起的一派山脈，輪廓越來越清晰。那烏雲四起的形狀，變成了橫在面前起伏的山嶺，這些山嶺角突兀，色彩單調，光光禿禿，一片死寂。在驕陽的烤曬下，籠罩在層層氤氳之中。吉普車向一道山口駛去，再看這山口兩側的山嶺，我不由暗暗吃驚：首先那顏色令人生畏，它不是一般的荒山禿嶺的黃褐色，而是毫無生氣的黑灰色；半山腰上不是終年積雪，而是終年積沙，這當然是大漠狂飆的傑作，橫穿戈壁的柏油路到這裏也不見了，代替它的是一條曲曲彎彎的乾涸的河床。這河床上的浮土有一兩尺深，汽車一過，塵土飛揚，由於是峽穀，那塵土散不去，又落在兩側的山崖上，使那些黑色的山崖像糊了一層乾巴巴的漿糊……

吉普車喘息著往幹溝裏鑽，由於是上坡，路面坑坑窪窪，車速減慢下來。它搖搖晃晃，顛顛簸簸，舉步維艱。我的頭不時撞在車篷上，身子也不時被彈出座位。對面不斷有車開來，塵土幾乎落滿了山溝，車窗玻璃都關得嚴嚴的，車內的溫度陡然升高，更加悶熱，簡直如在烤箱裏。我握緊車門的把手，但不放鬆對幹溝的觀察。這幹溝地質構造十分特殊，的確罕見。那裸露的山岩，沒有一點點植被，因而寸草不生，倘可理解，可是有的山包完全是土質，竟也光禿禿的，足見這裏乾旱缺水到了何種程度！礫石灘上的駱駝刺、芨芨草，夠耐乾旱的了，可是在幹溝它們都絕了蹤跡；大漠上的黑烏鴉生存能力夠強的了，可是在幹溝裏連一隻也找不見。似乎這裏已是地球之極，似乎這裏已到月球之巔，說幹溝是一條"死亡之穀"，那是一點也不誇張的。

我拿出在烏魯木齊買的新疆交通地形圖，在顛顛簸簸中找到了幹溝在地圖上的位置。這是跨越天山南北的一條重要通道，這是從北疆進入南疆的一條必經之路。怪不得這條自然界的"死亡之穀"，卻是人類社會的一條"通衢要徑"。來來往往拖著煙塵的車輛絡繹不絕，它們滿載著鋼材、水泥、油管、鍋爐等原料和大型設備，它們分別屬於塔里木石油堪探開發指揮部和南疆重鎮喀什、庫爾勒、阿克蘇、和田……司機介紹說，這幹溝原先也修過柏油路的，但被一次十年不遇的洪水一沖而光，從此，這條乾涸的河床便成了一條天然的公路。

吉普車仍在艱難地上坡。路旁不時有卡車停下來，掀開車頭蓋，大約是"開鍋"了。這裏實在沒有一絲可以遮蔭的地方，司機們就蹲在車體巴掌大的陰影下，權作片刻的喘息。我們的吉普車也開始發出不正常的響聲，司機滿臉流汗，手腳並忙，嘴裏還罵著什麼，大概是車出毛病了。我真擔心別像路旁的拋錨的那些大卡車，萬一走不了，那可真能把人曬成"人幹"。可是，越怕鬼就越有鬼，吉普車突突兩聲怪響之後便停了。而且剛一停下，車便漸漸下滑，司機趕緊抓制動把車剎住。原來是天氣太熱太乾燥，又是上坡路，車子掛不上擋。司機修了一會也沒修好。便對我和同行的團幹部們說推一下吧！大家跳下車，雙腳踩在虛泡泡的浮土中，喊著“一二”推車子。一推，還真推動了，汽車發動起來。但吉普車剛停下來等我們上車，走了一段便又開不動了。如此反復了兩三次，司機說：“這是爬坡，車不能停，一停就掛不上擋，我只好開著車你們推著上了”。於是大家又開始推車，一推，吉普車又發動起來，接著就敞開車門，緩緩向前行使。我和同行們在後面跑著、追著，待跑到車門附近時，我右手一把抓住車門，一縱身跳上了車，接著右手“嘭”的一聲關上車門，成功了！此時，每個人身上都掛滿了灰塵，成了只有兩隻眼睛在轉動的“灰猴子”，你看看我，我看看你，不由都大笑了起來。

這條幹溝，上五十公里，下五十公里，待走完它時，已經越過天山，又進入莽莽戈壁了。迎面一個小鎮，叫庫米什。我忽然想起在一本唐詩集裏曾經介紹唐朝著名詩人岑參，似乎當年到過這裏。他寫了一首詩，叫做《銀山磧西館》“銀山磧口風似箭，鐵門關西月如煉，雙雙悉淚沾馬毛，颯颯胡沙迸人面，丈夫三十未富貴，安能終日守筆硯……”書中介紹，那“銀山磧口”，就是這個我們剛剛通過的接近庫米什的幹溝溝口。在我國古代詩人中，岑參的作品是著意描繪戰爭的雄壯場面的，也是極善於書寫邊陲的艱辛的，他還有點瞧不起白麵書生，而熱情謳歌衛邊將士，是不是因爲岑參的詩魂尚在，這條天山的幹溝才固執地爲後人保留著它的粗獷、它的乾澀、它的險峻，它的蠻荒呢？

博爾塔拉酒趣

博爾塔拉蒙古自治州，諸多民族，各具特色，各有所好。哈薩克人善遊牧，維吾爾人能歌善舞，蒙古人精騎術，漢族人事耕作。唯獨對於酒，乃眾家之所好。放牧轉場，以酒壯行；婚喪嫁娶，以酒待客；你來我往，以酒會友。凡歌舞，則以酒助興；遇風雪，則以酒禦寒；逢不幸，則以酒澆愁，這裏的各縣市、團場，都曾有過或正在辦著酒廠。用甘泉雪溪之水，釀造出醇香佳醪，久負盛名者如那達慕、新樂、賽里木、聖泉系列酒等等。博州人慣豪飲，飲酒時少杯盞，常用茶杯、大碗。飲酒時，不分場合、地點，或林蔭、或草地、或車上、或馬背，依崖而立，席地而坐，三幾人聚攏，便酣飲起來。

博州人飲酒，有許多奇特的方式、奇特的興致。在集鎮的小商店裏，常常可以看到三兩個蒙古人抑或哈薩克人，倚著商店的櫃檯，打上一碗酒，你抿一口，我抿一口，邊說邊飲，煞是悠閒自在。或者，打上一碗酒，坐在烤肉攤前，邊飲邊嚼。酒香肉嫩，飽享口福，視酒爲飲食中之必需，其重要性僅次於鹽和水。

蒙古人和哈薩克人飲酒，還有另一番情趣，夏秋的林蔭下，是他們飲酒的好去處。往往三五結伴，並轡而來。拎上幾瓶“博樂白”、“賽里木”，在林蔭下草地上席地而坐。酒碗擺當中，飲酒者圍成圓圈，先是喜笑而談，後是對酒當歌。常常喝得面紅耳赤，喝得神采飛揚，之後，酒性逐漸發作，情感得不到控制，有的狂笑，有的嚎喲，有的爛醉，進而你推我搡，相互鬥毆，更有甚者，躍身上馬，一幫一夥橫衝直撞，把蒙古人和哈薩克人的剽焊、勇猛、粗獷、豪放，表演得淋漓盡致。當然，蒙古人和哈薩克人還有很多飲酒場面，如婚嫁時的酒歌，冬不拉、阿肯彈唱會時的盛景，夏夜篝火旁的啜飲，都是充滿酒趣的趣事。

博州各民族除了好飲烈酒外，還釀造出獨特的馬奶子酒。這種酒清澈、味醇、性綿、香甜芳馨，清涼甘冽，沁人心脾。這種酒用土法經很多工序才釀造而成，既有豐富的營養價值，又能提精神、開脾胃、怯暑熱、潤腸除燥、滋陰清熱。

久居博爾塔拉的漢族人，也一改瓷壺小盅飲酒的習慣。少了文雅之氣，添了粗獷豪情，多以杯碗酣飲，乃至對著酒瓶吹喇叭，不僅塑造成少數民族粗獷豪放的性格，而且養成了少數民族豪飲的習慣。每逢春節、古爾邦節、肉孜節等節日，各族居民之間你來我往、串親訪友，聞香下馬，一醉方休。一杯杯烈酒傳遞的是濃濃的情意，一句句話語表達的是樸實的民風。能飲者，則博得眾人的喝采，稱他爲“巴特”，是“可交的朋友”，飲酒者將酒的醇香連同朋友的情誼，吮吸到肺腑之中。酒，在這裏成了不同民族的人們之間溝通友誼的媒介、理解信任的橋樑。

戈壁新城 — 克拉瑪依

克拉瑪依，一座以石油命名的城市；克拉瑪依，一座以石油爲榮的城市。

月中旬，因爲要參加"全疆旅遊紀念品設計大賽暨 2006 年全疆石雕、根雕精品大賽"，我再次來到了美麗的克拉瑪依市。富有是這個城市給我的第一印象，而第二印象則是安靜，這裏沒有同等經濟水準城市的喧囂與浮躁。第三個印象，走在街上，又省鞋又省油，兩天不擦鞋油沒事。

克拉瑪依，是維吾爾語"黑油"的意思。克拉瑪依這座嶄新的石油城市在戈壁荒原上撥地而起，其輝煌的成就被譽爲"一個動人的神話"。這是一片神奇的寶地，在最深的地層，噴湧出珍貴的溶液；這是一片神秘的地方，方圓百里的世界魔鬼城，用風的聲音訴說著歷史的變遷；這是一片美麗的土地，天山雪景，魔城奇觀，荒漠胡楊，沙海曉月，旭日井架，小河流水，盡收眼底。

如今的克拉瑪依是一個藍天白雲相伴、潺潺碧水環繞，整潔、衛生、文明的現代化城市。

在大會組委會的安排下，以及朋友的引導下，這次我流覽了克市的各個旅遊景點。

文化一條街

文化是一個城市的靈魂，城市因文化而有生命。克拉瑪依市文化一條街據說是西北地方最大的文化街，長達 1.8 公里，投資額要用“億”來衡量。文化街上流光溢彩，溪流潺潺，充滿了詩情畫意。展現克拉瑪依油田勘探開發歷史的 50 米藝術浮雕牆和各種藝術雕塑、浮雕、字畫讓人目不暇接，緩緩滾動的音樂，不時從心頭流過。隨處可見惟妙惟肖的雕塑，憑添了更多藝術氣氛，這裏已成爲克拉瑪依市民和遊客們休閒娛樂的最佳場所。如今的克拉瑪依人，提起文化街就自豪，他們說這比王府井一條街美多了。藝術與人生在這裏得到很完美的結合。

黑油山

黑油山位於克拉瑪依市東北部，距市中心兩公里多，是油田重要油苗露頭的地方，因原油長年外溢結成一群瀝青丘，最大的一個高 13 米，面積 0.2 平方公里，油質爲珍貴低凝油。

“克拉瑪依”維吾爾語爲“黑油”，故這個天然石油瀝青丘且得名黑油山。這座黑色的瀝青山以及它地下埋藏的石油在這裏已沉睡上億年。

由於地殼變動，地下石油受地層壓力影響，沿石裂隙不斷向地表滲出，石油中輕質部分揮發，剩下稠液同沙土凝結堆成此黑油山。據歷史記載，黑油山曾名青石峽，早在《魏書・西域傳》裏就有黑油“流地數十裏”的記載。上世紀 40 年代，家住新疆車排子的維吾爾族老人賽里木來到了黑油山並發現了這裏流之不盡的石油，他在黑油山附近挖了個地窖當住房，將採撈的原油作爲車軸膏潤劑賣給來往烏蘇、阿勒泰、托裏間經商的車主們，並將黑油裝入兩個葫蘆，用毛驢馱到附近農村、牧場，作爲燈油來換取麵粉、鹽等生活必需品，使得黑油山漸漸名聲在外。1955 年 10 月 29 日克拉瑪依油田一號井順利噴湧，1958 年克拉瑪依建市，這顆璀璨的“戈壁明珠”開始發出熠熠的光芒。

西部戈壁地質公園

克拉瑪依西部 2 公里多的一個地方，有西部荒漠戈壁最具代表性的地質、地貌景觀區。陪同我的朋友告訴我：在西北內陸土地上，在無邊無際的戈壁與荒漠構成的死亡之海中，克拉瑪依是一座綠色的島嶼，城市西部的景區已被命名爲“西部戈壁地質公園”，被確定爲新疆風景名勝區。行走在這裏，婉如進入了另一個世界，一個沒有生命氣息的世界。一層層紅色的裸岩，抑或被風蝕的千形百怪的砂層，仿佛在風中訴說著滄海巨變，幫我們找回對遠古的回憶。

克拉瑪依之水

水，在克拉瑪依市有著至關重要的意義。我們來的時候，正是克市第七個水節期間，整個城市沉浸在節日的氛圍之中。克拉瑪依是個沙漠中的城市，以前飽受缺水之苦。從 1996 年到 2000 年，國家及自治區、市政府共計投資 50 多億元，從 460 公里以外將額爾齊斯河水引來，爲這座大漠中的城市帶來了勃勃生機，改善了克拉瑪依的自然及人文條件。《水來了》雕像高 10 米，是一位高高舉起雙手的維吾爾少女，將手中石油帽裏盛的水從頭潑下，全身濕透，喜悅之情表露無遺，目前它已經成爲克拉瑪依的標誌性景觀之一。

現在，在以友誼橋爲中心的中心景區，小橋流水展現了江南美景。“青山隱隱水迢迢，秋盡江南水未凋；二十四橋明月夜，玉人何處教吹簫。”唐代詩人杜牧所描繪的這幅江南勝景，在塞外戈壁克拉瑪依出現了。在清波粼粼的克拉瑪依河上，20 座風格各異的小橋，精緻典雅的亭臺樓閣，與斜拉高架橋一起，勾勒出戈壁中的另一番勝景。

克拉瑪依河的中段，是克拉瑪依的中心景區，它的面積超過 10 公頃，是克拉瑪依區的一個最大景區。目前，該景區處於克拉瑪依的門戶位置。朋友不無自豪地說：如果中心景區是克拉瑪依的門戶，那麼人民廣場就是克拉瑪依的客廳，文化一條街是克拉瑪依的後花園。

中心景區是充分利用人工河 —— 克拉瑪依河而建成的一個大型市內景點。這段河的兩岸欄杆都是用漢白玉建成，雕欄玉砌把克拉瑪依河裝飾得高雅而精緻。河上小橋，有的是古樸傳統風格，有的又是大方簡約的現代風格。在水面最寬的地段，大型的音樂噴泉噴珠吐玉，新穎的水幕電影，吸引了無數遊客的眼球，博得一陣陣驚歎。河中水倒映著兩岸景色，緩慢而舒展，流光溢彩，讓人憐惜。

河的北岸，木原色的仿古建築群依河而建，沿著曲曲折折的走廊，人們穿過氣勢宏偉的門庭，來到茶樓、來到樂坊；在河的南面，有小型的文化和聳立的華表點綴其間。

流水、噴泉、傳統風格和現代特色的橋樑、漢白玉雕欄、雕塑、仿古建築、廣場，中心景區具有其他景點不具有的特點，成為克拉瑪依人和外地遊客休閒和娛樂的一個重要區域。

人民廣場

在廣場建設中，保留了原來的友誼館門樓，門前設置了噴泉，使它既像一個單體，又與整個廣場有機地結合在一起。廣場的功能很完善，有老年人的露天舞池，有供兒童娛樂的沙坑和其他設施，還有可供演出的舞臺和燈光球場。盛夏的廣場花紅草綠，入夜，隨著音樂的節奏，6 處噴泉沖天而起，水柱或高或低，被燈光映照的五彩繽紛，並不時地變幻著形狀。

如茵的草地，點綴著數百盞草坪燈。朋友沉重地告訴我，這裏每一盞燈都代表一個孩子，兩盞靠在一起的燈是女孩，孤獨的燈是男孩，燈杆高一些的燈是老師，寄託著人們對這些優秀師生的無限懷念。早在 1994 年，那次舉國皆知的"克拉瑪依大火"中，有 300 多師生遭遇不幸。那場大火是克拉瑪依人心中永遠的痛。

中國八大影視基地之一 — 世界魔鬼城

到了克拉瑪依，如果不去一趟魔鬼城，那是很遺憾的事。前兩次我到克拉瑪依市，因爲種種原因，都沒有去成魔鬼城，與魔鬼城擦肩而過，留下一絲遺憾。這次特意去魔鬼城觀光，流覽久已嚮往的"妖魔鬼怪"。

魔鬼城在克拉瑪依以北 100 公里處，乘車 70 分鐘左右即可到達。魔鬼城方圓 120 平方公里，是世界典型的雅丹地貌。這裏的地貌千奇百怪，遠看就像是一座座古代的城堡。這裏地處風口，四季多風，大風到來，黃沙遮天蔽日，大風在城堡中激蕩迴旋，形成呼嘯而淒厲的聲音，如同鬼哭狼嚎，令人毛骨悚然，不寒而慄。

魔鬼城是風的種子，更是歷史的影子。行走在魔鬼城裏，那些歷史遺跡、大自然的傑作，彷佛在訴說千古的幽思。在魔鬼城中，你可以聽到億萬年前無數風吹過的聲音，你可以看到億萬年來歷史變遷的痕跡；你可以感受到什麼是滄桑，什麼是巧奪天工的奇跡；你可以感受到人類在大自然面前，是多麼的渺小。

金秋季節裏的遠行

十月份，北國已是秋葉凋零，秋寒襲人，而南國依然是花開葉綠、風和日麗。在這個季節裏，新疆在上海組織了一期檔案局長培訓班，我由此踏上了上海之旅。

一路上，列車穿過沙漠戈壁、越過高山丘陵，一座座村落、城鎮田野從列車窗外掠過。越往東走，綠色越多，城市建築也越多。車過無錫、蘇州，江南水鄉景色如一幅幅濃墨重彩的山水畫展現在人們的眼前，已分辨不出城市與鄉村的區別。

上海，簡稱“滬”或“申”，她不僅是我國最大的工業基地之一、最大的商業中心之一，也是長江三角洲地區重要的商品集散地之一。

上海是中國最開放的城市，有一種任何城市都無法比擬的氣質，就是她的“洋氣”。她的現代化和古典的融合，讓人們無法抗拒。當你隨心所欲地倘佯在陽光下安靜的街道，手指劃過街邊歐式花園的牆壁，體會她細膩的質感；或奔跑過嶄新光滑的馬路，抬頭儘是高聳的摩登建築；或穿梭於購物中心的試衣間，傾己之囊瘋狂一把；或把自己淹沒在燈紅酒綠裏盡情放縱……

在離開新疆 20 多天裏，我在上海分別參觀遊覽了周莊、外灘、萬國建築群、浦東國際機場、東方明珠塔、南京路、淮海路、紹興老街、豫園、城煌廟、徐家匯、上海博物館、上海市檔案館外灘新館、人民廣場、中共一大會址、夜遊黃浦江、乘坐磁懸浮列車，以及鄭州的花園口、黃河大橋、碧沙崗、商城遺址等地。一道道美麗的風景線，讓人品不盡、看不夠、道不完……

美好的事物往往都是短暫的，時間好像絲毫沒被這些迷人的風景所吸引，飛速的流逝著。歸來已數日，而那些一處處勝景依舊在腦海中重現……

一、中國第一水鄉 — 周莊

周莊有著悠久的歷史和厚實的文化積澱，加上自然環境獨特，形成了不同一般的水鄉民俗風情，源遠流長的吳文化，滋育著周莊這方古老靈秀的水土，周莊的鄉情、習俗、風物，彌漫著江南水鄉歷史文化的古樸情調與淳濃韻味。

已故著名畫家陳逸飛的一幅《故鄉的回憶》，將周莊推向了世界，也再次調動起了我心底裏那根“杏花春雨”般的柔情。周莊成了我的夢裏水鄉。

在上海同行的安排下，我們走進了這座距繁華的大上海僅 60 公里處的水鄉古鎮。

首先闖入眼中的是幾塊通透怪異的太湖石和幾株清瘦而多姿的樹，造型刻意中有著幾分自由，襯著後邊的青瓦白牆，自成一幅品味極高的寫意畫。

往裏走，只見四面環水的小鎮，好似一片泊在湖水上的荷葉，秀麗、文靜。鎮內兩街橫跨，大小水巷密佈，整齊而又狹窄的古板街幽深、古拙。青紫相間的藤蔓從拱橋上垂掉下來，舒展地蕩在空中隨風搖曳，綠如碧玉的河水低緩流淌，鱗次櫛比的青磚古居簇擁在水巷兩岸，精緻小巧的石拱橋橫跨其間，一派“吳樹依依吳水流，吳中舟楫好夷遊”的景象。

眼前小橋流水、瓦簷參屋、古樸秀逸，宛如一幅斑駁素雅的水墨丹青。

這裏二分橋、三分水，剩下的一半便是青石小街。

導遊說，周莊是橋的世界。是的，如果說水給了周莊靈氣，那麼那些錯落別致的座座古橋，則給周莊增添了另一番神韻。

周莊至今仍保存了元、明、清遺留的各類石橋 17 座，其中有名的就有隆興橋、富安橋、貞豐橋、雙橋等。

令人稱奇的是一座叫作轎橋的方型橋。這橋一半架在水巷上，一半則與一莊戶人家相連，河水就從家中地板下流過，故有了"橋自戶中過，水從家中流"的說法。"轎從前門進，船從家中過"，其實說的就是"沈廳"——江南首富沈萬三的宅子。沈廳是簡樸的，全沒有高深的氣勢，然而它卻安頓過一代巨賈。堂皇轉眼凋零，喧騰是短命的別名。沈萬三是深諳此理的，卻仍沒躲過錢財的暗害，空餘一座偌大的宅子。

單從建築上講，周莊最富貴的當屬一座帶樓閣的石橋了，此橋名叫富安橋。乃明初巨富沈萬三之弟沈萬四所建，取名富安，是借了富足之後祈求安康之意。這是頂橋樓臺壁的立體型建築，橋的四角皆爲樓閣，四樓形態迥異，臨波拔起，遙遙相對。樓身雕樑畫柱、飛簷朱欄、古色古香煞是豪華氣派，依稀可見曾經富甲一方的沈家何等風光。

當然，游周莊看橋是非看雙橋不可的。所謂雙橋，就是兩頂橋（永安橋、世德橋）相連而成的一座橋，這二橋，一座爲石拱橋、一座爲石樑橋，兩橋相依相偎，渾然一體，顯得情意纏綿。因橋身一橫一豎，橋洞一方一圓，相連呈 L 型，所以欲稱"鑰匙橋"。20 多年前，陳逸飛以雙橋爲素材創作的油畫《故鄉的回憶》在美國引起轟動，被美國西方石油公司董事長哈默重金購下，哈默在 1984 年 11 月訪華時又將此畫作爲禮物送給了鄧小平，於是雙橋和周莊的名聲不脛而走。

佇立橋上，橋周圍碧水泱泱，柳枝青青，小舟自橋洞中穿過，一老翁手牽牯牛在橋上悠步，閒適的阿婆們圍座在橋邊的茶樓裏邊品“阿婆茶”邊做手工，身著藍底白花、年輕的婦女在水巷中撐船招攬遊客，鴨鵝在水中戲水。如此一道“江南，春雨，杏花”的美景。

日已西斜，我們仍迷戀這裏的小橋流水，迷戀這裏的古居老宅，更迷戀此刻充斥在我們心中的那份恬靜與悠然，目不暇接，樂不思返。

當導遊再次提醒時間已不早時，我們才依依不捨地準備離去。此時再回頭望去，但見綠樹掩映、碧水擁抱中，沿河而築的那一群群靈巧鐘秀的吊腳小樓已升起了嫋嫋炊煙，近處一位老阿婆蹲在自家的門口仔細地擇著菜，在她背後的天井裏扯著數根繩，搭晾著一些雪裏蕻和幹魚。阿婆的頭上包著塊藍格頭巾，下麵露出兩根花白的小辮子，辮梢處紮著的紅毛線顯得格外醒目。沒有人來打擾她，她有滋有味地過著自家的日子，生活在自己的世界裏。望著她，我想起了劉歡的那首《彎彎的月亮》，想必她當年也是那童年的阿嬌，也是滿懷春意的二八佳人……

周莊！周莊！夢中的水鄉，水做的小鎮，水做的骨肉。

返回的路上，同伴們皆婉惜來去太匆匆，沒有看夠、品夠周莊，都說周莊猶如一壺上好的茶，需慢慢地品，周莊猶如一壺陳年的酒，需悠悠地酌。

二、上海的象徵 — 外灘

外灘一般是指從北京東路外白渡橋至金陵東路的黃浦江西岸道路，全長 1300 米。現在將向北延伸至黃浦路，稱爲北外灘；向南延伸至南浦大橋，稱爲南外灘，全長 4000 米。

昔時有“東方華爾街”之稱的這條名揚海內外的濱江大道，今天經過改革開放的洗禮，顯得更加寬闊，更加壯麗，更加富有現代氣息，是上海最具“海派特色”的景點。歷經百年滄桑的外灘，既是上海的象徵，也是都市旅遊的著名景點。1995 年被評爲“90 年代上海十大新景觀”之一。

上海外灘的美景，由“萬國建築博覽”和黃浦江、蘇州河風光兩部分組成，它們分別以不同的形式表現著外灘獨特的美學內涵。“萬國建築博覽”由 26 棟風格迥異的大樓組成，這些建築融匯了世界各國的不同風格，它們錯落有致，臨江矗立。樓宇氣派雄偉，莊嚴堅實，裝飾豪華，色彩和諧，線條挺拔，形成一道巍峨壯觀的“萬國建築博覽”建築藝術風景線，被譽爲“凝固的音樂”。正是這些建築，構成了外灘這一城市景觀的筋骨。這些建築中軸正直，左右對稱，講究整齊與均衡，講究調和對比，講究尺度與比例，講究節奏和韻律，由於是不同國家構建，又形成了不同的風格。如巴羅克式、文藝復興式、哥特式、古典主義式、俄羅斯式、東印度式、日本西洋式、西方現代派式、中國民族式、折中主義式……呈現出多元化的特色，堪稱上海一絕。這樣豐富多采的萬國建築在當今社會，又給遊人耳目一新的審美感受。站在外灘，審視這些萬國建築，你會想到中國古代傳說中“三停九似”的麒麟，據說它頭似牛，嘴似驢，眼似蝦，角似鹿，耳似象，鱗似魚，須似人，腹似蛇，足似鳳。我想，這“萬國建築博覽”的風景，仿佛神奇的麒麟一樣，橫臥于浦江、蘇州河之濱，它不僅使遊人在審美感官上得到愉悅，同時也使遊人產生奇特的審美想像。

如果說萬國建築博覽構成了外灘的筋骨的話，那麼，黃浦江與蘇州河則是外灘的血脈，它們相依相存，相輔相成，共同構成外灘人文景觀與自然景觀的完美結合。

遊人置身于危樓聳立的都市，欣賞了高樓大廈之後，再回頭看到新月形的流水，頓生另一種感覺。在這裏你盡可以抬頭望天，低頭觀水，毫無大都市慣有的那種局促與壓抑。如果我們把高樓比成“都市青山”的話，那麼遊人在此也完全可以體會到“智者樂水，仁者樂山”的妙趣。江面上波光粼粼，海鷗盤旋飛翔，與船隻相依相隨。江水河水彙集在一起，不分彼此。江水河水的奔流聲，輕舟快艇的滑水聲，巨輪船舶的汽笛聲，海鷗水鳥的鳴叫聲共同構成了活潑生動的“音樂美”。到了晚上，你可以乘船夜遊，盡情欣賞外灘上五彩繽紛的燈光。船上、樓上、海上到處是光，到處是色，給人一種“大珠小珠落玉盤”的感覺。

上海外灘巍峨參差的建築，是“凝固的音樂”，那跳動奔湧的江水，是“流動的音樂”。凝固的音樂，橫平豎直，高峻挺拔；流動的音樂，動感流暢，舒展圓潤。莊重堅實的人文美與生動活潑的自然美在此交融，各自發揮優勢，彌補彼此的不足，使外灘的景物融爲一體，相得益彰，更顯風采神韻。這正如古人所說，“方圓相參，斯爲妙境”。

三、亞洲第一塔 — 東方明珠塔

到達上海的第四天，上海同行安排我們乘坐磁懸浮列車、參觀東方明珠塔、夜遊黃浦江。

東方明珠塔位於上海黃浦江畔、浦東陸家嘴嘴尖上，1991 年 7 月 30 日動工，1994 年 10 月 1 日建成，塔高 468 米，與外灘的萬國建築博覽群隔江相望，列亞洲第一，世界第三高塔，設計者富於幻想地將 11 個大小不一、高低錯落的球體從蔚藍的天空中串聯至如茵的綠色草地上，而兩顆紅寶石般晶瑩奪目的巨大球體被高高托起渾然一體，創造了“大珠小珠落玉盤”的意境。她猶如一串從天而降的明珠，散落在上海浦東這塊尙待雕琢的玉盤之上，在陽光的照射下，閃爍著耀人的光芒，成爲上海新的標誌性建築。1994 年 2 月，國家主席江澤民題寫了“東方明珠廣播電視塔”的塔名。

東方明珠塔僅次於加拿大多倫多電視塔和俄羅斯的莫斯科電視塔。東方明珠電視塔選用了東方民族喜愛的圓曲線體作爲基本建築線條。乘上東方明珠塔的電梯，只需四十秒鐘，便可到達 263 米高的觀光球上，再往上乘坐電梯可達 350 米高的“太空艙”。在這裏，極目遠眺，上海景色盡收眼底，原來的高樓大廈，現在都顯得矮小了許多，蜿蜒的黃浦江上，巨輪如梭，連綿入海。分列兩邊的兩座大橋，如兩條巨龍，騰飛於黃浦江上，與中間的東方明珠一起，巧妙的組合成一幅二龍戲珠的巨幅畫面。入夜，巨大的球體在五彩燈光的裝飾下，光彩奪目，群星爭輝，更顯得晶瑩剔透。與浦西外灘的燈光建築群交相輝映，展現出現代化大都市的迷人之夜。

參觀了東方明珠塔後，同行們乘坐“時光穿梭機”回到第一層。在東方明珠塔前，同伴們盡情地拍照留影。

上海的夜色僅用美麗表達似乎還不夠，乘坐遊艇行駛在黃浦江上，同行們面對滔滔的黃浦江水又是一陣“發呆”。在明亮的燈光映照下浦東顯得格外柔美，遠眺東方明珠塔，就像鑲在天空中正在閃爍的寶石，映入眼簾的高樓大廈透出的五顏六色的燈光，與江水交相輝映，襯托這著這神秘的夜色，再回首看外灘濱江大道上川流不息的汽車、黃浦江往來穿梭的輪船，讓你覺得好像是走進了一幅美麗的畫卷。

美麗的夜上海，直看得同行們如癡如醉！

四、上海最熱鬧的地方 — 城隍廟

“到上海不去城隍廟，等於沒到過大上海。”可見老城隍廟在上海的地位和影響。城煌廟的建築是依照中國古代風格建起的，來到這裏，好像回到遠古的年代。城隍廟尤如一個大的集市，裏面有許多仿古店鋪；賣小吃的、賣工藝品的、賣古玩的等五花八門。上海城煌廟是外地遊客到上海來旅遊的必經之地。豫園、九曲橋、湖心亭……除了一般的旅遊者，各國的國家元首及其夫人都曾踏上這片土地。

城隍是道教中城市的保護神，相傳明永樂年間（15 世紀初），上海知縣張守約將方浜路上的金山神廟改建成了今天我們所見的城隍廟。1926 年重建，殿高 4.8 丈，深 6.33 丈，鋼筋水泥結構，而彩椽畫棟、翠瓦朱簷，規模大增。抗戰後，爲與新城隍廟相區別，故稱老城隍廟。老城隍廟藝術競技館，內有鬥雞表演、雜技表演及霹靂書法等“中華一絕”的民俗藝術。

人攘如織的九曲橋最爲熱鬧，九是陽數最高的數，具有吉利之意，故曲橋取名“九曲”，實有取其吉祥如意之意。九曲橋還有另外一種傳說，據說鬼怪只能走直線，所以你不必爲遇到鬼怪而擔心，寓意著走過九曲十八彎之後，將送走曲折和困難，帶來順利和平安。城煌廟的九曲橋以九曲而得名，橋下有許多金魚，遊人們常用麵包屑來喂魚。魚兒生活的自由自在，它們在水中嬉戲打鬧，忽而群聚搶食，忽而分散潛遊，無憂無慮。這可能也是人們理想中的生活吧。金色的魚兒和清清的湖水構成了動與靜的完美結合。

筆者在一排專門現場制售民間工藝品的鋪面看到，這些民間手藝人大都以各自祖傳的絕活爲生。隨著時代的發展，傳統的手工藝中容入了一些現代的元素。一位正在制售皮影的老藝人雕刻的皮影不僅有古代人物造型，還特意製作了一些卡通等現代人物肖像，生意極爲火爆。

在工藝品現場，筆者看到，無論是英俊瀟灑的貝克漢姆，還是美豔迷人的瑪麗蓮夢露，都散發出濃鬱的中國手工藝特色和藝人的技藝水準，真是令人大飽眼福。

天空飄散著淡淡的白雲，遊人們從世界各地紛至踏來。在這具有明清風格的建築中，人們都放慢了腳步，想要把這一切都記入腦中。

五、漫步紹興路

如果說高樓是一個城市的青春的話，那老街，無疑就是她的風情與記憶。上海就是這樣一個城市，縱使有肆無忌憚、翹然向天的金茂大廈，但最讓人迷醉的，仍然是外灘上那些承受了世紀風雨的老樓、星羅棋佈於老城區的名人舊居，還有那些能讓你在小雨中徜徉的老街。

紹興路，是文化人心目中的“聖地”。原名愛麥虞限路，位於徐匯區與盧灣區交界的地方，曾是法租界的一條住宅街。在上海，她是一條很不起眼的馬路，從東到西，不過兩三百米。與周圍繁華的淮海路、衡山路、汾陽路相比，紹興路顯得落寞得多。路邊的法國梧桐，經過歲月洗刷的房屋，加上夜晚昏暗的路燈，這條路一直保持著某種神秘，配合著百年歷史老建築上斑駁的顏色，向每一個經過這裏的人述說著這個城市的歷史。

紹興路是安靜的，路兩旁的書店和畫廊，甚至連飯店都在這樣幽靜的環境中毫不張揚地存在。夜晚，西邊雜亂的陝西路，東邊太過明亮的瑞金路，在紹興路昏暗的燈光下都顯得似乎太過招搖。

在很多上海人眼裏，紹興路代表著文化與雅致。的確，這條曾佔據上海出版業半壁江山的紹興路，幾百年的文化沉澱薰陶，始終讓她在喧鬧中固守著特有的寧靜。現在很多人來紹興路，都沖著“文化”二字而來。逛逛畫廊，看看書店。的確，書店、畫廊和茶坊的幽靜在這個城市已不多見。即使餓了，也可以在“老洋房”裏嘗嘗芝麻在下麵的蟹粉生煎包，享受這個城市中難得的閒適。

南京路步行

天山神木園遊記

在赤日炎炎的六月，博州檔案局組織的赴南疆檔案學習考察團一行十幾人來到了阿克蘇地區。在完成考察任務之後，考察團在阿克蘇地區檔案局的熱情安排下，由辦公室王主任陪同，前往位於溫宿縣境內、全疆聞名遐邇的"天山神木園"觀光。

汽車在平坦的柏油公路上輕快地行駛，車內檔案同行們在熱烈地猜測天山神木園究竟會是什麼樣子。離開溫宿縣城半個多小時便來到了莽莽戈壁。一條小河在無聲地流淌，這便是《西遊記》中唐僧師徒涉過的流沙河。沿著河邊的公路前行，極目遠望，在戈壁與蒼穹交匯處，一線雪山靜默在那裏。其中，有一山峰被白雲繚繞而看不到山頂，陪同的王主任告訴我們，那便是天山的主峰托木爾峰。在陽光的照耀下，雪山、戈壁、河流反射出五顏六色的光芒，組成了肅穆凝重、恢宏壯觀的巨幅圖畫。慢慢地，雪山下麵、在毫無生機的茫茫戈壁上出現了一個小綠點，王主任說：那就是天山神木園，素有"戈壁明珠"之稱。

隨著小綠點越來越大，漸漸變成了十分搶眼鮮亮的一抹綠色、一叢綠色。最後車行到跟前，成爲極目不能盡的一大片綠洲。給人的感覺是，在沙漠中絕了水的人，突然間發現了一眼清亮的泉水。沒有在沙漠戈壁中行走過的人，是讀不懂這種綠色的。神木園占地六百八十畝，沿著林間小路往山坡上走，只見百草叢生，綠茵遍地，林木蔥蘢，潺潺流水，啾啾鳥鳴，集秀麗與神奇於一體。園內生長著杏、楊、柳、榆、桑、槐、小葉帽樹等三百二十多種植物。有的樹幹筆直挺拔，昂首藍天；有的盤根錯節，樹幹扭曲成麻花狀，仍然枝繁葉茂，頑強地撐起一片綠蔭；有的樹幹已經裂爲兩半，開裂處卻又長出了新枝，開出了新花；有的樹幹和樹幹已經合生在一起，並結出了累累果實。此地樹木形狀各異，千姿百態，但沒有一棵樹不顯示她旺盛的生命力和向命運抗爭、求生存、求發展的蓬勃態勢。據導遊小姐說，這一帶處在風口，每年有近百天的大風天氣，八級以上的大風經常瘋狂地肆虐這片森林。在這樣惡劣的氣候條件下，神木園的樹木能夠生生不息，濃濃密密地存活下來，實在不易。

一株占地達二點九畝、遮天蔽日、名爲"臥龍"的柳樹，令我讚歎不已。此樹數年前被雷電劈倒在地，但她不向厄運低頭，從樹根上又慢慢向四周長出四根樹幹，樹幹蒼勁古樸，極像龍的利爪，整個大樹如同一條仰天長吟、騰空而起的巨龍，真可謂有鬼斧神工之妙。園中還有一棵斜長的大樹，根部早已腐朽，而樹冠繁茂碧綠，生如平常。人們乃至植物學教授都無法解釋這種無根而生的奧秘。而我並不相信它沒有根，毫無疑問，如果沒有幹它會徹底倒下去枯死。有的樹，主幹倒地死去，而枝幹筆直向上，如大樹新生出的一棵棵小樹。母子情深，誰又能說"草木無情"呢？有許多古樹形狀怪異、形態萬千，著名的有"母親樹"、"無根樹"、"通天門古柳"、"千年臥龍柳"、"九龍攪海"、"鹿角怪樹"、"牛蛙出池"、"鴛鴦樹"、"定情樹"、"馬頭樹"、"臘榆雙飛"、"永綠樹"、"千年樹屋"、"千年核桃王"等等。

我問導遊小姐這些神秘的大樹，導遊說："其實，這些樹能存活下來，也無神秘可言，與這裏水源充足有關。這裏有股天山來的雪水，長年不斷。"

園中有一處泉水被稱作"聖泉"。據說這"聖泉"的水極有靈性，喝了可以祛病強身，連續喝，還能減肥；用此水洗臉，可以洗去煩惱和憂愁，從此生活一帆風順。其實，都是泉水中含有的多種礦物質在發生作用。到這兒的遊客，無論男女老少都會喝一口聖泉水。聖泉被木籬笆圍著，籬笆上系滿彩色布條，以祈求聖靈福佑，寄託心中美好祝願。我的印象中，佛教中的喇嘛教有這樣的習俗，沒想到伊斯蘭教也有這樣的風俗。儘管表現的形式略有不同，人們祈盼美好生活的心是一樣的。

沿著人工鋪設好的木板路盤旋而上，到了山頂，轉身可俯瞰神木園全景。但見綠樹後面的荒坡，墳塋座座，我們腳下又是蒙古人的敖包，敖包上的石頭已風化，真所謂"海枯石爛"。我們站在上面，似乎幾世紀前就來過。

這座神木園本來是一座麻紮（庫爾米什阿塔木麻紮，即伊斯蘭墓地），相傳，西元 11 世紀時，一名從印度來的阿訇帶著教徒在這裏傳教，後與當地的伊斯蘭教徒發生衝突，發生了戰爭，這名阿訇率領二千余名教徒退守到神木園一帶，最終寡不敵眾，全部戰死。阿訇死後葬在了這處有泉水和古樹的地方。

我很喜歡這個地方。那戈壁灘上的綠色，像是人們對生活的一種態度，假如你對生活越熱愛，那麼這個綠色就越鮮亮，而你心靈之泉也將永不枯竭，你心中的大樹會更加茁壯神奇。

米爾其克草原行

一、

米爾其克草原是一片神奇的土地。這片草原有著古樸無華的純真，有著寬宏大度的豪爽，有著寧靜致遠的深沉。它有大海一樣的體魄，卻多了大海沒有的安寧。大海總讓人有幾分警惕，米爾其克草原卻總讓人安心。站在草地上，人是踏實的。在那寬廣無比的草原上，天藍藍，草青青，幾十裏人煙稀少。也許荒涼了些，但它的古樸、寧靜、自然、和諧，仿佛把人帶入了一個世外的神聖世界。遠離喧囂，遠離塵世。這裏的大自然留給人們了一個神奇的天地。

默默的米爾其克草原，不在乎遊者的讚歎與忘卻，年復一年地用繁盛的存在和坦誠的奉獻來印證自然的宏大與生命的不息。

在溫泉縣，胡天雪地、林蒼樹莽的景色所見並不為少。峰巔觀脈的壯懷、林海聽濤的感慨，對於愛好攝影的我，都是司空平常的。而草原呢，我更是經常走進。但每一次走進草原，都有新的感概，無不為那一望無際的開闊和充滿勃勃生機的綠色所感動，欣喜的同時便按動像機的快門，把遼闊的草原收進相機那狹窄的畫面。

二、

又一次進入美麗的米爾其克草原，是緣于一個文學采風活動。離開博溫公路，向北急馳。坐在車上，聽著德德瑪演唱的《美麗的草原我的家》，我和同伴們則沉醉在心花怒放的快樂裏。在悠長的歌調中，汽車把我們帶入了米爾其克草原。車子行使在平坦寬敞的國防公路上，從開著的車窗灌入的是剛烈的風，完全沒有慣常的風所給我們的溫文爾雅的感覺，卻有著凜人的氣勢。如果說風也有品格的話，那麼這裏的風就是不加修飾、毫不矯情而野性十足的那一種。汽車漸行漸高，穿過了幾道山梁以後，視野陡然開闊起來。進入真正的草原了！

進入米爾其克草原，我們都被融入了一望無際的綠海，那曠大、那茂盛，那藍天、綠草和緩緩起伏的原野，那份濃重，震憾著每個人的心。草原的開闊和繁榮鬆馳了我們的襟懷，而散落在草原深處的羊群、馬群和牛群又使我們感受到生活的平靜與恬適。一條亮晶晶的小河，曲曲折折地鐫刻在平坦的草原上。這是亙古以來沒有被開發耕種過的草原，沒有被劃歸私有、按人的意思改變過形態的草原。

藍藍的天上白雲飄，白雲下面馬兒跑，這是一首人人熟悉的草原牧歌。隨著浮雲飄動，草原忽明忽暗地變幻著。河床沖涼的牛群、馬群隨之時隱時現。這場景，讓人捉摸不定，仿佛造化之外有一種神奇的力量在戲耍草原。

我們舒展雙臂任清風洗拂，暢快極了。天氣也好，剛才還是藍天白雲，只一會兒幾縷輕風就牽來一陣細雨。用不著打傘躲避，只一刻就停了。雨過，彩雲飛掛，像小孩紅樸樸的臉蛋。剛進入米爾其克草原，我們就領略到了她帶給我們的熱情。

豐腴的草原，飄著炊煙的蒙古包。我的思緒從漫無邊際的綠色飄向沉沉的遠古，在這片草原上尋覓。

汽車載著我們在草原上奔馳，起起伏伏，如船行海中。望著雪山上奔流下來的河水，我想，人生是不是也如同這千折百曲的河水？看似平淡無奇的歲月總有花開花謝、雨雪風寒，而曲折坎坷的河流不正是創造雄奇壯美的必然嗎？

我們信路漫遊，走進一家人的蒙古包，他們忙著倒奶茶款待客人，牧羊犬興奮地蹦跳，像是見到了遠方的親人。我問他們常年累月在草原生活悶不悶，一位老奶奶笑著說："牛羊多了，草也好，我們過得好！"

是啊，亙古以來，逐水草而居的牧民們就以草原爲家，在馬背上度過他們的一生，是草原養育了勤勞的人們，也鍛煉出一代代"天之驕子"。他們以濃墨重彩、可歌可泣的英雄事蹟，爲中華民族的歷史添寫出多少輝煌的篇章。

三、

我們有幸目睹了米爾其克草原上落日的景象。那不是一種溫婉淒涼的夕陽，米爾其克草原的落日自始至終都是奪目的，即便是它幾乎全部沉淪，只有一線邊緣還沒有被遮擋的時候，依然光芒怒射，使人無法逼視。太陽完全隱沒之後的幾秒種的時間裏，在它剛剛消失的天際變幻著的七彩的霞光，那一刹那，細巧精緻、絢爛錦繡的美簡直無以言表。然後，緋紅的色彩漸漸暗淡下來，只有天際遠山還鑲著薄薄的金邊。

然後，草原的夜色很快地到來。

一餐歡宴竟吃到夜深。兩大盤子"那仁"，有條不紊地放著羊的各個部位，最上面的是匍匐著的羊的胸膛，表示羊是走上餐桌獻給遠方的客人的。主人敏捷地切下羊的各部位的肉，分送給每一位客人，每一個人都是吃得那麼津津有味。

大家說這是綠色食品，米爾其克草原的羊"吃的是中草藥，喝的是礦泉水，走的是綠地毯，"甚至拉的也是"中藥丸"。這羊肉，原汁原味沒有更多的加工，這是自羽現代化的城裏人是花多少錢也難以

“買”到的。

在蒙古包裏做客，不能沒有酒。草原是酒的天堂，來到草原上不醉它一回，你不遺憾我也會替你扼腕歎息的。而且，這敬酒也很有講究。主人說，蒙古人的規矩是：接過酒杯，用右手的無名指蘸酒先向上彈 —— 敬天，再向下彈 —— 敬地，然後向左彈 —— 敬祖先。乾杯！如果你實在不勝酒力，最後醮酒在自己的腦門點一下，表示盡心了。如表示愛慕敬酒的姑娘，可醮酒在姑娘的腦門上點一下，而後吻一下。爲什麼只能用無名指醮酒呢？因爲，大姆指、食指、中指都是握槍、握弓箭殺生的，故不能用。其實，現在草原上的人們早已收起了獵槍，擔負起保護大草原的責任。草原逐漸成了野生動植物的自由王國。

牧民朋友們從四方聚攏來，歡歌跳舞，用草原的禮節歡迎我們的到來。而我們則感染在他們似火的熱情當中，我們都有點酒醉的癡狂。對我來說，這是一個略微有些尷尬的夜晚。我想我的尷尬是因爲我承受了太多的盛情款待，相比于牧民的熱情豪爽，我未免太促狹拘謹了些；相比他們能歌善舞的才華，我也缺乏交相附和的天份和機智。我真的希望能夠帶給牧民們一些快樂，而不是遊離於他們之外。我依稀忘懷了他們的眉目和麵龐，而他們輕盈的舞姿和嘹亮的歌聲燃燒了我們的情感。大口吃肉，大碗喝酒，還有大聲唱歌，這是草原人的習慣。在悠揚的馬頭琴和歌聲中，我們仿佛看到了藍天白雲間，雄健的騎手馭馬飛奔，揚起一片“一代天驕”後人的威武；綠草黃沙上，秀麗的姑娘輕撫著羊羔，露出草原兒女的深情……

馬頭琴還在悠揚，歌聲在蒙古包中嘹亮。同行的朋友中有人悄悄地離席而去，我猜他們是去看星星。頭頂著璀璨的蒼穹，腳踩著濃濃的醉意，我們走在蒙古包外的草甸上。仰望遼闊的星野，我感覺自己從來沒有擁有過這麼大的一片天空！簡直有一種投身於此的衝動。白天裏滿天放牧的雲彩，不知何時已經歸去了。我想這便是我們的幸運，冥冥之中有股力量讓那晚所有的星星與我們為伴，為我們照明。靜謐的四野、深邃的天空、清涼的空氣，還有遠處蒙古包裹傳來的馬頭琴聲……這一刻，我彷彿參透了大地間的玄機，真的無法想像會有比現在更加浪漫的情境。

當我睡下時，才知道自己真的是太勞頓了。那掩藏在興奮與激動中的疲憊催著我很快進入了夢鄉。清晨，溫柔的陽光撫摩著我的面頰，我們住的蒙古包的門正對著東方，上面有個一尺見方的小窗口，陽光就從那裏悄悄地伸出手來把我喚醒。於是，我朦朧地睜開雙眼，看大亮的天空才遺憾地覺察到自己已經錯過了看草原日出。走在清晨裏，沒有一絲風，陽光無語，四野安然。我在草地的高處坐下來，鼻端嗅著草的清香，耳邊卻是一片靜謐。迎著朝陽的方向望去，結滿露珠的草地上晶瑩閃亮，猶如鋪撒了滿地的珍珠。每一棵都在陽光裏變幻著七彩的光暈。遠處的群山，山頭上銀裝素裹，山腰間纏繞著哈達一樣的朵朵白雲。偶爾傳來鳥叫蟲鳴聲，渺遠的好像來自另一個時空。我感覺到我的思維在一點點的發散，根本沒有辦法彙聚，彷彿濾掉了雜質的清水在汩汩流動，不受我的控制。凝固的天地，靜止的我，不能回憶，也無法想像。在熹微的晨光中，時光在慚慚地遠去，而我依然停留在座標的原點。

四、

在米爾其克草原，你會不時地看到一個個敖包。以前的草原地廣人稀，以遊牧為主的蒙古族人民趕著牛羊，在各個草原間漫遊。為了避免迷失方向，牧民們便把石塊堆積起來，作為路標，方便了自己，也造福了後來之人。這就形成了遍佈草原的"敖包"。

敖包在承擔了路標的功用之後，就成了草原人民生活中必不可少的依靠，它在人們的心目中變得越來越神聖起來。於是它又逐漸派生出一種神秘的功用，被人們賦予了一定的宗教色彩：每當年景不好或是家中遇到災難的時候，人們會把宰殺了的牛羊等牲畜供奉在敖包上，祈求水草的豐美，牛羊的茁壯，家人的平安等等。

後來，敖包又被當作了愛情的象徵。一首廣為流傳的《敖包相會》，曾令多少癡情男女心馳神往，那一種草原上奔放而又不失纏綿的愛情，甘甜醉人，悠遠綿長。

經過考證，才知道敖包被當作愛情象徵的原委。在草原上，遊牧的人們無論是生產或是生活都是以家庭為單位的，並不像農耕地區的人們聚族成村而居，每個家庭相距很遠，而來自不同家庭的青年男女在戀愛時幽會於茫茫草原之中，沒有亭臺樓閣的依靠，也沒有小橋流水的纏綿，為了確定約會的地點，只能以某一個敖包為座標，這樣，久而久之，敖包就在能歌善舞的蒙古族青年們的歌聲中披上了愛情的霓裳。染上了瑰麗的愛情色彩的敖包因此又有了一個更加動人的出典：說是"敖包"原來就是由於蒙古族青年男女戀愛約會後，為了下一次在同一地點再次相會而撿來石塊留作記號而形成的。為了草原上雄鷹一般英俊的小夥兒，為了白雲下花兒一樣美麗的姑娘，我更願意相信這樣的傳說。

我們在草原上找到了一個敖包，遠遠地走過去，每個人都四下裏尋找石頭。我也從遠處抱著一塊石頭來到敖包前，虔誠的繞著敖包轉了三圈，沒有忘記給自己許下一個願望。我許下的不是參天的宏願，因為我不願讓敖包那莊嚴神秘的力量有朝一日遭到我的懷疑。

離開敖包時，我幾度回首。敖包離我們越來越遠，看著它仍然矗立在小山頂上，胸中突然湧起一種相忘於江湖的感概。敖包，你深藏著無限的神秘，你流露出萬種的風情。在陽光燦爛的日子，在月白風清的夜晚，你忠實地為每一個旅人指引歸途，為每一位戀人築起一座可以依靠的愛巢。敖包，美麗的敖包，你在這古老的草原上矗立了千百年，你還將在這年輕的草原上千百年地矗立下去。

你來到草原的時候，別忘了去看看美麗的敖包。

五、

歸途中，司機打開車上的 CD 機，放了一首歌壇新手齊峰演唱的《父親的草原母親的河》，那歌喉寬廣、柔潤、舒展、流暢，彷彿把藍天的深遠、草原的遼闊，以及牧人奔放的豪情和虔誠的祝福，統統化成了液體，溶解於一壺香濃的奶茶中，要人們仰起脖子往下灌。

山山水水已舊識，今天情，醉心中。我們隨緣而來，依戀而去，景物的佳妍，心緒的歡快，將長久地陪伴著我。我們告別了米爾其克，卻斷不了草原引發的心緒和思考。這時，在我耳旁，分明有人又吟唱起《草原戀》，心中怦然一動：這是我們發現了米爾其克草原的溫存可棲呢？還是米爾其克草原發現了我們的孤寂無奈？

米爾其克，你昭示給人們的是遼闊的草原，豐腴的牛羊，勤勞的人民，是博爾塔拉的一片壯美，一片奇偉，一片瑰麗。人民，是博爾塔拉的一片壯美，一片奇偉，一片瑰麗。

受了傷的大草原

從內蒙回來也有一段時間了，但是至今還回想著在那裏的情景。草原所帶給我的感覺是難以忘懷的。真的，到了那才知道地有多麼寬廣，天空是那麼的觸手可及。當人置身其中時，會感覺忘乎了所有。忘了我是誰，忘了身在何方。讓草原的陽光沐浴著我，草原的風輕輕地吹拂著我。此刻心中也變得無限的寬廣，整個身心也是無比的舒暢。相信這是一種對於草原的情結。

8 月份，我到內蒙古參加由國家文化部、廣播電視部、新聞出版署、內蒙古自治區政府共同主辦的“中國西部文化產業博覽會”。會議結束後，我到烏蘭察布市（原為烏蘭察布盟）所轄的幾個旗考察。所到之處，留下深刻印象的就是一望無際的大草原因乾旱而缺乏生機，成片的草原裸露著沙石，稀疏的小草無精打采地搭拉著頭，草原上一片沉寂。令人神往的滿眼綠色成為罕見的景色。枯黃的草場上，偶而見到的牛馬低頭緩行或睡倒在草地上，顯得無奈。那片美麗富饒的大草原也變得枯黃和短矮，那延綿彎曲富有詩情和畫意的河流也乾枯了。

持續的乾旱，讓草原生態更加脆弱。一些山坡莊稼地，看不到引水管道，草原上也沒有河流，基本上是靠天吃飯的農牧業。察哈爾右翼中旗的賈副旗長帶領我們來到了一片松林前。這裏是該旗引以自豪的旅遊景區，但是由於缺水，很多松樹也將枯死。沒有了水，景區也失去了靈秀；沒有了樹，景區也失去了生機和活力。

著名作家和詩人席慕容曾經憂慮地指出：隨著"工業文明化"的進程，原生態的草原正被工業文明侵害。目前，草原在縮小，河流在消失，遠離了詩人心目中的聖地草原。面對草原被破壞、沙化情況凸顯，席慕容不無憂傷地說，她是一個傷心落淚的蒙古人。她積極呼籲國家應該重視這一生態問題，經濟發展不能違反自然規律，要治理好草原，積極採取退耕育林、退耕還草、封山育林育草措施。

草原人已經認識到保護草原的重要性。在行途中，我們也看到不少地方在退牧還草、退耕還草還林方面做了很多努力，一些植被稀疏的地方和種莊稼基本沒有效益的地方被種上了草、栽上了小樹，草原綠色正在漸漸擴大，茫茫草原又有了新的希望。

哈密走筆

哈密是新疆的的“東大門”，自古便被稱作“西域咽喉，東西孔道”。早在二千年前，哈密就是漢代張騫第一次通西域開通絲綢之路的要塞。如今的哈密仍是內地進疆的第一大站，橫貫甘肅、新疆兩省區的蘭新鐵路和 312 國道，都從哈密綠洲穿過。這條鐵路與公路，將哈密、吐魯番、烏魯木齊、昌吉、石河子、奎屯連成一線，形成了北疆和東疆經濟開發帶。

走遍新疆，是我兒時的一個夢，哈密，這樣的歷史名城，我當然要去看一看、走一走。一次出差的機會，讓我得以流連於哈密、巴里坤和伊吾縣，並再次遊走哈密，進一步加深了對哈密的瞭解、對哈密的體驗。

哈密城不是很大，但是它承載著歷史的風霜、有淡淡的歷史風塵，回王陵、蓋斯墓、天山廟以及古城、古碑、岩畫等在哈密遍佈的歷史遺跡、出土文物，真實地記述和再現了昔日絲綢之路上咽喉重鎮的風貌。

一、哈密瓜

一方水土養一方人。哈密的一大特色便是瓜，哈密有“瓜鄉”之美譽。淳樸厚道的哈密人在這片肥沃神奇的土地上，用自己的辛勤和智慧培育出了舉世聞名的哈密瓜，給人們送來了甜蜜。清乾隆年間，紀曉嵐在《閱微草堂筆記》中就稱：“西域之果，蒲桃（葡萄）

莫盛於土魯番，瓜莫盛於哈密”，“瓜則充貢品者，真出哈密”。

哈密瓜是甜瓜的一種，有“瓜中之王”的美稱，它形態各異，風味獨特，味道十分甜美。這種瓜分早熟和晚熟兩種。早熟的瓜在夏季，晚熟的瓜則在秋季。秋季成熟的瓜質優而耐存放，甚至存放到來年的春天，依然光鮮如新。所以在新疆、尤其是在哈密，“圍著火爐吃甜瓜”，吃瓜論道，是一件很普通的事。

哈密瓜以地爲名，譽享全國，不僅本地，就連新疆吐魯番、鄯善縣其他地方所產的甜瓜也爭叫哈密瓜，甚至連甘肅金塔寺一帶所產的甜瓜也叫哈密瓜了。

雖然近年來，鄯善和哈密兩地已經共用了“哈密瓜”的商標，但關於“貢瓜”的爭論，卻一直都沒停止過。2002 年，雙方終於認識到無休止的鏖戰，只能讓雙方損失加重。利益共用、提高產品品質、保護品牌成爲雙方共識。於是，雙方聯合組成了哈密、吐魯番哈密瓜協會。雙方以協會的名義，共同向國家工商總局申請註冊“哈密、吐魯番哈密瓜”原產地證明商標。

二、哈密的柳樹

哈密的自然與人文景觀星羅棋佈、聞名遐邇。哈密有著“新疆的縮影”之稱，融沙漠、綠洲、雪山、松林和草原等南北疆風光於一體，自然景觀代表了新疆特色。

從飛機上往下看哈密大地，映入眼簾的是漫漫無際的黃沙，不知何處是盡頭。驀然，一大片綠色闖入視野，這就是哈密綠洲，一塊鑲嵌在沙漠之中的綠寶石。

行走在哈密城，心情總被綠色所包圍。哈密城的綠色不是點輟，而是底色，相反，一座座建築倒成了綠樹叢中的點睛之筆。這綠色給人一種閒適的寧靜和愉悅，這綠色也感染著人們的心情，讓陰霾的心境驟然明朗起來。這充滿著生機的綠色，滲入到了哈密的靈魂之中。

我到哈密的季節正是盛夏，倘佯在哈密的西河壩，發現這裏是一個乘涼的好去處，岸邊有樹幹粗壯、枝葉繁茂的黑柳，據說是清代明將左宗棠西征平叛時，帶領兵民種下的，被後人稱爲“左公柳”。曾幾何時，“羌笛何須怨楊柳，春風不度玉門關”，赤地如剝、沙塵彌空，是對西域大地的寫照。左公廣插柳樹，深得民心，前人栽樹，後人乘涼，爲後輩人做出了可貴的典範。

漫步在哈密的柳蔭中，涼爽愜意，而一進入陽光下，馬上又感到熱浪滾滾而來。感覺這裏的柳樹，與內地湖畔河邊的依依柔柳有很大不同。內地的楊樹枝條纖巧柔軟，楚楚動人。這裏的柳樹枝幹是直立挺撥的，枝條堅定地向上生長著。它由一棵柔弱的柳樹，長成了屹立在戈壁灘上的剛強之樹，大有英勇無畏、壓倒一切困苦的氣勢。

哈密的這些柳樹，不僅成爲收復新疆失地的歷史見證，而且還使古老的“絲綢之路”獲得新生。

三、沉浸在古老煙塵中的哈密老城

歷史上的哈密城，是一座萬傾戈壁中的孤島。哈密由老城、回城與新城組成。老城，作爲古絲綢之路上的一個重鎮，承載著厚重的歷史記憶。據說，老城是唐城遺址，曾號稱“天下第一城”。在這裏，隨意漫步，仔細品味，尋找那塵封歷史的背影。

當年的老城由於缺乏整體規劃，房舍隨便修建，以至於羊腸小徑處處不通處處又通，猶如迷宮一般，初入者不辯東西南北，若是沒有當地人引導，很難看個完整，也許會在裏面轉向。老城牆由於多次拆毀，已經不復存在，很是可惜。老城區中，比較有名的歷史遺址是左公祠、回王府、大營門、龍王廟等。在一些市場內，可以看到油酥饃、扒羊肉、回族粉湯及烤羊肉串、烤全羊、烤饢、涼皮、烤包子、黃面、奶茶等西域風味傳統食品，香氣四溢，恍惚間，又回到百年前的老店古集。

哈密博物館是一個值得一去的好地方，收藏有原始社會到明清時期的石器、青銅器、陶器、木器、鐵器、毛布、清代服飾和乾屍等文物。哈密博物館館內設施現代化在地市級博物館中是不多見的，在新疆地州級博物館中屬一流水準。博物館，是一個城市精神的凝聚點，是城市文化的名片。看過一個博物館，就等於和這個城市結了緣，你就對這個城市的靈魂有了初始的觸摸，你也才有機會真正走近這座城市、聆聽這個城市的心跳。所以，到了哈密城，一定要去哈密博物館，走進這個先民們數千年創造的精神寶庫。

如果你來過哈密，你會驚訝地發現無論你走到哪里，你總能看到成片成片的哈密瓜地和葡萄架，它們像哈密的陽光一樣如影相隨；如果你來過哈密，你會看見馬路的兩邊、葡萄叢的四周都被柳樹所包圍，它們是稱職的哨兵，不眠不倦；如果你來過哈密，你會覺得這兒的鳥都比你幸福，它們有一整年的瓜果可以吃……

如果你沒有來過哈密，那你還在猶豫什麼？

東方明珠　文P.113

庫克他烏景色　文P.123

米爾其克草原　文P.123

走進大自然　文P.131

金胡楊　文P.134

歲月的年輪　文P.134

賽湖天鵝　文P.162

賽湖白鷗　文P.162

庫克他烏的山花 文 P.244

誰知溫泉山花這樣美 文 P.244

悠悠鄂托克賽爾河 文 P.186

天山神秘大峽谷 文 P.190

哈日圖熱格森林公園 文 P.183

艾比湖鴨子灣 文 P.155

草原駿馬 文 P.162

輯二　戶外老驢

艾比湖哈薩村的秋日胡楊

11 月 1 日，在朦朧曙光中，博樂“藍羊戶外”新老驢友 30 人乘車前往艾比湖北岸的“哈薩村”徒步。這是一次相對輕鬆的戶外徒步之旅。“哈薩村”現在已成博樂戶外較爲經典的一條線路。

從博樂到“哈薩村”有 130 多公里的路程。除了博樂火車站到阿拉山口這一段是平緩的柏油路外，從博樂市到火車站的路全線在築新路、需要走臨時便道，山口到“哈薩村”這一段路基本是高低凹凸不平、狹窄的土路。繞過阿拉山口東行，又越過數十公里的戈壁半荒漠地區，汽車到了一片胡楊林出現的地方，才停止了顛簸，驢友們開始下車徒步行走，向“哈薩村”行進。

“哈薩村”應該是漢族人起的名字，這一片區域正規的名字是“科克巴斯套”，但由由於拗口，大家還喜歡稱之爲“哈薩村”。這個小村散落著一些以放牧爲生的哈薩克民居，在斑駁落離的土牆上，依稀可以看出當年用石灰塗的“商店”兩字，簡陋的木板條充當了貨櫃，上面擺放著一些廉價的煙酒糖果。幾個男人在商店裏一張小桌上一邊噴雲吐霧，一邊玩“詐金花”，感覺他們沒有什麼生活壓力和苦惱，簡單的生活帶來了簡單的快樂。

這個地方除了牧民居住以外，還有一、二十名以打撈鹵蟲爲業的民工。鹵蟲是一種生活于高鹽度水域中的小型甲殼動物，含有豐富的蛋白質和脂肪，是魚、蝦、蟹等仔體的優質開口餌料。目前，鹵蟲在中國乃至全球水產業屬稀缺資源。鹵蟲市場看好，老闆們不惜血本，出數百萬鉅資購買一塊塊湖邊鹵蟲捕撈區，然後雇傭民工每天打撈鹵蟲。與外界隔絕的民工們好奇看著我們這一群裝扮奇異的不速之客，同時問著相互感興趣的問題。

哈薩村的居住環境在今天的城裏人看來，說它是“世外桃園”並不爲過。它位居于艾比湖北岸，隱藏於一片金黃的胡楊林中，南側是成片的低矮灌木叢和蘆葦。這裏沒有汽車馬達的轟鳴、沒有人聲沸騰的吵雜、沒有煙囪吐出的黑煙覆蓋。一縷緩緩升起的炊煙，讓行路人似乎聞到了奶茶的飄香。趕著牲畜的牧人、攙著小孩的婦女、抱著柴火的老太太，從他們潔淨的眼神中，可以看到這種與世無爭、恬靜的生活，給他們帶來的是知足與安然。村子邊上，蘆葦、胡楊、幾隻駱駝和狗在夕陽的映照下，披著金色的光影，全都浸潤在滿目金黃之中。

由於水源的減少，原先艾比湖煙波浩渺的景象已經很少出現。數十年前，艾比湖的湖岸近在咫尺，驚濤拍岸，植被茂密。現在，卻是湖水遠退，留下的是白色的鹽鹼灘和稀疏的蘆葦與胡楊。波浪浩蕩的歷史一去不復返。湖水的退卻、乾旱的加劇，使生命力極其頑強的胡楊林、紅柳也處境艱難。假如沙漠裏最後一株胡楊因生態環境惡化、乾枯而死的時候，人類失去的不僅僅是樹木，而是一個完整的荒漠草原生態系統。

在哈薩村周圍，千古胡楊，千奇百怪，千形百狀，千姿百態。金葉與落霞相映，雁唳攜駝鈴遠翔。有的如沉思穩健的老者，有的若婀娜多姿的少女，有的像昂首挺胸的龍王，有的似鞠躬的寵物，有的像蓄勢待發的怪獸，有的像仰天長鳴的巨鳥……這些惟妙惟肖的群雕、巧奪天工的景象，令人歎爲觀止。有兩株胡楊，各自伸長了臂膀，相互傾斜，交相呼應，映照在夕陽下，格外蒼涼動人。也許它們是前世的戀人，今生才相依相守。走進胡楊，我們就拉近了歲月和時空的距離；走進胡楊，我們和胡楊一起叩問生命，惟有凝重和震撼；走進胡楊，才會有旅行者的感悟 — 見高山而仰止，面大河而靜默，讀胡楊而驚歎。

沒有任何生命能和胡楊相比，沒有一種植物那麼持久地堅守在一片貧瘠和少水多風的沙灘。但有一種例外，那就是百折不撓的一個靈魂。堅韌而頑強，寂寞而孤獨，固守著千年不變的信念。不會忘記，那是怎樣的一種樹，千百年來，這自生自滅的天然胡楊，帶給人們的不僅僅是生命的啓示，而且是人類可以獲得的寶貴財產。千年不死大漠魂，千古還留不倒身。千載猶存傲世骨，千秋不朽是龍根。

胡楊淚流出的是佳品，胡楊根收藏的是璀璨。胡楊是沙漠戈壁一道美麗的風景，胡楊是大自然送給人類的精華。胡楊是人類的精神力量之樹，激勵人們克服困境、勇於攀登，走向心中的人生之巔。而人生猶如單程旅行，沒有回程，則當以胡楊自勵，勇敢走好每個行程，享受每段過程，讓生命之樹無憾無悔。

哈薩村，因爲生長著高大挺撥的胡楊樹，固守著那份淒美與悲壯、雄韻與氣魄，才顯得與眾不同，才能讓過往行人商旅流連讚美、敬仰和感悟，寄託那份心中的夢想。

大奇大美怪石溝

天地有大美而不言。

這是一個奇幻的世界。

對於考古學家來說，它是無數個驚人的發現、無數個難解的謎團；

對於歷史學家來說，它是連接絲綢之路的文明、失落的神秘古國；

對於文學家來說，它是古今文化的結晶、浪漫和藝術的最高境界；

對於探險家來說，它是一張活生生的藏寶圖、有著永遠也挖不盡的寶藏。

對於崇仰它的人來說，它讓人們魂牽夢繫、如癡如醉……

這就是神奇的怪石溝 — 哈布圖哈怪石溝，海拔 780 米—1350 米之間，是中國西部最大的怪石群景區。走進怪石溝，仿佛把人帶進了一座天然的奇石公園。擁有諸多怪石，是青色草原 — 博爾塔拉的一筆財富，是造物主的偏愛。

怪石溝是由花崗斑岩組成的穹窿構造的山地，它位於距新疆博樂市以北偏東 48 公里的山區，面積 230 多平方公里，以奇石像形而聞名遐邇。這裏奇岩危聳，岩石裸露、怪石嶙峋，萬般風韻。在這條連綿 10 餘公里的溝穀中，幾乎沒有一塊岩石是完整平滑的，好像萬千石匠在一聲號令下一齊動手，在大大小小的石塊、石岩、石峰上分別鑿出了幾個、十幾個、幾十個圓不圓、扁不扁的窟窿，大者逾丈，小則如杯口，不成序不成行地佈滿岩石表面。有的狀如天狗望月，蒼鷹俯獵，大象戲水，駱駝闊步，孔雀開屏，龜蛇相鬥；有的宛如古堡、石亭、佛洞，有的像駱駝靜臥，石猴母子，有的如靈芝、蘑菇，有的如龜兔賽跑……諸如展翅欲飛的雄鷹、嘯傲山林的猛虎、思念遊子的老人等等，都能在這神奇的“大觀園”中找出他們的身影……千姿百態，巧奪天工，遊人可以馳騁思緒，盡情想像。這裏原本是一片海底龍床，經過億萬年的風霜雪雨的侵蝕、千萬年的滄桑巨變，形成的孔石群奇特美妙，呈現出千姿百態的自然景觀，造就了這方神奇的世界，充分展示了大自然傑作而獨特的魅力，吸引了大批的遊客慕名而至，飽覽奇境。生活在當地的哈薩克人把這片怪石群稱之爲“闊依塔什”，意爲“石頭像羊一樣的地方”。

從山頂向下望去，幾處度假村裏的蒙古包宛如一朵朵潔白的蘑菇點輟著怪石溝，來來往往的車輛像黑甲殼蟲一般打破了怪石溝的靜謐，一條烏黑的柏油公路像一條神奇的魔帶將怪石溝帶向了山外的世界，這條公路把怪石溝與外面的世界連成了一體，讓遊客暢遊怪石溝通行無阻。

怪石溝溝底，草木叢生，溪水潺潺，兩邊芳草碧樹，一條由山泉彙聚而成的小溪蜿蜒而下。這條來自岩縫石隙的山泉、幽谷下的潛流，匯成一泓碧綠的溪水。清亮的溪水沿溝流淌，緩緩細流不時發出叮咚的響聲，如遇暴雨，那麼這股溪水就會變得聲如洪鐘，奔瀉而下。小溪又成爲怪石溝的一道風景。

古人雲：凡山皆有石，有石非皆怪，一山多怪石，此山非凡山。漫步在形狀各異的山石間，感受著怪石溝嵯峨怪石，領略著大自然美不勝收的奇觀，體味著奇石所引起的奇思遐想。

怪石溝，名不虛傳。假如你來過一趟之後，對怪石溝的留戀惜別之情就會久久不能散去。

湖水留下的記憶

艾比湖是戈壁中的一滴眼淚。鴨子灣用它的生命之水，固守著艾比湖潮濕的記憶，在千回百轉的沙礫折皺中一路走去。鴨子灣是艾比湖清澈的眼睛，片片胡楊林和梭梭林是艾比湖的舞裙。鴨子灣在這片遙遠的沙海裏，躲避著世俗的侵擾，背負著生命的倔強，獨自面對命運的多舛，藏在這人煙稀少的地方，風景看過，過眼雲煙，從不抱怨，從不失落，靜看庭前花開花落，閑看長空雲卷雲舒……

沙湖共生

有人說，大地上的湖泊就是淌在地球上的一滴滴眼淚。用這句話來形容艾比湖，很形像。

艾比湖位於博州精河縣境內，古稱"博爾塔拉額西柯卓爾"，又稱"布勒哈奇卓爾"，亦稱"鹽湖"。

艾比湖在蒙古語中的含意爲"向陽的湖"，它和賽裏木湖一起，被人們比作是姐妹湖。

賽裏木湖給人的感覺是溫柔、嫺靜、娟秀、嫵媚，宛若南國的閨秀；艾比湖則坦蕩、熱烈、奔放，猶如北國的浪漫少女。

如今的艾比湖，湖面像一隻橢圓形的黛色玉盤。鹽鹼在它的四周鑲上了素雅的銀邊。

被風揚起的白色城塵沿著湖面向前奔湧，遠遠望去，仿佛湖水在強勁舞動，波光粼粼的湖面和淺灘上，一群群天鵝、水鳥在歡快地覓食嬉戲。

艾比湖水深 1 米到 2 米左右，湖畔有方圓百里的胡楊林、梭梭林、蘆葦蕩構成的原始生態區，是野鴨、馬鹿、黃羊、野兔和野豬等野生動物的天堂。

艾比湖畔的鴨子灣又好比是艾比湖的一滴眼淚。在艾比湖廣袤無垠的戈壁灘上，在一片連綿的沙丘之中，驀然出現一片胡楊和蘆葦、紅柳組成的綠色世界，一泓清澈見底、水波蕩漾的水世界，讓人感到意外和驚喜。

金秋九月，我們在精河縣人大的領導和艾比湖濕地保護區負責人的陪同下，看到了這個令人稱奇的"沙湖共生"自然景觀。

鴨子灣應該是艾比湖湖水後退時留下的一灣水泊，是艾比湖留下的一片相思葉、一個久遠的回憶，也是昔日艾比湖的一個縮影。

鴨子灣把那些紛繁的思考，用光滑的石子一一記錄下來，藏在湖水深處。水中的魚兒閑來無事，把這些記錄翻來覆去地閱讀，耳濡目染慢慢成爲鴨子灣裏最優雅的生物。

湖的眼睛

幾十年前的艾比湖水勢洶湧、植被旺盛，水域直達今天的精河縣黑山頭一帶。後來由於人爲破壞自然植被、截堵河流上游水源，導致艾比湖來水量大幅度減少，湖泊面積由原來的 1200 多平方公里，縮小到 600 平方公里，甚至到了今天的 400 多平方公里。

大片的湖底裸露在陽光下，變成白花花的鹽鹼地和沙丘。耐鹼耐旱的胡楊樹和梭梭林成爲沙地寶貴的固沙植物。

孤守著這片沙海的鴨子灣，彰顯著勃勃生機：湛藍的湖水靜靜流動，沙丘倒映其中，蘆葦密佈，野魚遊弋，不時有水鳥起落其中。

湖水回應著天空的遼遠和空曠，雲朵的倒影在湖水中疊出層層深意。在湖的北側，有一眼神奇的大泉，嘩嘩不停地噴湧出清澈的泉水，爲戈壁沙海補充著珍貴的甘露。

鴨子灣用它的生命之水，固守著艾比湖潮濕的記憶，在千回百轉中一路走去。鴨子灣的水是艾比湖清澈的眼睛，片片胡楊林和梭梭林是艾比湖的舞裙。

鴨子灣周圍有成片的胡楊、紅柳、蘆葦，他們賦予了沙海中的生命的綠色，成爲眾多野生動物的家園。

胡楊精神

秋天的的風，將金色的季節特徵印在了樹葉上。艾比湖戈壁中的胡楊林變成一片跳躍的金黃，耀眼奪目，進入了它生命中的精華歲月。

胡楊樹是一種奇異的樹，它的葉有的細長如柳；有的寬窄如扇，在同一株樹上甚至也長著不同的葉片。

亙古荒原上乾旱少雨，胡楊葉子稀疏搖曳，樹幹扭曲盤結，呈現出千奇百怪的形態；有的如沉思穩健的老者，有的若婀娜多姿的少女，有的似鞠躬的寵物，有的像蓄勢待發的怪獸……

這些巧奪天工的"群雕"令人歎爲觀止。清人宋伯魯作詩描繪胡楊：君不見額林之北古道旁，胡桐萬樹連天長。交柯接葉方靈藏，掀天掉地紛低昂。矮如龍蛇欲變化，蹲如熊虎踞高崗……

沙漠胡楊，是一種精神的象徵。雖然在我們徒步的途中，在鴨子灣周圍，看到胡楊林在不斷死亡，但大片的胡楊還是活的，活在人們的眼中，胡楊的精神還是活的。

胡楊只生在沙漠，它是比甲骨文還要古老的樹種，是 1.3 億年前遺下的古老生命。胡楊能在零上 40 攝氏度的烈日中生長，能在零下 40 攝氏度的嚴寒中挺拔。

它不怕侵入骨髓的斑斑鹽鹼，不怕鋪天蓋地的層層風沙，它“生而千年不死。死而千年不倒，倒而千年不朽”，是生命的樹、不死的樹。

胡楊將摧肝裂膽的風沙留給自己，它有滴露就生機，有點雨就蓬勃；它用自己堅強的軀體抵抗著風吹日曬，阻擋著滾滾白沙。它活著就是挺立在戈壁中最嫵媚的身影，它死後便鑄成抵抗惡劣環境的不朽豐碑。

令人堪憂的艾比湖濕地生態

艾比湖的水域面積在逐年縮小，通向艾比湖的七條河流，已經有 5 條完全斷流，剩下的兩條河流來水量也愈來愈少。2010 年艾比湖水面已經萎縮至 400 平方公里。來自阿拉山口的狂風吹起的沙塵、鹽塵一年比一年多，瀕臨艾比湖的 82 團、90 團前幾年遇到風沙災害，導致大面積的棉花、玉米等農作物基本絕收。人們對頻發的沙塵暴災害已不再陌生，但對鹽塵暴還不熟悉。大風每年從艾比湖底卷起逾 480 萬噸含鹽粉塵，使數百公里以外的烏魯木齊受其影響。這些鹽塵暴能夠影響到新疆北部、甘肅、內蒙古等地。如果風力的強度特別大，北京、天津、河北等地都會被波及。鹽塵暴含有密度很高、很細的鹽鹼粉末，危害比沙塵暴更大。當風力達到 5－6 級時，盆區上空會形成一片白色的鹽鹼煙霧；風力達 7－8 級時，鹽鹼和沙塵的混合塵暴便形成了。“鹽塵暴”所到之處，滿天都是白色粉塵，牛羊、農作物，乃至人的臉上、身上都落滿厚厚的“白霜”。經歷過“鹽塵暴”的人形容這種粉塵吹到臉上，又澀又疼，讓人咳嗽、打噴嚏，眼睛發紅流淚。由於粉塵中的鈉鹽含量高，容易導致肺部、呼吸道疾病、眼病、心血管疾病發病率升高。鹽塵加劇了對農作物的危害，使得莊稼大面積死亡，土地加速鹽漬化。

目前，有 40 多群牛羊尚在艾比湖濕地保護區不停地啃吃珍貴的固沙植物紅柳、梭梭、蘆葦、芨芨草、玲鐺刺、鹽節木等。植物乾涸死亡、牲畜的啃吃，艾比湖脆弱的植被生存面臨著嚴重的危機。人們不難想像：由於目光短視的人們不斷地攫取，艾比湖植物資源消失殆盡、湖水乾涸、鹽塵騰空之日，就是東部地區，包括奎屯、昌吉、烏魯木齊、甚至甘肅、河北、北京、天津等地的沙塵暴、鹽塵暴肆虐籠罩開始之時。

艾比湖的綠色是我們人類生存安全的屏障，失去了它，就會失去我們現在的美好的家園。

艾比湖日漸乾枯的眼睛，呼喚著人們保護意識的覺醒；保護艾比湖的生態，就是保護我們自己的未來。

回望冬都精河

在精河縣南部婆羅科努山，有一條神秘的河流 —— 冬都精河。它發源于西天山的高山峻嶺之中，彙聚了冰川積雪融水的涓涓細流，最後奔騰著注入艾比湖。充沛的水量，灌溉著下游綠洲，使之成爲精河縣主要的棉、糧、瓜果產地，也爲面臨乾涸危險的艾比湖提供了寶貴的水源。

金秋季節，“探路者戶外”一行 20 多個驢友走進了神奇的冬都金河。沿著南行的戈壁便道，我們進入了層巒起伏的婆羅科努山。這一段十幾公里的山道，其實是洪水沖刷而成的河溝。長年累月，進出的人畜車輛踏輾成了這條彎彎曲曲的山路。這是進入冬都精河唯一的一條道路。沿路盤旋而上，地勢越來越高，越來越險。路的兩側，岩危峰險，突兀崢嶸，除了山的鐵青色，極少見到綠色。轉過幾道山梁，又見路邊的峽谷如刀削一般，站在邊上往下窺視，其險峻，令人不寒而慄。想著這樣曲折艱難的路途、封閉惡劣的環境，肯定不適合人類生存，路的盡頭一定是荒山禿嶺、人跡難覓。

正待大家認爲重山前面疑無路時，眼前豁然開朗，一條亮麗的河流，還有一片成熟的莊稼地、綠色的胡楊樹，世外桃園般地展現在眼前。能不神奇嗎？在四周一片鐵青色的戈壁荒漠中，驀然出現一條嫻靜深沉的河，一條源于高山冰清玉潔的雪水的河。有了水便有了生命，便有了綠色，便有了鬱鬱蔥蔥的胡楊、紅柳、沙棘、駱駝刺等植物，也便有了鳥語花香。

再走進些，看到了在場地上幹活和在河邊放牧的少數民族牧民，聽到了簡陋的房舍裏傳出的雞犬之聲。一縷炊煙緩緩升起，人們似乎聞到了奶茶飄出的醇香。飼草地裏，一峰駱駝昂起了咀嚼料草的頭，好奇地打量著我們這群不速之客；挺拔在樹杆上的孤鷹默立著審視著周圍的一切；一群馬佇立於河中沙洲，凝望著人們，好像一群正在沉思的哲學家。

河的北岸，是紅色的山巒，綿延不絕，伸向遠方。這片間夾著砂岩和泥板岩的陸地瀚海，地質學上稱它爲"戈壁臺地"，與克拉瑪依市的"魔鬼城"有著神奇般的相似。這是由於，千百萬年來，由於風雨剝蝕，地面形成了深淺不一的溝壑，裸露的石層被狂風暴雨雕琢得奇形怪狀。一座座溝壑、山巒顯得異常平靜，沉澱著遠古的荒涼，多少世紀的滄桑隨風而過。

山道傍河而走，一路上不時有零散的牧人房屋沿河而築，房子大多年久失修，有的用樹幹壘起的小木屋，不知經歷了多少風吹日曬，看慣了多少人間歡悲。牆圈子內囤積著一堆堆牧人割下的飼草，也囤積著牧人的財富和歡樂，以及來年的希望。河邊一棵棵枝葉繁茂的胡楊，站在岸上，像士兵們在站崗，又像呵護病人的護士在護床。胡楊活著時，把沙沙作響的青春，彪柄爲冬都精河的風光；死了，枯黃的枝幹拒擋沙礫，也堅守在河床寸步不離。生與死的強烈對比，告訴來者，這也是一種忠貞，一種滄桑，一種震憾人心。

胡楊是一種英雄樹，它既然選擇了在深山僻壤紮根，就註定了它悲壯的一生。胡楊生的爛漫，死的靜美，不爲喚起人們的敬意，只是提示另一種存在。

冬都精河是一條生命的河、母親的河，倘若精河縣沒有這條河，會成爲什麼樣子？當我走近它的時候，我對這條河充滿了敬畏。

水聲是深厚的，浪花是調皮的。冬都精河一如既往翻騰著細浪，從婆羅科努山的雲深霧罩處輕盈走來，它與樹爲伴，與林相映，帶著思想的語言，將生命與眾多生靈融爲一體。多都精河的水是充盈的，就像是一個哺乳期的女子，總有流不完的乳汁，在澆灌和養育著下游數十萬畝的田地。在夏季的洪水期，是多都精河奔騰流動的季節，它如野馬在深山曠野中馳騁；而在天寒地凍的冰雪期，多都精河又如一條潔白的哈達披在婆羅科努山的肩頭。不論是什麼季節，多都精河都讓人感到生命的律動。在它激蕩不羈的性格裏，始終有種不放棄生的信念。站在河岸邊，看著清清的河水嘩嘩流淌，體會著它的前世與來生。河裏流淌著的，是棉延不絕的生命與恩情，是高山雪原的萬種風情。

悠悠多都精河，是一條古老而神聖的永不枯竭的長流水，是一條年輕而迷人的正在煥發青春的長流水，向著遠方，向著太陽，永遠奔流不息。

做一個快樂老驢

近年來，隨著人們物質生活水準的不斷提高，人們越來越重視自己的精神享受，旅遊是較多人們選擇的一種方式。其中，戶外徒步成爲最爲吸引人的一種運動，它體現了人類返璞歸真、回歸自然、保護環境的美好願望，已被很多國家譽爲“未來體育運動”。在戶外徒步中，可以發現很多的自然風光和人文景觀，如美麗的小山村，別具風格的房舍，花繁草茂的山野，引人入勝的廟宇，一路上的奇花異草、珍禽異獸……，都爲徒步行走增色不少。當你進入深山曠谷時，當你越走越高時，青青綠草地、綿延數十公里的原始森林、水流湍急的溪流、閃著銀光的冰川、雪山，總是讓你賞心悅目、深深陶醉其中。所以有人總結說：戶外徒步，痛苦的是過程，享受的是結局，愉悅的是心靈！

這幾年中，我先後參加了烏市一些團體、文友、色友等組織的戶外徒步探險活動。今年以來，主要參加了博州本地的戶外俱樂部的戶外徒步活動，雖然徒步的難度都不是很大，但是在徒步中，我感受到一種平時難得的平和、包容、自由和坦蕩，既鍛煉了身體、愉悅了身心、又結識了很多新朋友，增強了團隊精神，同時也真正地體會到了“超越自我、陶冶情操、放鬆心情、磨練意志”的戶外真締，自己也逐漸成爲一個縱情於山水之間、熱衷於戶外運動的“老驢”。

“驢友”、“色友”、“山友”是隨著網絡與戶外運動的普及而逐漸流行開的、對戶外運動愛好者的稱呼。“驢友”主要是指那些熱愛旅遊，喜歡挑戰自我，志同道合，一同出遊的人們，包括參加自助旅行、一般性探險、爬山、穿越等愛好者，來源於“旅”友和“綠”友的諧音。喜歡旅遊的人們借鑒了驢不怕吃苦的精神，將旅遊演化成了任重而道遠、以及忍耐和快樂。“色友”是對既是攝影愛好者又是戶外運動愛好者的稱呼。在戶外運動中，“驢”友沒有都市里的地位、貧富、等級這些分別，大家只是因爲共同的愛好走到一起，有著同樣的權利和義務。

在每一次的戶外活動中，我都獲得了格外的放鬆與快樂，這種快樂是遠遠超乎安坐在家中的人們的想像的。在運動中，我們享受最有效的有氧運動，向大自然尋求人類生存的本質意義。在每一個戶外團隊中，我們都是來自不同領域、不同階層、不同的年齡層，我們不需要知道對方是誰，是什麼身份，我們知道的只是對方的網名，因此，我們不需要僞裝自己，完全把自己放鬆在一個新環境中，體現真實的自我，在青山綠水中呼吸著新鮮空氣，在團隊協作中體會到驢友的真情與溫暖，體會到關心幫助別人和被別人關心幫助所帶來的快樂和感動。

驢友與遊客相比，有很大的不同。在每一次戶外運動中，在出行之前，驢友都會有網上搜索有關資料，通過 QQ、博客與驢友聯繫；作爲驢友，都具有環保意識，知道哪些是不能做的；驢友一般是自虐，但他們並不排斥休閒；驢友們在長期的驢行中學會了寬容，學會了與人溝通，與大自然和諧相處，能夠樂觀地面對旅途的種種狀況；對於意外遇到的驚險或是變化，驢友會很興奮、會感到刺激；驢友出行時，會合理地安排休息時間，一般不會浪費很多時間在睡覺上，因爲路上的風景很多，錯過了太可惜，所以驢友會精力充沛；驢友未必很有錢、有時間，所以他們會把這兩樣花在該花的地方，他們知道合理安排很重要；驢友未必都去過很多地方，只是在他們的內心深處願意有一個"驢子"的稱號而已，感悟有時會很深；驢友回來後，一般會總結這次出行的經驗和收穫，在網上發博文發圖片，以自己的感受，娓娓而談，在"潤物細無聲"中推介出了一個又一個令人嚮往的景點景區。

驢友提倡的是花最少的錢，走最遠的路，看別人難以看到的風景。實施的手段是自助，是一種體驗，這種體驗是貫穿於旅行全程的，一開始的時候，只知道一個大致的目的地，需要自己去尋找資料，計畫線路，置辦裝備，估算行程時間，盤算著手裏不多的銀子，算計明日又將花費幾許等等。驢友出去旅行，不僅僅是去某個地方看風景，旅途本身就是很重要的體驗。火車汽車毛驢車，賓館旅社大車店，清山綠水大漠孤煙，荒郊野嶺繁華都市，古道西風高速公路，醉酒高歌風餐露宿，等等等等，旅行的苦與樂都是冷暖自知。買不到票，住不上賓館，前方道路坍方，臨時改變線路及行程，或者山洪爆發被迫流落在旅途中某個小鎮，啃冷饃喝涼水，都可能是旅行的一個重要部分。"移舟泊煙渚，日暮客愁新。野曠天低樹，江清月近人"，這首詩反映了多少旅人的思緒。

老驢，經過了多次的戶外，嘗遍了戶外運動中的酸甜苦辣，積累了豐富的經驗，也塑造了優秀的品德：樂於助人，熱情地歡迎新朋友，淡薄名利、不驕傲、不做作，小事不計較，大事有主張，知道量力而行，有大將風度，能包容與自己觀念不同的人和事。老驢，通過實踐，崇尚冒險、紀律、毅力、自助和團結協作精神，絕不主張"挑戰、征服自然"，老驢絕不輕率地對待自己和他人的生命，他會盡一切可能降低或避免危險發生的可能性。

做一個自我的、真實的快樂老驢吧，行走於天地之間，快意於江湖，放飛靈魂，讓我們相約出發！

夢幻多彩賽裏木

記得香港 TVB 有一檔旅遊節目，叫做《現代廛世美》，節目的主要內容是爲大家介紹廛世間最美麗的地方，與古代的那位陳世美先生沒有任何的關係。

在工業文明的今天，在忙忙碌碌的現代社會，想要離開鋼筋水泥的城市，去大自然走一走，在沿途發現你眼中的廛世美，我想對於每一個人來說，都是一件很美妙的事情。

新疆海拔最高、面積最大的高山內陸湖泊 —— 賽裏木湖，被譽爲“攝影家的天堂”，當然更是遊客們嚮往的樂園、當代的廛世美。

賽裏木湖像一個古樸、寧靜的睡美人，躺在青山環繞的懷抱之中，又像造物主藏在這裏的一塊碩大的藍寶石，一面光彩照人的天鏡。

賽裏木湖湖面海拔 2073 米，東西長 30 公里，南北寬 23 公里，環湖 83 公里。水域面積 458 平方公里，最大水深 92 米。賽裏木湖風景區總面積 1331 平方公里，是一個以湖泊風景爲主，湖泊、草原、森林、山嶽相結合的湖山型風景名勝區。環湖形成巡湖遊覽、幽林渡假、湖濱草原、登山遊獵、古跡科考五大旅遊區。自然天成賽湖躍金、松頭霧瀑、科山觀松、碧水珍禽等 13 大景點。這裏春秋相連無夏季，氣候宜人，天高水闊，悠然浪漫。湖畔金花如毯、牧草如茵；湖濱雲山環繞、松綠柏翠；天水一色、雪山倒映、碧水清平，湖山天影融爲晶瑩的一體，煙波浩淼之中天鵝、黃鴨、丹頂鶴、斑頭雁展翅競飛、暢遊嬉戲；草原星羅毯房、牧歌悠長、牛羊似珍珠散落。冬季，銀裝素裹、雪湧冰凝、晶瑩剔透，宛如翡翠嵌于冰山雪原之間。

也許得近水樓臺之便，從八十年代初開始，我幾乎每年都要來到賽裏木湖畔，賞湖光山色，聽波濤拍岸，看羊肥馬壯，品草原情韻。每一次見到了它，我都會傾倒在它質樸的風姿、清秀迷人的柔情裏。變幻莫測的湖水，每一次去都以妖嬈多變的顏色呈現在我的面前，隨著雲彩的移動、光線的強弱，湖水時而淡藍，時而墨藍，時而寶藍，時而又銀光閃閃，讓你徜徉忘返。

記得 1981 年第一次到賽裏木湖，是乘坐一輛進山的大卡車，從溫泉縣城出發，在塵土飛揚的盤山道中，50 多公里的路途，行駛了大半天才看到湖水；而今，早已是柏油公路通暢無阻，不到一小時的車程便能嗅到賽裏木湖濃淡相宜的花香了。再用兩個小時繞環湖公路一周，就可以看盡松柏蒼翠墨綠，湖濱碧草繁花，氈房星點，馬嘶羊咩，萬千氣像凝山水，千姿萬態掛雲間。

去看賽裏木湖，當然是五月下旬六月上旬最好了。

再次來看賽裏木湖，是和新疆本土的十幾位攝影家集體采風活動。來的這天，天空下著濛濛細雨，初時還有點抱怨天公不作美，給出行帶來了些許不便，但一進入景區，卻又慶倖起這場雨來。細細的春雨使得雄偉的山谷增添了一種柔柔的美，整個視野所及之處都籠罩在一層薄薄的霧靄之中。環湖的山上，觸目儘是煙霧繚繞的高山奇峰，此時的湖面上也蒸騰起一層淡淡的霧氣，還有一群群天鵝、野鴨、灰鶴、斑頭雁，構成了“碧水鳴禽”一景，使湖區之內充滿了靈性。

夜晚，我們借宿在湖北岸的漁管站彩板房，有的“色友”在板房旁邊搭起了帳蓬。在夜雨朦朧中，好客的主人為我們燉了兩大盆賽湖養殖的白條魚、亞羅魚、高白鮭，再喝上幾口火辣辣的賽裏木白酒，慢慢品啜，直吃得滿嘴流油、魚香滿屋。

第二天，雲開霧散，天空湛藍，朵朵白雲漂浮在湖周群山之巔。色友們驅車來到最佳的拍攝地點 — 湖的西南岸，很多的經典照片都是在這裏拍攝的。

賽裏木湖西南岸是花的海洋，金蓮花、菱陵菜盛開的黃花，隨風搖曳，如花毯般伸向遠方，遍野金黃中，薔薇的紅花、大葉糙蘇的紫花、珠芽蓼和火絨草的白花，還有許多不知名的野花，競相怒放、流金溢彩，綿延數十裏。賽湖變成了花的海洋、金黃的世界，黃花環湖鋪開，構成了賽湖壯美的“金緞鑲邊”的絕景。凡駐足這個最大的天然花海，無不感歎賽裏木湖是“金玉滿堂之鄉”。五彩繽紛的花們沐浴著和煕的春風，猶如亭亭玉立的少女，迎風舞動，馨香撲鼻，綻開的花苞帶著晶瑩的露珠，絢麗、聖潔得攝人心魂。

最能吸引攝影家的，就是賽裏木湖的湖水。在看完不同地點的賽裏木湖後，有時你可能真不知道她的底色是什麼樣子的了。在汽車上看水是藍色的，下車來，抬頭看太陽投射到湖面上，人稍微變換一下視覺角度，藍色立即分解成了不同的蔚藍、綠藍、靛藍、深藍、孔雀藍、藍晶石藍種種，幾種藍的中間過渡色更是無法形容。湖邊的花草、山的青松投入湖水中，倒影又變了湖的顏色，加了幾抹青、幾道綠和幾點紅。再往前行，湖水裏怎麼多了一座白色的“山”？抬頭舉目，原來山上一朵白雲，此時正呈現一個“山”字形，映入水中，便有了一座白色的“山”。白雲正在天空悠閒地放牧著心情，自由地卷舒著逸趣，爲這水也平添了幾分悠閒，幾分逸趣，忽然想起曾聽過的一個《雲水》民樂專輯，那悠揚的絲竹在心頭一起，正應了此時的景色，是“雲自無心水自閑”，還是“水流不心競，雲在意俱遲”，使身處其中的攝影家們無法仔細一一分辨。

水墨賽湖意境幽，高山明珠入畫軸。賽裏木湖，就是一個讓人失語的地方。兩天的賽湖攝影采風活動，讓同行的攝影家們充分體驗到了賽裏木湖如詩如畫的美景。在這裏，你無法用腦海中原有的形容詞來形容眼中的一切，換一句話說：到了這裏，你不得不重新定義藍天、白雲、碧水、青山、綠樹等這些概念，不得不重新定義各種顏色，不得不重新定義悠閒、逸趣、清新等等各種與美有關聯的詞語。遺憾的是時間總是太短，相機裏的膠片或存儲卡總是太少。

蘑菇灘的蚊子

十月金秋，“探路者戶外”30 名驢友踏上了艾比湖蘑菇灘徒步之路，精河縣“西域人戶外”也有 20 多名新驢共同參加了此次驢行。

此行留給驢友們印象最深的莫過於蚊子的密集群體性攻擊了。

對於蘑菇灘，不少驢友除了乘火車路過以外，進入這片灘塗地區還是第一次。

蘑菇灘一帶位於“兩河口”（博爾塔拉河、精河）入湖區域，這裏水草豐美，植被茂盛，四周密佈的蘆葦連綿起伏，一眼望不到邊。夏季綠色的蘆葦蕩現在已被秋色染成金黃一片。

剛進入蘑菇灘的時候，也許是早上比較冷的緣故，也許是蚊子還沒有睡醒的原因，蚊子還不是太多。而到我們接近艾比湖邊的時候，天氣已變得酷熱起來，這時候，藏在蘆葦蕩裏、樹叢裏、草叢裏的蚊子便集體前來熱情地歡迎我們。

這裏的蚊子體形碩大，數量龐大，攻擊力驚人。大概已餓了極長的時間，見到我們這些不請自來、自投羅網的新鮮美味佳餚，便不加思索一頭紮將下來，猛叮猛吸，吸飽了還戀戀不捨，揮之不去。只要你站著不動一會兒全身便叮滿了蚊子，不管是裸露在外的部分，還是隔著厚厚的衝鋒衣、牛仔服，儘管還用飛巾包著腦袋，但它們都有辦法把那針型的口器刺入你的皮膚、吸你的血液。你一手拍下去就可以打死好幾隻。但蚊子是無懼犧牲的，依然前仆後繼地蜂擁而至，撞進你的鼻孔、耳孔、嘴巴；叮咬你的脖子、眼皮、鼻子、耳朵、頭皮乃至全身，總之你會覺得你的五官都充塞著蚊子。全身都叮滿了蚊子，渾身癢得你無法控制住自己，簡直快要瘋掉了。孔子說"苛政猛於虎"，現在我才知道猛於虎的還有蚊子。

剛開始，相隔較遠的驢友相互說話，一邊說著，一邊不停地揮動雙手拍打著蚊子，樣子很是滑稽。雙方都有點納悶；難道說幾句話還聽不懂、還得不斷打手勢？走到跟前了，才知道這都是被蚊子害的。幾位"色友"既要邊驅趕蚊子，又要拍照，相當繁忙和艱辛。儘管這樣，身上、手上、臉上還是被叮出幾個血包。大家戲言這次徒步就跟自願來獻血一樣。有精河縣的驢友說：曾有蚊子叮到飛翔的烏鴉都掉下來啦！所以到這裏來的朋友可要注意了。我們也親眼看到一群牛被蚊子叮咬得從我們面前狂奔而去。

有幾位 MM，儘管把頭巾、飛巾、帽子都用來包住頭，有的還抹了風油精，結果還是有意外的收穫，有的被蚊子叮得腮幫子鼓鼓的，有的眼睛快腫成了一條線，這都是蚊子給她們留下的"傑作"。可憐的驢友們一邊忍耐著蚊群的瘋狂親吻，一邊馬不停蹄地趕路。因爲一旦停下來，蚊群很快就會將人包圍，在你的頭上脖子胳膊上留下傷痕無數，真切地讓你領會到"蘆葦蕩的蚊子一把抓"的意思。

蘑菇灘一帶的居民曾有"蚊子大，大蚊子，三個蚊子一盤子"的說法。蚊子爲何兇猛？蚊子的滋生條件通常是在死水且有茂密草叢的地方，蘑菇灘又爲什麼會有這麼多的蚊子肆虐呢？

原來，"兩河口"及其分散的水道貫穿了蘑菇灘一帶，這裏地勢平緩，河叉縱橫，四周遍佈著茂密的蘆葦，每年春季後，博爾塔拉河與精河通常都會有洪水漫延，當洪水退去後，留在河叉裏的水就成了死水，蘆葦和綠草繁茂，於是蚊子滋生的條件就具備了。

當地的小孩子既喜歡去河邊玩水又害怕去，因爲游泳要脫掉衣服，就會成蚊子的活靶子了，有時特想玩水，去了就長時間把身子泡在水裏，出來抱著衣服就上樹，因爲蚊子的飛行高度有限，小孩們在樹上把衣服穿好，然後以最快的速度逃跑。

返回的路上，蚊群更加肆虐，“"嗡嗡嗡，嗡嗡嗡”，隨著暮色而來的，除了涼風，便是千千萬萬呼嘯著的蚊子了。驢友們不敢大意，一路急行軍，累了也不敢停下休息。硬是被蚊子趕到車上，關緊了車門！

蘑菇灘真是蚊子的天堂，是我們這些戶外驢的地獄！

祈神降福靖海寺

在絲綢之路北道的西端，博爾塔拉蒙古自治州，有一個群山環抱、景色佳麗的絕妙去處 —— 賽裏木湖。這裏，山青如洗，水碧如染，波濤與松濤共鳴，草色和藍天競翠。要不是有遠處的雪山倒影，那一眼望不到邊的湖水，真有大海的味道了。

賽裏木湖畔，自古以來就是優良的夏牧場，塞種、月氏、烏孫、悅般、突厥等古代民族都曾在這裏遊牧射獵、繁衍生息。

很早以前，在賽裏木湖青山疊疊、花秀草茂的南岸，有一個翼角高聳、回廊環繞的“靖海寺”，曾經傲然屹立。這個寺廟，煙霧繚繞，香風撲鼻，據說男人如果前來祭拜，會交好運，女人會生產平安。靖海寺的始建，與賽裏木湖的傳說有著密切聯繫。

在賽裏木湖，廣泛流傳著一個關於“湖怪”的故事。賽裏木湖畔居住著一位名叫阿爾達克的牧民，他放牧著羊群，日出而作，日落而息，與青山白雲爲伴，有牧歌歡笑相隨，過著無憂無慮的幸福生活。他的羊群中，有一隻長相與眾不同的頭羊：通體青色，長著一對巨型羊角，額頭與下巴長著長長的須毛，身高體長足有普通羊的兩倍，幾乎與一頭牛犢子相差無幾。這只羊頗通人性，它與牧羊犬一起，白天帶著羊群尋找鮮嫩的牧草，晚上則守護著羊群，它與牧羊犬曾經擊退了幾群野狼的偷襲，用那對巨角挑破了好幾隻草原狼的肚子，讓前來挑釁過的狼群們心驚肉跳、不寒而慄。阿爾達克把這只青羊視爲知已，周圍的牧民朋友們則把青羊看作是“神羊”。在青羊的護衛下，阿爾達克的羊群由最早的十幾隻羊很快地發展到幾百隻，個個膘肥體壯。

草原上有一個牧主叫賽巴依，他貪婪兇狠、視財如命，在草原上巧取豪奪、明爭暗搶，成爲一個養著幾十名家丁、幾萬隻牛羊、富甲一方、橫行草原的惡霸。阿爾達克有一隻“神羊”的消息，傳到了牧主賽巴依的耳朵裏，他開始盤算著如何把這只神羊占爲已有，進而霸佔阿爾達克的羊群。

一天，賽巴依帶著鷹犬家丁在草原上遊蕩，正好遇到了正在賽裏木湖岸邊放牧的阿爾達克。賽巴依上前皮笑肉不笑向阿爾達克搭話：“我的好朋友阿爾達克老弟呀，咱們好久不見了，到我家裏喝上幾杯怎麼樣？”阿爾達克對賽巴依依仗財勢、在草原上橫行霸道、欺壓窮人的行徑時有耳聞，對他並無好感，便說：“哎呀，謝謝賽巴依啦，我的羊還沒有吃飽肚子，我怎麼能喝酒去呢？”但是沒等阿爾達克答應，家丁們就開始驅趕著阿爾達克的羊群走向賽巴依莊園，阿爾達克只好跟著自己的羊群來到賽巴依莊園。賽巴依把阿爾達克讓進待客的大帳，擺上酒肉，與阿爾達克對飲起來。賽巴依暗中吩咐家丁在阿爾達克的酒中下了慢性毒藥，等到藥性發作的時候，把阿爾達克綁在他所騎的馬背上，讓馬馱著阿爾達克回到他自己的家中。

阿爾達克中毒身亡後，他的羊群就留在了賽巴依的家中。賽巴依對騙來的不義之財任意揮霍，或宰殺、或變賣、或賄賂官府，很快幾百隻的羊群，就剩下包括大青羊在內的十幾隻羊了。賽巴依本指望大青羊能幫自己看家護院，可是大青羊知道賽巴依是毒殺自己主人的兇手，任賽巴依軟硬兼施，大青羊就是寧死不從，並且還用羊角撕裂了大帳、頂傷了十多個家丁。賽巴依見無法降伏青羊，便密謀殺掉大青羊。大青羊知道惡毒的牧主賽巴依不會放過自己，便在一個風高月黑的夜晚，帶領剩下的十幾隻羊，衝破柵欄，奔向湖邊的草原。賽巴依聞聲帶家丁騎馬追趕，眼看快要追上了，大青羊對天長嘯一聲，率羊群一起跳入了茫茫的賽裏木湖。這時，奇跡發生了，只見賽裏木湖水劇烈地動盪起來，接著湖中出現了一道巨大的紅影，紅影很快消失後，一個巨大的漩渦沖向湖邊，把賽巴依和家丁們悉數捲進湖中，湖面頓時泛起了一片殷紅……

從那以後，大青羊帶著羊群以湖爲家。它們的活動很有規律：春季出水騰空，秋後下降進湖，盛夏躲入雲層，寒冬鑽在水底。平常它們的活動伴隨著巨大的風浪，在夏季，每當風雨來臨前，青羊帶著羊群盤旋在天水間雲霧之中，伴著水柱升空，帶著卷霧入水，同時伴隨著震耳欲聾的巨響。牧羊的人們都說："要是人見到了大青羊則是大吉之兆，遇到了這些現象要趕緊許願祈禱，凡是當著大青羊所作的一切祈禱，定能靈驗。"

西元 1221 年，著名的"長春演道真人"邱處機應詔從山東出發，迢迢萬里晉謁正在中亞統軍征戰的成吉思汗。他途經賽裏木湖畔時，曾名之爲"天池"，並即景吟唱："銀山鐵壁千萬重，爭頭競角誇清雄。日出下觀滄海近，月明上與天河通。……河南海北山無窮，千變萬化規模同。未若此山太奇絕，磊落峭拔如神功。"形象而準確地道出了賽裏木湖山水的峻偉形勝。

邱處機不僅對賽裏木湖的美景大加讚賞，而且對賽裏木湖大青羊的傳說也是深信不疑。他建議當地牧民們要善待青羊，與青羊友好相處，每年春天可以選一雌一雄兩隻白色羊羔送給青羊。於是，後來，人們常常可以看到這樣一種情景：一支由老人組成的牧民隊伍慢慢的向湖邊走去。他們帶著寬大的帽子，拖著破爛不堪的長袍。邁著緩慢的步子走向賽裏木湖邊。老人們風吹日曬的臉上被歲月的刀子刻下了一道道深深的溝壑。當他們走到賽裏木湖邊的時候，長長的牧民隊伍齊刷刷地坐了下來，以最虔誠的姿態面對著聖湖。爲首的長者拋開長長的衣袖，舉起二個白色的羊羔，沉吟了片刻，然後帶著他的咒語羊羔被拋進了賽裏木湖。羊羔從高高的上空落下。這時，就可以看到湖水動盪起來，一道紅影閃過，瞬間接過羊羔消失在湖水中，旋即賽裏木湖又恢復了往日的平靜。

隨著星換鬥轉，時間到了清朝。《西域水道記》記載，清朝三台一帶駐守有清兵，清兵們有一次傍晚時分看到賽裏木湖中有一隻大角多須的青羊露出湖面，這只怪物一出現，地面上便狂風驟起，雷雨交加，湖中波湧浪翻，霧瘴彌天。林則徐《荷戈紀程》中提到："中有神物如青羊，見則雨雹"。清蕭雄《賽喇木泊》中"惟夜間，時聞博激吟吼聲，非神物必怪物也"。在吉慶的日子裏，一些信徒千里迢迢，到這裏"觀湖相"，藉以預測未來的凶吉。

乾隆年間，當地官府順應民眾所求，爲了祈求賽裏木湖年年風調雨順，保民平安，集資興建"靖海寺"供奉青羊。"靖海寺"選址在賽裏木湖南岸，背倚雪山奇峰，面向茫茫大湖，上接天靈之氣，下連雪山草原。官府從內地請來了能工巧匠，採集天山奇石、千年古松，仿照內地寺廟建築風格，托之丹青，圖畫天地，晝夜施工，不到兩年，就建成了莊嚴古樸、雍雅宏麗的靖海寺。靖海寺內外施柱，黃瓦紅飾，金簷銀頂，經幡飛舞，流雲嫋嫋，瑞氣千祥，造型精緻，巍峨莊嚴。殿前白石月臺，玉石欄杆，大殿額枋高懸"福佑淨海"鎦金匾一塊，月臺左右各有一座寶藏庫，用來焚燒字紙。主廳裏彩花垂旒，香氣彌漫，正面供奉著一隻大青羊貼金雕塑，在紅色燈籠的映照下，大青羊前腳直立，後腳盤曲，昂首挺胸，鬍鬚飄飄，兩隻眼睛炯炯放光，形態不怒自威。靖海寺集古老文化的神秘和奇妙的建築藝術于一體，宛如超塵出世的瑤池仙宮。

靖海寺位於由烏魯木齊西進伊犁的必經之路，途經這裏的官兵、商賈、販夫、工匠、牧人等絡繹不絕，因此靖海寺香火興旺，廟宇頗具規模，名氣也越來越大。人們爲了生存溫飽、消災避難、化險爲夷，生活中有了燃眉之急的難事，都來求助於這個能帶來吉祥的神羊 — 大青羊。每年春季，周圍數百里的民眾身掛香袋，手攜香籃，腰系紅帶，紛至遝來，到靖海寺敬香膜拜，祈求大青羊保佑他們來年有個好年頭，能夠五穀豐登，六畜興旺，保佑每家牛肥馬壯，風調雨順。

平日裏靖海寺簷角垂掛的風鈴，在微風的吹動下發出悅耳的響聲，襯托著寺內的晨鐘暮鼓，罄聲鳥鳴，回蕩于殿堂之間，傳佈于雲霄之外，使靖海寺更加威嚴、雄壯、肅穆和神聖。靖海寺裏的大青羊，沉浸在晨鐘暮鼓之中，正視著人間的善惡，護持著眾生。

1762 年～1764 年，清朝政府爲了充實邊防，安撫邊民，防禦外來侵略，派遣察哈爾蒙古官兵分兩批各一千人從張家口一帶，西遷至伊犁和博爾塔拉永久駐守，屯墾戍邊。

西遷戍邊的察哈爾官兵，經過一年多的艱苦行軍，終於來到了天水一色的賽裏木湖。萬頃草原從山坡上一直鋪到湖邊，一泓神湖碧水，四面青山環繞，鮮花盛開，蒼松翠柏裹蓋其上；藍天上彩雲飄逸，遠處巍峨屹立的山峰，白雪皚皚。這些美景倒影映入湖水之中，渾然一體，給人以身臨天堂神殿般的感覺。西遷官兵們用潔淨的湖水洗去一路征塵、一路的困頓和疲憊，仿佛來到了天上人間。

湖泊南岸的靖海寺，祥雲繚繞，經過百年洗禮，愈發金碧輝煌、莊重威嚴。時任伊犁將軍的明瑞，得到西遷察哈爾蒙古官兵到達賽裏木湖的消息，親率軍府要員和部眾帶著牛羊、酒水等慰問品與察哈爾官兵會師于靖海寺。靖海寺撞鐘擊鼓，兩廂奏樂，會師的官兵們激動地相互握手、擁抱、熱淚盈眶，伊犁將軍府的官兵給察哈爾西遷隊伍敬酒、獻哈達，提著皮酒壺、抬著烤全羊，載歌載舞。靖海寺周圍，紮起了一個個大帳，官兵們殺牛宰羊，痛飲美酒。

西遷察哈爾官兵奉命在靖海寺進行休整。官兵們面對著靖海寺、想念著萬里之外的家鄉，他們把聖潔的哈達與純淨的美酒，獻給靖海寺、獻給大青羊，遙祝家鄉的父老兄弟幸福安康。

同一時期，索倫營、錫伯營相繼經過靖海寺進入伊犁，守邊固土，永駐邊疆。靖海寺、大青羊見證了西遷戍邊人的豪情和壯舉。

民國期間，國內戰火紛飛。兵荒馬亂的年代，彌漫的硝煙也吹到了賽裏木湖畔。沙俄馬匪看到中國內亂不斷、無暇西顧，便乘機侵入我國伊犁地區搶掠財物、盜取牛羊，並將侵略的魔爪伸到賽裏木湖畔。匪徒們看到鍍金鑲銀的百年靖海寺，貪婪之心大開。他們用優勢的兵力和先進的洋槍，槍殺和驅散守衛寺廟的大小喇嘛與兵丁，將能帶走的金銀財寶悉數馱上馬背。沙俄馬匪爲了掩蓋自己明火執仗的強盜行徑，縱火焚燒了靖海寺。百年名寺就這樣毀於一旦，消失在茫茫西域古道。

歲月的塵封，沒有改變賽裏木湖美麗的容顏，它的多情之水，孕育了花草歡樂的海洋，凝聚成一個迷人的童話世界。賽裏木湖群鳥翱翔，天鵝和野鴨怡然遊蕩在明淨的水面。據說每遇敗葉入水，即有鳥兒將其銜走，整個湖面始終光潔如鏡，蔚爲生態奇觀。

每年的七月份，羊肥馬壯，一年一度的那達慕大會，都要把博爾塔拉草原上所有的歡樂集中到這湖畔。那時車輛載著豐收，駿馬馱著力量，雄鷹銜著膽識，牧歌趕著愛情向湖濱彙聚，“兒童能走馬，婦女亦彎弓”。當著名的賽馬、摔跤、射箭三藝比賽開始的時候，草原就傾斜了，大山就搖晃了，湖水就沸騰了。歡歌和馬嘶混在一起，笑臉和紅霞相映，浪花和鮮花開在一起，整個草原都沉醉在歡樂裏。

賽裏木湖，成爲古絲路上的一棵栩栩閃光的明珠，成爲遊人的天堂，引起世人的廣泛注目。

上世紀八十年代，當地政府在被稱爲“湖心情侶”的小島上修建了龍王廟和涼亭，龍王廟雕樑畫棟，斗拱飛簷，結構嚴謹，氣韻無窮，讓昔日香火燎繞的勝景再現，方便了南來北往的善男信女敬神祭祖、祈福求祥。龍王廟傳承著久遠的歷史與回憶，祁佑人們遠離險境、免遭不測之災。

近些年來，還有不少人曾多次看到湖中有一隻大角多須的動物翻波湧浪，既令人驚恐，又令人激動。新聞媒介對此曾有過多次報導。究竟“湖怪”爲何物，至今仍是一個神秘之謎。其他諸如湖心風洞、湖底磁場等傳說又給賽裏木湖戴上了神秘的面紗。

穿越沙漠

一次沙漠穿越，使人對生命有了重新的認識，也使人的意志、毅力和體力再一次經受了考驗與磨練。

仲秋時節，博樂“野狼部落”戶外俱樂部組織了 20 名驢友首次進行烏蘭旦達蓋沙漠徒步穿越活動。

從衛星地圖上看，烏蘭旦達蓋沙漠呈鴨蛋橢圓型，面積約 300 平方公里，西面和北面綠洲環繞，312 國道從沙漠北側綠洲邊緣相鄰而過。我們穿越的路線是從沙漠的東南角戈壁灘向西北角的托裏鄉行進，GPS 測距是 20 多公里，這一線路是較長的。

很多人並不知道博州有沙漠，以爲森林、草原、湖泊、農田、戈壁、雪山、河流便代表了整個博州的地理風貌。烏蘭旦達蓋沙漠，不像塔克拉瑪幹沙漠、庫木塔格沙漠那樣引人注目、名揚天下，它那微不足道的幾座沙丘擋住了沿烏伊公路而過的遊人們的眼睛，而那不起眼的沙丘後面，便是漫漫的黃沙。這片沙漠，一邊是遠途奔湧而來的雪山融水澆灌了萬畝綠野，一邊是起伏的沙巒與綠洲相伴相依，相得益彰。黃沙邊緣，便是阡陌縱橫的玉米、棉花田野。遠處，山崗縹緲，村莊樹影依稀可見，如同一幅淡淡的水墨畫，構成了人文與自然交相輝映的奇跡，成爲博爾塔拉大地上一道奇異的景觀。

這是一次艱苦的穿越。天上是晴空萬里，沒有一絲雲彩，灼熱的太陽烤得沙漠表面滾燙，熱浪撲面。驢友戲稱是在沙漠裏洗桑那。在沙漠上行走，與走平路和山路有很大的區別，遠觀沙漠，地勢平緩，似乎一覽無餘，走進沙漠，才知地形複雜，溝壑遍地，坡谷相連。很多的沙梁，是走一步退半步，加上驢友們都是背包負重前行，每走一步，都要把腳從沙窩中拔出來，體力和水分消耗是在平地上行走的數倍。

沙漠一般被世人看作是“死亡之海”，是生命的禁地。如果你以為沙漠中只是一片地表荒涼、一種色彩的單調，那你就錯了。當我們走入這片沙漠中時，感覺這裏並不是被生命遺忘的家園。這裏有梭梭林、野刺棘、紅柳等植物，還有四腳蛇、狐狸、鳥類等動物，它們成為沙漠的點綴。儘管成片的沙丘與零落的枯草、裸露的根須，在陽光的直射下，寂靜無聲，似乎隔絕了生與死的時空，但是，不時看到的泛著綠蔭的一簇簇梭梭樹、被腳步驚動的四腳蛇，把我們從空曠枯寂的時光中拉回來，讓人們依然覺得這裏充滿著神秘色彩。

偶而可以看到幾塊白色的牲畜骨頭，也許這些骨頭的歷史是幾千年，也許更久遠。也許是因為這個原因，你可以相信，你所看到的每一種情景和你所聽到的每一聲細小的聲音，很可能與久遠之前似曾相見、似曾相聞，今天就是歷史，而現實就是夢境。跪坐在沙漠中，雙手捧起沙礫，讓沙礫從指縫間沙漏一般流溢而也，讓你感到溫度，感到力度，感到茫茫天地之間人的渺小、自然與神的偉大。

這片沙漠中梭梭樹，是沙漠的守衛者，它見證了滄海桑田、史事茫茫。它孤獨地立於一個沙丘之上，遙望著它的同類，每一陣風吹過，它就搖晃著，向著它的兄弟姊妹招手。雖然它也會寂寞，但它不會因為寂寞死去，它還會繼續生長，因為，既然命運給它安排了這樣一個環境，它就不會忘記把根往深裏紮、把技葉往高裏長，它期待著孤木也能成林。梭梭樹在平和中堅守，在堅守中平和。它成為沙漠裏一種自然沉澱，它任由人世沉浮，歲月流失，一些不知名動物在沙地上留下的足跡，不斷地延伸向遠方。在這片生存條件惡劣的沙漠中，生命依舊在堅強的生存。一串串動物足跡，引起了人們的遐思與追想：它們去了哪里？它們的歸宿在何方？地球上每一個生命，都是文明流淌的承載者，都應得到相應的尊重。

幾棵叫不出名的小花，在乾旱炎熱炙烤中，在一片乾枯的殘枝旁，依舊開出了鮮豔的花朵。你不由得感歎生命力的頑強，幾朵沙漠小花，在寂寞而荒僻的日子煎熬下，守候在屬於它自己的家園，讓風撥動它幼小的枝葉，體現著粗獷沙漠溫柔的一面。它們讓你感到了在生命面前的那份沉凝與厚重。對著小花招手作別，人的心也似繭抽絲般漸漸遠離了世事繁華，變得安靜與高遠……

夕陽西照，沙漠浸透了金黃的顏色。粗獷、空曠而荒涼的景色，天和地，風和日都加入了景色之中，成爲了沙漠景色中獨一無二的元素。這種景色更容易讓人蕩滌心胸，感受到你與大自然的相通，和歷史的接近。那樣的景色，是都市中的人造景觀無法相比的，是那種油飾一新的仿古景觀更無法擬比的。

沙漠中的行走，每走一步，就仿佛與世俗越來越遠，靈魂在一點一點地淨化。帶著對沙漠中動植物的敬畏，驢友們在沙漠中不斷行進，與酷熱、與乾渴、與自己的意志在進行較量，梭梭樹以它稀疏的枝葉爲我們遮擋火熱的陽光、帶來片刻的蔭涼。雖然腳步越來越沉，雖然身上的背包也越來越重，但是路途在我們腳下漸漸縮短、離目的地也越來越近。有的驢友體力透支了、行將崩潰之時，有別的驢友從身邊走過，傳來的“加油！挺住就是勝利！”的聲音，讓他支撐著堅持走下去，人與人之間在這種環境中的一句簡單的話語是如此激勵人心。

翻過一道又一道的沙梁，沙天相連處漸漸泛出了綠意，再走近，看到了環繞沙漠的綠洲！綠色，對於今天的我們來說，從來沒有這樣親切、從來沒有這樣渴望。這時候的綠色就是生命、綠色就是力量！體驗了什麼叫精疲力竭、什麼是絕地而後生，喝光了水瓶中剩下的最後一口水，驢友們歡呼著投身於那片充滿希望的綠色之中。

一天的沙漠穿越，是一次艱苦的人生歷練，艱苦的環境更能考驗一個人的意志品質、忍耐力和團結協作精神。就像阿杜歌中唱的一樣“堅持到底”。只要在心裏對自己永不放棄，你就可以在任何艱苦的環境中超越自我，創造出令自己驚奇的事來。

人一輩子還是應該到沙漠中體味體味，這比讀什麼孔孟之道、甚至比讀莊子更讓人返樸歸真，更讓人理解人類和自然。烏蘭旦達蓋沙漠是一本永遠打開的、靜謐的書，等著你去讀，當你被沙漠金黃色所包圍、所淹沒時，便也把你自己也鍛造成了一枚金色的書簽，夾在你回憶的紀念冊裏了。

阿恰爾溝徒步行

阿恰爾溝和正在阿恰爾溝內施工的精伊鐵路隧道及鋪架工程，對很多人來說，還很陌生，給人很多的神秘感。

11 月 29 日，博樂“行者無疆”戶外俱樂部一行 20 多人徒步進入阿恰爾溝，行程 30 公里，探尋深山裏的奧秘。

送我們的大巴在阿恰爾渠首不遠處停了下來，徒步開始。參加此次徒步的除了一部分老驢外，還有近 10 名新驢，他們也是受了周圍親友的影響，加入到驢行的隊伍中來，尋找那份曠野之中的樂趣。

徒步線路是通往深山中的一條沙石山道，路邊便是潺潺流淌的阿恰爾河。由於剛進入初冬，這條河的水量顯得不大，像一位不慌不忙的牧羊姑娘，趕著羊群，平靜地走向回家的路。又像一位年老的長者，緩緩地向你敍述那久遠的故事。阿恰爾河上，建起了 4 座水電站，給下游的沙山子送去了寶貴的水電資源。

山道兩邊，是怪石嶙峋的山坡，由於持續的乾旱，只能看到稀疏的植被，鑽入視野的，基本上是一片連一片的山石裸露的褐色。看著兩邊廢棄的石頭和磚木結構房屋，給人的感覺是荒涼與僻靜。但近年來，隨著精伊霍鐵路的修建，深山之中也變得喧鬧起來，一條簡易的山道，被重型車輛碾得浮塵遍地，人、車過後，灰塵滾滾。

在大山中行走，與其說在登山，不如說是人對自然的挑戰，對自身的挑戰。色彩單調、崎嶇的山道驢行，漸漸就讓人感受到山的威力，這對人的意志是一種考驗。老驢見慣了風霜雪雨，心平氣和地如履平地。新驢對初次的驢行總是有好奇、還有一種不以爲然。

沒多久，有的新驢就累得上氣不接下氣。

驢友在山環水繞中前行。山的巨影不時籠罩著移動的行人、吃草的羊群。對於山，應該保持一種敬意。山是偉大的，我們不是山的主人。在大山中，我們不如青松挺拔入天，不如小草堅韌頑強，更不如那一塊塊的石頭，傲立於天地之間，我們只能是一個帶著現代文明又很柔弱的生命體，低低地站在大山下麵，見高山而仰止，面大河而靜默，讀胡楊而驚歎。

峰迴路轉之中，我們看到了鐵路工程人員撤離後遺留下的房屋，看到了堆成了小山的鐵路路基料石，看到了像流動的雲一樣的羊群，看到了一輛輛施工的載重汽車。我們最終趕到了此次徒步的盡頭 —— 克孜勒薩依隧道。

克孜勒薩依隧道全長 4850 多米，錚錚發亮的鋼軌像鋼鐵巨龍，以不可阻擋之勢通向遠方。向南不遠處，鐵路橋連接的又是另一條隧道的開始。就是這條隧道，打通了天山天險，讓“塞上江南”通往外界的道路，天塹變通途。它不僅是打通重山阻隔的隧道，也打通了人們心中的隧道。鐵路通車後，沿線的人們就會離外面的世界更近，就會在觀念、文化、產業等更多方面與外界接軌、融合。從此，山不再高，不再險峻，不再不可逾越，伊犁的熏衣草和伊犁大米更加香甜，一條天路溝通了天塹與平地。

在這乾旱荒蕪的深山中，在這重重大山之下，打通這麼長的隧道，可以想見需要人們多麼大的勇氣和毅力，人類利用自然的力量也是巨大無窮的。

我們遇到了幾名正在作業的工人。久居深山的工人們，看到了我們這群不速客，顯然引起了他們的好奇。在他們疑惑的目光中，驢友們紛紛變魔術般地從背包中拿出汽爐、汽罐、套碗和名目繁多的食品。一陣風捲殘雲之後，讓疲憊的驢友們又恢復了精神。

在工人們的請求下，一位美驢用動聽的歌喉爲他們演唱了一首〈天路〉：

清晨我站在青青的草場
看到神鷹披著那霞光
像一片祥雲飛過藍天
為藏家兒女帶來吉祥
黃昏我站在高高的山崗
看那鐵路修到我家鄉
一條條巨龍翻山越嶺
為雪域高原送來安康
那是一條神奇的天路
把人間的溫暖送到邊疆
從此山不再高路不再漫長
各族兒女歡聚一堂
黃昏我站在高高的山崗
看那鐵路修到我家鄉
一條條巨龍翻山越嶺
為雪域高原送來安康
那是一條神奇的天路
帶我們走進人間天堂
青稞酒酥油茶會更加香甜
幸福的歌聲傳遍四方

聽，是這首歌嗎？一條天路的修建，溝通的難道只是天塹？是辛勤的鐵道工人，用鐵一樣的雙手，創造了奇跡，用鐵一樣的意志鑄造了一條通往天塹的路，用神奇的力量把天路鋪就千古天山，引領我們走進那人間天堂。

查幹郭勒溝的漫想

總有看不完的山，總有趟不完的水。

“探路者戶外”一干驢友又驢行在別珍套山中的查幹郭勒溝中。

一樣的青山綠水，一樣的秀美山川。只是來的季節不同，又有別樣的感受。春天時的山花爛漫、草長鶯飛，被秋天的成熟與厚重所代替。走在熟悉的山路上，聞著清新的草香，看著風吹舞動的草葉、掛滿鮮豔欲滴紅果的野果樹，心靈再一次融入了山水之中。

經過深山之中的哈薩克牧民氈房時，與牧民們打招呼，坐在門前的木墩子上與他們聊天。想不到在山中天天與羊群、牛馬打交道的哈薩克老鄉漢語表達能力很是流利，他們對山外的資訊並不是人們想像中的貧乏。牧民兄弟的黑紅臉堂，承載著他們辛勞歲月的痕跡；遍佈山上各個角落的羊群，寄託著他們明天的希望；嫋嫋升起的炊煙、蒙古包內飄出的奶茶香味，洋溢著牧人家庭的簡單而知足的歡樂。

山道彎彎，曲徑通幽。山頂融化的雪水、湧出地表的泉水，不時地從林間草地冒出來，汩汩而下，先是宛若一線，聲音好像是古箏奏鳴，漸漸地，水流壯大起來，一路歡唱著歌謠，匯入了博爾塔拉河，灌溉著下游百萬畝良田。

走在流動的畫卷中，心靈隨著藍天上的白雲一起飛翔。樹影花香消去了行走中的疲憊與燥熱，滿目蒼翠帶給了我們輕鬆和愉悅。我們的心靈在徒步行走的過程中變得柔軟。

人生就像爬山，樂趣是爬山的過程，而不是到達山頂後一覽群山小的驕傲。爲了夢想我們需要一路走下去。我們徒步行走，我們熱愛生活。行走的快樂，伴隨著出行的每一天。心若在，夢就在，出行的快樂將心溫暖，我們積極休閒的行動永遠不改……

嚮往“獨行”

我和一些人不一樣，不喜歡三五成群的紮堆，有時和許多人在一起時，我不知道說什麼好。儘管我也想和大家套近乎，可幾句乾巴巴的話說完以後，就“辭不達意”了。

看到有些人聊天時，說得眉飛色舞、唾沫亂飛，我很羨慕他們的煽動能力；而我天生就不具備這種親和力，跟別人打交道的時候，總有點力不從心的感覺。

只有在一個人獨處的時候，我才覺得輕鬆。日子長了，就養成了獨來獨往的習慣，不管是上街還是出差，我都喜歡一個人獨行。

一個人的世界很自由，可以不受時間的限制，也不用照顧同伴的心情和愛好。特別是在外地或在大自然中，一個人可以靜靜地享受大自然給你的空曠和神秘，可以靜靜地觀察螞蟻搬家半天，可以一個人對一朵小花微笑，可以對一片變化莫測的白雲發出驚歎，達到一種天人合一的境界，而不必隨著大夥兒如蜻蜓點水般到此一遊。

如果是去購物，一個人就少了許多人云亦云的盲從，減少時間的浪費和財力上的浪費。一個人獨自上街，可以反復比較和考慮，真正買到自己喜歡的東西。

在我所有的夢想中，其中一個讓我心動的就是像孤膽英雄余純順那樣，獨自背著行囊，用自己的腳步去丈量祖國的大好河山。有人認為在交通日益發達的今天，還去選擇這樣的旅遊方式，純粹是自討苦吃。其實，每一個人對生活都有自己的看法。有人覺得是苦的東西，有人會覺得甜；有人覺得是痛苦的事情，有人覺得是幸福。

以前，每次在媒體中看到一些外國人背著巨大的行囊在徒步旅行時，我也不理解他們爲什麼要自找苦吃。在我當時的想法中，只有經濟條件很差的人，坐不起車才去走路，而這些外國人是不存在這個問題的。

隨著閱歷的慢慢增長，我對生活有了更深層次的理解，對生命的品質有了新的思考。這時，我才體會到經濟條件很好的外國人爲什麼要選擇徒步旅行；餘純順爲什麼要放棄很好的工作和生活條件，去一人獨行走遍全中國，直至把生命留在茫茫的羅布泊中。

人的一輩子確實很短暫，怎樣讓自己的生命更有意義和價值，恐怕很多人都沒有仔細想過。許多人都是爲名利所累，奮鬥一輩子，辛苦一輩子，當你什麼都得到的時候，回過頭來一想，其實什麼都沒得到。

余純順曾說過一句至理名言：生命是一個過程，與其腐朽，不如燃燒。錢財名利都是身外之物，惟有生活的品質和見識才是自己所擁有的財富。古人雲：行萬里路，讀萬卷書。說的就是這個道理。不過依我看來，最重要的還是行萬里路，而且最好是獨行。

一個人在獨行中，最容易記住的是新鮮的見識和由此引伸的人生感歎。比如曹孟德之觀滄海，比如陳子昂登幽州台。只有在不斷的跋涉中，一個人的生命才會逐步變得厚實沉穩，人生的很多道理，才會不斷地領悟。

真的，如果你在旅途中經過了九死一生的磨難，你就會覺得，一輩子爲名利鬥得死去活來，實在划不來；如果你在旅途中饑餓難忍時，有人送給你一個饢、一碗水，你對人世的所有仇恨都會化解，你會用千百倍的愛心去回報這個世界，你就會明白愛人就是愛自己這個道理。而這一切感悟都是你在平凡的生活中所不能體味的。

我喜歡獨行，嚮往走遍萬水千山，希望有一天能實現自己這個夢想。

小城戶外人

近年來，隨著人們物質生活水準的不斷提高，人們越來越重視自己的精神享受，戶外徒步成爲最爲吸引人的一種時尚運動，它體現了人類返璞歸真、回歸自然、保護環境的美好願望，已被很多國家譽爲“未來體育運動”。

小城博樂，順應時代發展潮流，戶外運動與戶外俱樂部也如雨後春筍般地發展起來，湧現出一批意志堅定、樂此不疲、行走於天地之間的戶外運動愛好者，率先成爲小城博樂的“戶外老驢”。現在要想隨時從身邊找出幾個玩戶外的人絕不像前些年那麼鳳毛麟角般稀少了。在前些年人們津津樂道的“金領、銀領、白領”之外，又出現了“綠領”，主要指的就是戶外運動一族。“綠領”就是這樣一群人：他們健康、熱情、友善、環保、意志堅定；有一些事業，但不放棄生活；有一些金錢，但不被金錢統治；享樂人生，對那些不幸的人心存同情和救助之心；在品位自己生活的同時，時常走出去看一看這廣闊的世界，用自己的雙腳量遍家鄉的山山水水。

小城博樂戶外人中，有退休賦閑的老教師，有肩任重職的政府官員，有拚搏職場的公司職員，有躊躇滿志的企業老闆，有回鄉度假的大學生，也有聞名而來的外地驢友，有輕舞飛楊的青春女性，有朝氣蓬勃的小夥帥哥……小城戶外人來自於不同的行業、不同的階層、不同的年齡層。在驢行的隊伍中，他們不需要知道對方是誰，是什麼身份，他們知道的只是對方的網名，他們不需要僞裝自己，完全把自己放鬆在一個新環境中，體現真實的自我，在青山綠水中呼吸著新鮮空氣，在團隊協作中體會到驢友的真情與溫暖，體會到關心幫助別人和被別人關心幫助所帶來的快樂和感動。

小城戶外人在每一次的戶外活動中，領略到了“痛苦的是過程，快樂的是結局，愉悅的是心靈”戶外精神，都獲得了格外的放鬆與快樂。在每一次的戶外運動中，他們見高山而仰止，面大河而靜默，讀胡楊而驚歎，享受最有效的有氧運動，向大自然尋求人類生存的本質意義。

小城戶外人主張：快樂至上，不做工作的奴役；理性消費，拋開世俗的面子觀念；全力環保，愛護大自然從我做起；服務社會，愛他人等於愛自己；在戶外運動中，崇尚紀律、毅力、自助和團結協作精神，絕不主張“挑戰、征服自然”，“人定勝天”只是某些人的夢囈，沒有誰能夠征服那已經存活了幾十億年的大自然。人類與自然和諧相處才是永恆的真諦。

小城戶外人認識到：儘管戶外活動現在越來越時尚，但參與戶外活動不是用來炫耀的工具，它只是自己生活中的一小部分。戶外只是一種生活方式，或者度假方式，戶外活動有探險的成份，但沒有冒險的元素。應該帶著微笑、帶著對山野的熱愛、帶著對家庭、父母、孩子的責任心去參加戶外活動，“快樂出行，平安回家”。

小城戶外人快樂、安全地行走於博爾塔拉青山綠水之間，在感受山間的美景、清新的空氣、放鬆的心情的同時，也在感受著生命的美好與珍貴、自然的無私與脆弱、驢友的關愛與默契以及不斷挑戰自我的快樂。在行走中感悟生命、感悟人生，成爲小城戶外人豐碩的收穫。

小城戶外人對大自然有一種感恩的情愫：大自然爲人類提供了清新的空氣、醉人的景色，作爲時常行走於青山綠水間的戶外驢應該比普通人更懂得珍愛自然。走過的每一座山嶺，每一道山溝，每一條小溪，每一片森林，都做到了“除了腳印，什麼也不留下，除了照片，什麼也不帶走”。

小城戶外人在行走中感受到：百年修得同船渡，一起行走就是緣。人的力量在自然面前是比較微弱的，如果沒有團隊意識，不能擰成一股繩去共同面對挑戰和困難，就失去了組團行走的初衷和意義。在戶外活動中，驢友之間在遇到困難時相互援手，在行走中的細節上相互關注。培養相互間的信任與默契，保持團隊的凝聚力，讓整個驢隊走得更安全、更規範、更科學、更快樂。

小城戶外人在探索行走中，發現戶外行走也是要學習的，也是需要知識與學問的。當一個合格的戶外驢，並不只是有一個好的身體就行，還要博學，要懂地理知識，起碼要知道各種地理環境的特點、形成原理及形成週期等；要懂生物學，要瞭解哪些生物對人有利，哪些生物會傷害、損害人的身體和健康；要懂氣象學，起碼要知道哪種氣象條件下會出現另一種氣象現像；還要懂醫學常識，掌握必要的救援常識和各種常見疾病的應急處理辦法。

小城戶外人在行走中懂得了博愛。博愛，不僅是愛環境，不破壞自然資源，不亂采花草樹木，還要對新驢、弱驢體現出無微不至的關懷，不嘲笑任何新驢、弱驢，因爲誰都是從新驢慢慢變成老驢的；也不要嘲笑其他戶外組織，不要因爲其他組織的活動不夠驚險刺激就看不起人，要看到任何人和組織的閃光點，讓驢友們分享老驢的活動成果，而不是炫耀自己的戶外成績。

小城戶外人爬的山數不清了，過的水記不得了，他們逐漸成長爲一代成熟的老驢，在與大自然的親密接觸中漸漸掌握了戶外活動的規則：

其一環保。小城戶外人熱愛自然，進入自然，擁抱自然，在廣闊的自然生活中獲得熱愛生活的信心。他們不做對環境有損害的事情。在體能極度消耗的情況下仍然記得把所有的垃圾背下山。人在大自然面前是渺小的，與其說征服自然還不如說是征服自己：征服自己那些狂妄自大的想法，征服自己那些狹隘自私的念頭，因此而不斷地向自己的內心尋找力量，使自己更能笑對人生。他們愛博爾塔拉的這片山水，所以保護這片土地，他們享受了這片藍天、碧水後也希望後來人能得到同樣的享受，大多數的時候，他們的行動遠比許多的環保教條更具有說服力。

其二健康心態。戶外行走一船是自虐，但也不排斥休閒。雖然行程是艱苦的，但要學會以苦爲樂。戶外活動可以達到接觸自然、強健體魄、磨練意志的目的，要樹立一個健康的心態，活動不是爲了炫耀，不是爲了嘩眾取寵，要以一個平常的心態，把活動作爲自身生活的一部分，而不含作秀的成分。他們在戶外活動中獲得相互幫助的精神，體會到人與人交往的真諦。

其三開放。走在路上，開放的心態可以使戶外人有更多的朋友，有更多的感悟。如今的戶外圈子裏的老驢，他們都有著各處可圈可點的故事。他們之間的談論，大多是自然而友好的，特別是那種隨意而來的親切感，讓後來者自然而然地圍繞在他們的周圍。一些驢友心中嚮往的勝地，在他們的口中已變得有了一年四季的分別，那裏的花幾月開，天幾時晴朗，路邊小店便宜好吃的菜和當時最爲浪漫的故事。

其四人與自然。人來自自然，是自然的一部分，人在社會中，是社會的一份子，人與自然之間的和諧，人與人之間的和諧，是我們人類永恆的話題。

很多時候，小城戶外人覺得外出並不需要理由，只是覺得我快樂了就好，因爲我存在，所以我快樂，而生命的快樂其實就是享受這個過程。看那些小城戶外人被陽光曬黑的臉，煥發著健康的光澤，他們臉上的笑，是發自內心的笑，笑得那樣燦爛，只有心理健康的人，才會有那樣的笑。

小城戶外人，心胸開闊，具有團隊精神；經得起風霜雪雨，從不言敗；處事熱情，正直誠實穩重，自信，不氣餒。小城戶外女；美的自然，柔中透剛；小城戶外男，美的剛陽，豪中現細。

簡樸的生活方式，簡潔的人際關係，簡單的快樂心態，積極的生活情趣，達觀的價值取向，頑強的生存狀態，博愛的寬廣胸懷，真誠的人生態度，成爲小城博樂戶外人的追求。

小城戶外人因爲戶外，走到了一起；因爲戶外，才更加團結。小城戶外人遊走天涯，享受健康戶外，他們的徒步之路將越走越遠，越走越乾淨，越走越和諧。

行走在色彩的畫廊中

生活就像一場旅行，不在乎目的地，在乎的是沿途的風景和看風景的心情。金秋季節，哈日圖熱格山谷美若仙境，幾乎沒有人可以抵得住它金黃的誘惑。歸來已數日，揮之不去的是哈日圖熱格林區那震憾人心、葉色經霜的美景。

十一期間，我們又背起背包，邁起雙腳，走向山野。博樂"探路者戶外"一行 20 多名驢友利用國慶大假，走進阿拉套山，徒步穿越了"加侖溝"，來到了哈日圖熱格河谷。這裏層林盡染，是金色的世界、金色的海洋。

首先，進入了"加侖溝"，因爲溝中有一種棘類植物，秋天結的果實與黑加侖特別相似，所以就被驢友們稱爲"加侖溝"了。

溝中零落分佈著幾戶牧人，樹蔭下的房屋靜悄悄的，甚至連狗吠聲也沒有，萬籟俱寂，心靜如禪。只有幾頭牛和馬在安靜地吃草，與山外的繁雜、吵鬧形成了鮮明的比照。

沿著羊腸小徑，登上山頂，極目四望，周圍的山坡在燦爛的陽光下，看上去紅黃藍綠紫、五顏六色，一片片翠綠的松林中，點綴著一縷縷金黃。秋天的金黃是它豪放、燦爛的外衣，彤紅是它奔放、火辣、熱情的"內心"，而褐色則是它神秘美麗的面紗，幫助它更好地融入大自然的懷抱，給人們增添無限的猜想與遐思……大自然這位天才畫家把世間華麗的色彩潑灑在這片山野之中，把景色描繪得如同春花般的美麗。

行走在崎嶇山道上，更是行走在心靈與自然碰撞的奇景之間。金秋燦爛，你怎麼也無法從它的視線中逃脫。雖然不停地翻山越嶺，卻忘記了疲勞與困頓。在滿目秋韻中，我們走進了落英繽紛的哈日圖熱格河谷。阿拉套山的秋天要比山下來的更早一些。黃葉，是秋天所獨有的，這在哈日圖熱格林區顯得更爲明顯。在秋風的吹拂下她一下子就飄起了五彩的“葉雨”，那沙沙的聲音可以和莫札特美妙的樂曲相媲美。它那精湛的手藝，瞬間就編織出了一件件形態各異、變化多端的作品。而那“葉蝶”是最令人嚮往的，它們在天上打著鬧著，“一片、兩片，三四片，五片、六片、七八片，九片十片片片飛，飛入葉叢皆不見”，是誰這麼寫的詩呢？真是恰如其分地描寫了這一美麗的景象。

哈日圖熱格林區有著別具一格的樺林。山谷裏，金黃的顏色鋪天蓋地，滿眼都是流光溢彩，歡暢流淌的哈日圖熱格河穿行穀中。河水邊一片金色海洋，富麗堂皇，美不勝收。漫步其中，就彷佛是在音樂中欣賞著一幅流動的長幅畫卷。哈日圖熱格的樺林秋葉是別具神韻的，它在每一個角落都呈示著獨有的情調，它不像牡丹那樣雍容華貴，不像茉莉那樣馨香四溢，不像君子蘭那樣孤芳自賞，也不像松柏那樣四季常青，哈日圖熱格的樺樹用火一般的熱情點燃了生命，他那金光燦爛至純至淨的絢爛把生命的光輝表現得淋漓盡致……在歷經春天風雨的洗禮、夏日驕陽的烘烤、秋天寒霜的考驗之後，它顯得那樣平淡、寧靜而又樸實自然，展示出飽經滄桑後一種含蓄、深沉、堅強、自信、成熟的美。這種美，是哈日圖日格樺林秋葉所獨有的，是其他任何一種花朵任何一種美也比不了的。這種美，給人以沁人心脾的清爽，使人寧靜，讓人幸福。

哈日圖熱格河谷，在秋日陽光的照射下，變成了一個巨大的、金碧輝煌的藝術長廊，山谷中的金色樺林倒映在哈日圖熱格河中，河水攜著飄落而下的黃葉奔騰不息地向前流去，在陽光的映照下，宛若一河碎金在湧動。飄零的落葉、湧動的金河、歡唱的水聲……一幅多姿多彩的畫卷讓人讀不完、看不倦。

人在畫中走，水在畫中流。面對滿目秋韻，有的人也許會因爲心境不同而對秋景產生不同的感覺。有人會認爲它有豐碩的果實掛在枝頭，因而是收穫的美；有人認爲秋葉被秋風吹得漫天飛舞，是一曲完美的生命圓舞曲；有人認爲秋葉離開了母親樹的懷抱，開始了隨風流浪；有人認爲飄落的秋葉，夢見了大地，變成了親娘，將它永遠的收養；也有人觸景生情，也把自己當作了秋天一葉，面對秋天的迷人景色而傷感。

我覺得那正被秋風吹落的秋葉，體現的是一種大美，它的色彩斑斕，是它的內心樂觀向上的表現；在金色的田野裏，秋葉，曾與豐收一起歌唱；在白亮亮的河水中，秋葉，曾當過小青蛙的蹦床；在一個女孩兒的詩集裏，秋葉，曾躺在書裏聞香。秋風中的落葉繽紛，是在集聚一生的能量與相依爲命的樹做最後訣別，那嘩嘩啦啦的落葉聲，難道不正是秋葉激情演唱的一曲生命讚歌嗎？

金色的秋葉，是葉子一生當中最美麗的時刻。看秋風掃落葉，飄飄灑灑似風吹起的彩雲，讓你眼花繚亂，有一種幻覺的美。更重要的是在欣賞大自然的落葉之美時，懂得歲月流逝就如同這秋風掃落葉一樣殘酷無情，明白“一寸光陰一寸金，寸金難買寸光陰”的道理，從此知道珍惜時間。

正如龔自珍在詩中寫得那樣：“浩蕩離愁白日斜，吟鞭東指即天涯。落紅不是無情物，化做春泥更護花。”由此可見，雖然這掃落葉的秋風是無情的，但落下的葉子卻是有情的。作爲自然界的我們，完全沒有理由爲秋風掃落葉而感到悲哀，而應該看到落葉歸根是自然規律的偉大勝利。

作爲一個自然而平凡的人，何不學學這秋葉，不要悲傷，不要憂愁，自然來自然去，憑藉秋風勁吹，也來個纏纏綿綿翩翩飛，給自己的人生劃上一個圓滿的句號？

每一次戶外徒步，都有一種收穫；每一次驢行，都有一種感悟；每一次走近沙漠、戈壁、河流、湖泊、山野，都有一種思考；每一次親近大自然，都有一種難以忘懷的留戀。選擇徒步，或許我們是爲了逃避鋼筋混凝的喧鬧，或許我們是需要讓自己心靈在山野間得到片刻的安靜。或許我們只需要面對曠野發呆，躺在荒野中看著藍天和白雲，想著人世間的世態炎涼，或許真的什麼都不需要想，就這樣欣賞著金色畫廊中的落葉之美，聽著嘩嘩流水，看星空變幻，與自然和諧相處不是更好嗎？

感謝徒步，感謝你我，感謝那些和我同路的徒步同行者。

流淌著音樂的河

— 驢行鄂托克賽爾河谷

人的一生就是一次遠行，我們都在路上，一直向前走，很少停下來欣賞沿途的風景。

轉眼間，我們走過了春天，又即將迎來夏季。

隨著天氣逐漸升溫，其他區域炎熱不期而至。而此時的鄂托克賽爾河谷，以它獨有的清涼和寧靜，正如一個世外桃園，吸引著遊人們探尋而至。

鄂托克賽爾河，位於溫泉縣城西面和南面，最近的地方離縣城約 30 公里，它由西南邊境地區的冰川彙集而來，水量充沛，是博州僅次於博爾塔拉河第二條較大河流。在大自然鬼斧神工的造化下，鄂托克賽爾河谷碧山翠水間鑲嵌著神秘的天泉、護膚泉、健胃泉、明目泉、火山泥泉，還有從天而降的飛瀑 — 納仁撒拉瀑布，在綿延不絕的河谷裏，可以看到碧藍的天空、纏在山腰的雲海、群山雄姿、湍急的溪流、巨大的冰川、百年的青松，這些景色以潔、秀、清、奇、險而著稱，但它們至今“藏在深閨人未識”，生態資源優勢極爲明顯，發掘潛力巨大，堪稱一塊絕佳的旅遊處女地。這裏長冬無夏，春秋相連，氣候溫和濕潤、冬暖夏涼，是天然的空調、天然的氧吧。

我們一行熱愛戶外運動的驢友們，沿著安賽公路（安格裏格鄉—賽裏木湖）行走，在進入群山前，沿河西折，就走進了鄂托克賽爾河谷，就望見了那一片蔥綠的樹叢，看見了鄂托克賽爾河一路歡唱著向東奔湧而去，看到了天空透出的那種純淨的幽藍。置身其中，綠草如茵，萬森蔥蘢，野花爭放，鳥鳴草香。叢林間不時閃現出蒙古包的輪廓，縷縷炊煙彌漫在草木之中，整個河谷充滿了生機與活力。

行走在河谷間，深深地吸上一口氣，頓覺得花香沁心脾，神清氣更爽。你可以看到那純淨的天空如同尉藍的緞子，雪白的雲團則像是繡綴其上的圖花；遇到風雨天氣，你就可以看到雲霧象輕柔神秘的面紗，遮繞於綠色山巔。綠茵之上，藍天之下，最惹眼最奪目最醉心的還是那一株株、一叢叢、一簇簇盛開在坡上、林間、溪邊的各種野花。紅的、粉的、白的、黃的，姹紫嫣紅，婀娜多姿。有的含苞欲放，羞澀無比；有的花片舒張，落落大方。紅的如桃腮，白的如素面。桃腮素面，這哪兒是花呀，分明是一個個不施胭脂，不著粉底的純情女子，明眸皓齒，纖塵不染，流眸顧盼，秋波暗遞，深情款款拋灑出火辣辣的目光呵。

而到了秋天，那時的鄂托克賽爾河，景色更加迷人，整個河谷一片金黃，層林盡染，五彩斑斕，仿佛是一幅長長的畫卷，像是山水大師精心的傑作。

驢友們走在河谷中，不時被一片片鮮紅的沙棘所吸引，被一叢叢黃色的、白色的、紫色的野花所折服驚歎。一棵棵充滿滄桑的古老胡楊、幾隻攀岩的小山羊、一段刀削般的懸崖，都能讓驢友們停下匆匆的腳步，凝視良久，駐足思索。

那是兒時放蕩的綠原嗎？那綠的哦！綠的原，綠的河，綠的樹，綠的影！無邊的蔓延，透著誘人的微笑，品味著年輕而善動的心，猶如妖媚的、蕩漾的、西子的絲絲秋波，穿透你的靈魂，看透你的心意。

摘片樹葉，遮住迷戀的眼睛，抵擋勾魂的誘惑吧。但，終於忍不住……把胸脯貼近溪流的胸膛，聆聽汩汩的心跳；伸手輕撫婆娑的樹影，觸探碧影的呼吸，也便癡了！於是在天的藍與地的綠之間，有人沉醉了，有人歌唱了。輕飛的鳥兒伴著驢友們，瀟灑在山水的懷抱裏，洋溢著歡樂。

誰家的幾頭在河邊吃草的牛，慢慢地抬起頭，望著走過的人群，象一個個沉思著的哲人。一隻小花狗從牧人院子裏走出來，用疑慮的目光打量著我們這群不速之客。甚至還有一隻公雞的鳴叫聲從深深的草叢裏傳出來。面對自然的風韻，這一切，都使人感覺到脫離了世俗、仿佛來到了遠離人間的異境。

沿河岸蜿蜒而上，兩岸花草秀木看不盡，潺潺東流水猶如一首不絕於耳的音樂，伴隨驢友們抬蹄前行。這首音樂，從茫茫雪山冰川，穿過草原、牧場、農莊、田野，最後在戈壁藍波艾比湖畫上了終止符。這曲水波蕩漾的音樂，春天，奏響的是迎春曲，它催醒了冬眠的花草林木、百鳥群獸；到了夏天，它以歡快的音符，奏起了熱烈奔放的圓舞曲，此時的鄂托克賽爾河，快樂地翻起了朵朵浪花；到了秋天，這首音樂逐漸深沉，整個河谷草木在經歷了夏日盛宴之後，散發出金黃的色彩，河谷裏飄撒著成熟和收穫的韻味；而到了隆冬之後，這條河又把它的音樂放進了厚厚的冰層之下，成爲一首緩慢舒長的催眠曲，讓周圍的山巒、叢林、群鳥做著一個安詳的夢，一個春天的夢……

置身其間，物我兩忘，不在天堂，不在人間，在什麼地方呢？哦，在花間草上，若一隻自由的小鳥，若一隻輕快的蜻蜓,歡歌縱舞……

在如畫的景色中，在悅耳的河水伴奏中，驢友們兩袖清風進山，淘去了心情的浮燥，舒展了曾經凝固的眉頭。沐浴著陽光，大家牽手越過了小溪、爬過了山坡、走過了胡楊林、穿過了遍野鮮花，似乎灌了一壇陳酒，心兒醉了，眼睛醉了，真的醉了，醉了大地，醉了山野，醉了空氣，醉了賞景的人！醉倒在人生的原野上，覺自己也是風情萬種，仙姿搖曳、思緒飛揚了。

踏上歸程，甩甩手，不忍帶走音樂河中的一絲薄霧。

走進天山神秘大峽谷

2004 年 6 月中旬，我和博州赴南疆檔案考察學習團一行十幾人來到了庫車縣，在完成該縣預期的考察任務之後，庫車縣檔案局的領導熱情地邀請我們到久負盛名的“神秘大峽谷”看一看，說如果不去的話就等於沒有真正來到過庫車縣。考察團的同事們愉快地乘車啓程出發了。

路上，陪同的庫車縣檔案局楊副局長不斷地向我們介紹有關大峽谷的情況。“神秘大峽谷”地處天山山脈南麓，位於庫車縣城以北約 70 公里的地方，汽車穿行在萬古荒原上，沿途都是典型的喀斯特地貌，形狀奇特。臨近神秘大峽谷，可以看到整個山體通紅，怪石林立，遠遠看見兩座雄偉壯觀的山峰形成了一個天然的屏障，像兩個魁偉的衛士，在扼守著大峽谷的大門。站在千仞奇峰下，滿眼都流轉著紅色，山體前立著的一塊岩石上刻著一行大字：“天山神秘大峽谷”。

大峽谷是由紅褐色的巨大山體組成，當地人稱之爲克孜利亞(維吾爾語意“紅色的山崖”)，峽谷呈南北走向，全長 5000 多米，經億萬年的風雨剝蝕、山洪沖刷而成，不僅在新疆、而且在全國也是罕見的自然風景奇觀。站在谷底仰視高山，只覺得陡峭的峰巒似乎隨時隨刻都會壓頂而來，那感覺令人眩暈，使人難忘。

我們抵達神秘大峽谷穀口，已是午後時分，驕陽似火。但是，一入穀內，在紅褐色的山巒中步行，仿佛進入了一個幽靜清涼的世界。穀口十分開闊，但深入穀中後，峰迴路轉，時而寬闊，時而狹窄，有些地方僅容一人側身通過，可謂無山不成穀，峰奇穀更幽。穀底大部分比較平坦，許多時候都能夠閒庭信步，有少部分地段需要攀援才能勉強通過。兩側是高聳的石壁，腳下是細沙，不少路段還覆著一層淺淺的水，這些水流著流著就悄然不見了。

峽谷中，紅色山體由粗礫組成，經風剝雨蝕和山體運動，形成顏色不一、厚薄不勻、溝穀縱橫交錯、山岩峰巒疊嶂的奇觀。在離穀口不太遠的地方，右側的崖壁上凸起一塊巨石，上寫“相思象”，定睛一看果真形似一尊巨象，大耳長鼻和象牙依稀可見，從右眼處汩汩流下一股泉水，確似一頭飽嘗“相思苦”的大象。向前數米，一塊標有“猴王出世”的岩石更是惟妙惟肖，兩塊裂開的巨石中間蹲坐著一個石猴，正如《西遊記》中描述的“猴王出世”情景一般。

行進到一片開闊處，導遊指著山崖上約 100 米高的山洞說：“這是大峽谷裏最有名的‘顯靈洞’，在陽光折射下能看見洞中仙女。”下午時分，選好角度，果然看見洞中一位身著飄飄長裙的古代女子，舞著長袖，忽隱忽現，彷佛仙女下凡。

進入峽谷約 1 公里多時，對面懸崖上出現了一個洞口，導遊向我們介紹道：1999 年 10 月的一天，庫車縣阿艾鄉維吾爾族小夥子、被人們稱爲“公山羊”的阿不來提·買買提尋找草藥時，突然遭遇暴雨。他在避雨時，無意中徒手攀進懸崖上的這座石窟，驚奇地發現裏面有雕塑和壁畫。這一發現引起有關部門的重視，經龜茲石窟研究所的專家考證，石窟是盛唐時期的佛教遺址。因爲在阿艾鄉，這座石窟後來被命名爲阿艾石窟，而它所在的大峽谷也從此引起人們的關注，大峽谷開始向世人昭示她神秘而誘人的風貌。沿著石窟所在的崖壁上，拾級而上，借著洞口光亮和工作人員的手電筒，隱約看見石窟很小，深不足 5 米，約一人高，洞頂呈拱形，石窟內壁色彩絢麗的壁畫，中間佛像已被盜走，壁畫中的人物眼睛、嘴等多處也被刮劃損壞，但仍可看出全貌。菩薩畫像雍容端莊、溫柔安祥，飛天披戴彩冠，婀娜多姿，人物極富傳神並有立體感，線條圓潤、流暢，色彩鮮麗富有韻律感，皆爲盛唐風格壁畫。尤爲稱奇的是，壁畫上寫的小楷漢字工整清麗，保存完整，據工作人員介紹，這是龜茲石窟中唯一寫有漢字的壁畫藝術，與古西域地區其他數百座石窟相迥異，充分顯示漢文化的痕跡。如今，在新疆境內保存較好、具有中原文化風格的石窟，目前僅此一處。從反對民族分裂、維護祖國統一的角度而言，阿艾石窟將成爲青少年愛國主義教育的活教材，永載史冊，同時對研究東方佛教及石窟建築、壁畫藝術等有著重要意義。

峰迴路轉，只見一座高聳的岩石如一位窈窕女子回眸凝望著遠方，像是等待心上人歸來。此石形態玲瓏，謂曰"玉女峰"。溝谷漸窄，兩側山峰挺立，只看見"一線天"。光線漸暗，原是"幽靈穀"，霎間覺得絲絲涼氣逼來，狹窄的山路只容一人通過。前行百十米，一塊巨大的赤色磐石懸在兩側山壁中，似有墜下之感，卻紋絲不動，名冠"懸心石"。

一路上或攀爬疾走、或闊步行進，峽谷兩邊許多奇峰趣石，形象逼真，寓意深刻，令人驚歎。"臥駝峰"、"神犬守穀"、"旋天古堡"、"八戒親子"、"情侶接吻"、"金字塔"、"金戒泉"、"神風洞"、"企鵝峰"……，奇峰異石千姿百態，數不勝數，仔細端摩只覺如夢似幻、惟妙惟肖、神韻萬端、趣味橫生、韻味無窮。

5 公里多大峽谷，我們足足走了兩個多小時，才有三分之一的人員堅持到達終點，山體在此處裂開一道彎環曲折的峽谷帶，只見一塊長形巨石上寫道：神秘大峽谷情未了。

原途返回，再覽一處處妙景，竟也不知疲頓。同行的夥伴不時對幽邃的山谷吆喊，回音便像從遙遠的時空緩緩傳來，空靈而悠遠……

“游離此穀再無峽，峽谷歸去常憶穀”。走出大峽谷，回首望去，“神秘大峽谷”那片紅褐色的山群直插雲天，在陽光照射下，猶如一簇簇怒放的火焰。忍不住一次次回望那抹凝固的火焰，仿佛有什麼東西遺留在峽谷中。

輯三　文字相伴的日子

十年網絡文學路

時光如雲一樣的飛走，轉眼間，我"觸網"已有十幾年的光景了。

網絡是個新事物，是 20 世紀最偉大的發明。記得剛開始上網時，網速極慢，現在想起來沒有比這更誇張的事了：撥了號，你盡可以放心地去吃飯，等你回來抹嘴倒茶的功夫，單調的主頁才剛剛痛苦地露出半個腦袋，電腦主機也發出吱吱呀呀的聲音，那時別說有網癮了，恐怕能有等待的耐心都是很難得的了。後來，我又申請了一個 163 的帳號，從此就被鋪天蓋地的新名詞、新資訊、新觀念弄得魂不守舍，一頭紮進網絡的大海就再也上不了岸了。

我是多年的共青團幹部出身，曾是青年人的"領頭雁"，養成了凡事都敢爲人先的創新習慣。網絡方面亦是如此。我很早就申請了 E-mail 電子信箱和 QQ 號，不僅作爲聊天工具，更是作爲傳輸資料、圖片與文章的好幫手。記得曾有一位朋友問我：我要是給你寫好了信，往電子信箱裏寄，到哪個郵局投呢？現在聽來十分搞笑，在當時的閉塞環境下卻是真實的事情。

從 2000 年開始，我開始到國內和新疆本土的一些網絡論壇遊走，擺脫了鋼筆與稿紙的寫作方式，走上了鍵盤與螢幕的網絡文學創作道路。最早去過紅網、西祠胡同、中國文學網、新浪網、網易、搜狐網，後來又轉向新疆本土的新絲路網、天山網、亞心網、強市論壇、西岸文化網、北門外網，並先後擔任過這些網站論壇的版主和超級版主。新疆門戶網新絲路的《絲路文苑》、絲路花語、天山網文學版、亞心網文學版、強市論壇、胡楊樹網文學版等等，都先後是我播撒文字的園地、留下了我的足跡。時至今日，我依然在這些網站中飄遊。

21 世紀是網絡的天下。網絡文學從根本上動搖了傳統的文學寫作和傳播方式的基礎。如果不懂網絡辭彙，就感受不到網絡文學中美學的成分；不瞭解網絡文學，則意味著對當前文學發展瞭解的片面；而無視網絡文學，則意味著觀念落伍和對文學進步的無知。

網絡對文學的價值之一，是讓人更容易地重返內心世界。它沒有審稿人和文化官員的關卡，使得任何具有一定寫作水準和寫作欲望的人都可以將自己的作品發表上去。這對一些在紙媒的傳統文學刊物發表文學作品屢屢受挫的人來說，不啻是柳暗花明又一村。一些本土的網絡寫手，由於經常上網，不僅對世界各地的風雲變幻更加洞若觀火，而且更多地接受了先進的思想觀念，更頻繁地追崇時尚，更能通過自己的作品體現網絡文學"自由、快捷、恣意"的特點。

網絡文學的傳播和傳統的紙面文學有很大的不同。紙面文學依靠刊物和報紙的發行，依靠人工郵遞，發行環節多、速度慢、費用高，發行範圍受限制。但是，網絡文學不一樣，它先天就在網上自由的傳輸，它先天就是屬於整個網絡世界的，從理論上說，它可以在一夜之間傳遍整個世界，傳遍網上的角角落落。它更加符合文學藝術的自由精神、非功利精神。

目前，新疆網絡文學的本土化創作已經成爲新疆主流文學一支重要的力量，網絡文學也日漸形成並昭顯出了強大的塑造力和凝聚力。網絡文學也讓我結識了一大批優秀的本土作家與寫手，並發展成爲現實生活中的摯友，從他們身上，我學到了可貴的探索、創新與進取精神，也激發了更多的創作激情。2005 年 8 月在烏魯木齊召開的新疆首屆網絡文學座談會上，聚集了當時新疆最優秀的一批網絡寫手，如窩窩、晚亭、大路白楊、愛晚亭、夢斷秋水、白悲天、海狐、杭江、簡單、長亭外、飛飛兒、和運超、山鬼、半棵水草、藏貝、行音、子晗，邊緣人、流動的雪線、天涯牧馬人等。他們許多人在當時就已蜚聲新疆網絡文學界，有些在國內大網站也小有名氣。在傳統文學步履艱難的時候，網絡文學卻在網絡世界裏呈現出星火燎原之勢。而更出人意料的是，網絡文學作品還紛紛破網而出，以紙質的形式不斷進入圖書市場，出現了網上網下都亮麗十足的局面。

西島，一位元新疆網絡文學的領軍人物，他曾長期主持"絲路文苑"。他也是新疆將傳統寫作與網絡寫作結合得最好的一位作家與詩人。在 2000 後的"絲路文苑"裏，幾乎彙集了當時新疆所有的最優秀的網絡寫手。《絲路文苑》是新疆惟一需要審核才能發表的文學板塊，具有網刊性質。發貼、跟貼評論、管理，輔導指點、改稿傳授，耗去了西島先生的大量時間，他始終在幕後辛勤耕耘、瀝盡心血。西島曾說過："在絲路文苑裏，看稿時感到自己在一片荒漠裏行走，周圍是大片沒有生命的文字廢墟。然而，許多時候我會在荒漠裏看到一汪清泉、一片綠地，一件好作品帶給我的興奮是難以描述的。"西島以自己的勤奮和無私奉獻，培養了許多初出茅廬的青澀寫手。他是新疆網絡文學發展征途上一塊里程碑。西島於 2006 年秋季駕鶴西去。但是他留下的詩歌集《和生命對視》、《神箭》、《飛翔的葉子》、《淡藍的誘惑》，依然在文學星空裏閃爍著，有那麼多的人掛念他，影響了那麼多的人。

網絡文學裏人才濟濟，佳文層出不窮。在這裏，藏龍臥虎，仁者見仁，智者見智，各抒已見，像是一鍋熱氣騰騰的餃子，一會兒這浮上來一個，一會兒那冒出來一個，都是那麼的誘人，又都可食可果腹。如今，據筆者所瞭解的，當年許多的網絡寫手都已成爲新疆作家協會會員，出版了個人散文、小說或詩歌專集。如簡單的散文集《走筆東天山》和《飄在鎮西的雪》，窩窩的小說《暗夜拂曉》和《番茄紀年》，行音的長篇小說《讓愛隨風》、《酒色闌珊·末落年華》、《疼痛歲月，豆蔻青春》，杭江的詩歌集《野馬哀歌》，晚亭的詩歌集《燈火隔岸》、劉瓊的詩歌集《無意綻放》，子晗（蔣小寒）的長篇小說《那槍》，白悲天（李衛疆）的《走西天》、《融合的城市》，夢斷秋水的長篇小說《前緣》，半棵水草的散文作品集《一粒散落的葡萄》，和運超的長篇小說《絕塞狼煙》，等等，這些當年的網絡寫手、如今優秀的青年作家，他們的作品如雨後春筍般節節攀高，讓人目不暇接，紅遍了新疆，走向了全國。我本人也得益于網絡文學，發表了大量的圖文並茂的網文，並從 2003 年開始，在國家級出版社出版發行了個人散文作品集《靜遠小屋》、《行走的風景》，加入了新疆作家協會和新疆攝影家協會。

板磚文化是網絡文學中的一大特色。網絡文學的互動性很強，體現爲原創帖與回帖、回帖與回帖的互生性。在原創帖發表以後，回帖的不斷出現是網絡文本生長的唯一方式。一部上萬字的長篇小說發在網上後，可能在短短的幾分鐘內就能得到評論，這在傳統媒體上是不可思議的。由網絡評論而生長的板磚，成爲一道獨特的景觀。很多優秀的網文也得益於板磚。我曾經歷過新疆網絡文版的幾次“板磚大戰”，每次大戰一開，板磚橫飛，磚手相互廝殺，看客紛遝而至，人氣會突然暴增。當然每次都會有人受傷，含恨而去，發誓賭咒永不進壇，但要不了多久，又心癢不止，捲入下次廝殺。尤其是胡日鬼（滿也），六、七年前就成爲新疆一流的磚手明星，深受網友喜愛，他的“板磚”貌不驚人，但往往能致人以內傷。據說，他之所以要以所謂的“胡日鬼”的面目出現，是因爲他要將“顛倒了的東西重新給顛倒過來”。很有趣的一個現像是：網上拍磚並不影響生活中的友誼，在現實中他們依然是灑肆茶館中的好友。這應該是新疆網絡文學中一個好的傳統。

網絡文學給我們的人生帶來精彩。當有一種柔情的寄託在心中被點燃的時候，你便對生活再次充滿著激情，從而復蘇沉睡已久的靈魂。你會發現，世界原來並不是你想像的那樣悲哀和無助，而是一曲奏響不絕的天籟之音。在網海中穿越、翻滾，你會發覺網絡的美麗，其實真的妙不可言。它會使你在人生路途中，不得已沾上的風霜疲憊、一路風塵，被沖刷得乾乾淨淨。

網絡文學充滿生氣。當我坐在電腦前品味那一篇篇文章時，我能深刻地感受到故事的存在，作者投入的感情，還有那字裏行間漫布的人的氣息，會感覺它離你很近，也許就發生在昨天，發生在你的周圍，發生在與你同一個城市的朋友身上。而且它不單單只是一篇文章，像是盛滿網絡人情懷的一杯酒，使人感懷。像是一群可愛的音樂符號，跳動著生活的樂章。網絡文學包羅萬象。有虛構的小說，有真實的故事，有肺腑的直言，有幽默的調侃，有散文有詩歌有評論甚至還有日記，當然少不了或褒或貶，或正或諧，或感慨或同意的回復。

伴隨網絡文學的永遠是創新。通過十年發展，新疆網絡文學以幾何級的擴張能力和表現力，活躍在幾乎所有的網絡上，催生了一批又一批青春靈動、活力四射的網絡寫手，並推動了紙面文學經過衰退之後又獲得了新生。網絡文學正以網絡遊戲規則所要求的方式重新組合文學。

網絡文學作爲一種新的文學存在形式，給文壇帶來了一陣清新的風。網絡寫手們說，我們的出現並不是想推翻誰，網絡文學是一個孩子，只要他充滿活力，只要他在奔跑，就不要苛求他是否穿了鞋子。

紅袖與讀書

古語雲:“書中自有黃金屋,書中自有顏如玉,書中自有千鐘粟。”讀書人，自已沉浸於書中，苦於書中的顏如玉不真實，期盼著能有紅顏知己在旁添香伴讀。然而，對於大多數的讀書人來說這只是一種遠景誘惑，只能畫餅充饑而已。於是許許多多的讀書人便企盼著眼前會發生某種奇跡和豔遇，而紅袖添香夜讀書、擁卷品啜以茶當酒則是最爲理想的一種。

對於讀書人來說，紅袖之所以極具誘惑力，因爲除了能找到一個陪讀的伴兒 — 而且這個伴兒是很可人的 — 可以消除漫長讀書生涯的寂寞與疲勞之外，更重要的還是紅袖所營造的那種溫馨的情調和令人心醉的氛圍。

紅袖除了有姣好的形象外，還必須有高雅的氣質，她既要秀外也要慧中。她是立體的，又是富有動感的。她能知熱知冷，知心知肺，甘苦以沬；她能共和詩畫，共彈琴瑟，共剪西窗。總之，她不是單純的一幅畫，她是有血有肉，有內涵有思想有靈性的一位紅顏知己。

我們可以設想出這樣一種情景：一桌、一椅、一盞青燈和滿屋厚重的古卷，映襯著讀書人那單薄而孤寂的身影。窗外，月光如水，或是雨雪霏霏，偶爾有一兩聲遙遠的犬吠，給這夜增添了幾許神秘的色彩。這時，門軸“吱呀”一聲，先是閃進來一隻紅燈籠，亮著迷蒙的光，接著便是我們期待已久的輕盈的身影翩然而至。於是小屋裏便有了溫暖，有了生氣，有了活力，有了詩情畫意，有了溫馨的情調。

由於歷史和現實的局限性、殘酷性，紅袖對於許多讀書人來說都不能美夢成真。於是人們便編織了一些才子佳人的故事、小說、戲曲和詩文來安慰讀書人。其中最爲著名的要數《西廂記》，張生與崔鶯鶯一見鍾情，崔鶯鶯待月西廂，張生跳牆赴約；張生夜讀，崔鶯鶯前來相伴相隨，雖幾經波折但最終花好月圓。這故事使許多讀書人爲之沉醉，爲之癡迷，爲之癲狂，爲之躍躍欲試。許仙和白娘子的故事雖然離奇怪異，但仍吸引了不少讀書人心嚮往之。而《聊齋》裏那些“夜半來，天明去”的花妖狐仙，也爲許多讀書人平添了不少的希冀和慰藉。

回望歷史，紅袖無論是作爲一種真實的存在也好，還是作爲一種鏡花水月中的幻影也好，它確實給歷代的讀書人帶來一些浪漫主義的情調，給讀書人枯燥的苦讀生涯增添了幾許亮麗的色彩。

只是書生美夢好做紅袖不多。古代因女子“無才便是德”，有書讀的太少，能把書讀好的更是不多，紅袖難得自是可以理解；而現代社會讀書的女子雖不少，但風化既開，追求男女平等。現今社會一般情況下，書生們的功利心比苦讀心要強上十倍數百倍，眼巴巴地望著度過十年寒窗，好一朝成名，都忙著賺大錢當大官哪有時間夜讀書？縱使有那麼幾個真心讀書的，也是情趣雖有，兩袖清風，又有哪個女子願守著個捧著書本死啃的老夫子清貧度日？

社會現實中，讀書的管道除了傳統的書籍外，還有電子書、網絡文學等等，面對那閃亮的電腦螢幕，“紅袖添香夜讀書”就如那畫中人、水中月，只能是一種幻影了。其實，紅袖相伴，要的只是讀書的情調，讀書的氛圍，讀書的心境，是網絡寫手和小小文蟲通向聖潔文學殿堂長路上的夢幻家園和心靈驛站。

書報滿屋讀

培根曾說過，讀史使人明智，數學使人周密，邏輯和修辭使人善辯。書籍向你描繪了大自然的千姿百態、奇幻異彩；書籍向你描繪了社會的紛芸繁複、變幻莫測；書籍向你勾勒出人情冷暖，眾生臉譜。書是一個宿營地，能安置你的靈魂，放飛你的夢想；書是一個百草園，能醫治你的精神，撫平你的創傷。書使你從無知變得聰明，從幼稚走向成熟，使你的內心從貧瘠變得豐富，從枯燥走向寧靜。有人言，人生樂莫如讀書，我深以為然。讀書之樂，樂在所得，否則怎會"書中自有顏如玉，書中自有黃金屋"呢？寂寂寥寥揚子居，年年歲歲一床書，是古人讀書的小環境和大境界。我亦不避邯鄲學步之嫌。多年來如一日，書櫃裏、書桌上、床頭床尾，沙發邊角，甚至衛生間，到處都是我散亂的書籍報刊。興之所致，隨手之處，就可以拿來一讀。

書報滿屋讀，讀書之樂，不在於正襟危坐，而在於放浪形骸的真實性情。可以坦胸露肚，可以赤膊上陣，可以鞋襪衣衫不整，高妙之處還可大呼小叫，手舞足蹈；或是晨不知晨，夜不覺夜，冬不覺冰寒，夏不知暑熱。當你讀到瑰麗的上古神話、優美的先秦散文、雋永的唐詩、飄逸的宋詞、靈秀的元曲以及傑出的明清小說時，你的身心不為之舒展，你的心情不為之愉悅嗎？當你看到楊柳依依，遙望一川煙雨，觀賞大漠孤煙，遠眺黃河落日，你不為之心曠神怡，浮想聯翩嗎？前人紅袖添香夜讀書，擁卷品啜以茶當酒。如今男女平等，我自不能強求妻去“添香侍茶”。妻子和女兒也是書蟲，而且閱讀速度也是很快的。屋裏書多了，自然讓我有一種惶惶然緊迫感，催我快馬加鞭。有時三人同在一室，或躺或臥或坐，握卷捧讀，突然哈哈大笑，或嘿嘿呵呵，誰也不會認爲誰有神經病。

書報滿屋讀，讀書當達到一定的境界。試想當冰天雪地之時，品一杯香茗，讀一本好書，寄情於山水，相忘於江湖，這是何等快事，何等愜意之極！因此，當你百無聊賴或心情鬱悶之時，最好的事莫過於靜下心來，讀一本好書，仔細品味讀書之樂。

當今一些讀書人，推崇消遣。所以港臺的言情小說、新派的武俠著作流行。但讀書的本身，不具備消遣的實用性，即便是走馬觀花，也是很受累的，是樁苦差事。因此，很多人只好去看電影電視，可電影電視精采的畢竟太少。一些人只好又回到書上來。我總覺得讀書在消遣之外還應捕捉點什麼。真正意義上的讀書，當是“昨夜西風凋碧樹”、“衣帶漸寬終不悔”、“眾裏尋他千百度”。一般人可達二三之境，更上一層樓之人，才能抵達“燈火闌珊處”。

不論在求學期間還是步入工作至今，我都長期佔用兩本以上的借書證，每次去圖書館返回時都是滿載而歸。自從擁有了安居之所後，雖家中離“現代化”相距還遠，但在四角之處，滿是方塊文字的組合。室內陳設零亂，卻唯報章、唯雜誌、唯書，“門前有馬難爲貴，家有書讀不爲貧”，這難道不是一筆寶貴的財富？沒有書的家，是一片沒有鳥的樹林；沒有書的家，是一個沒有草的山坡；沒有書的家，是一個沒有窗戶的家；沒有書的家，是一個殘缺不全的家。

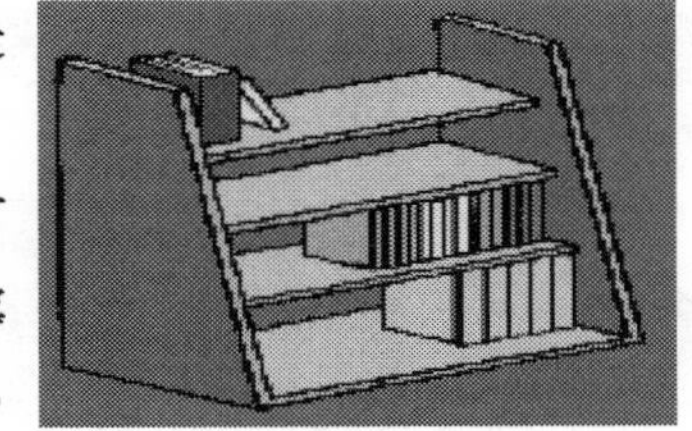

書多了，來的人借閱也多，就總有一些丟失，我心痛的一句話就是：你寧可到我家挑一擔谷，切莫弄丟了我的書。

網絡給人生帶來精彩

資訊時代，科技發展一日千里。但在一些地方，談起網絡，仍然有些人爲之色變，就像在深山裏遭遇到兇惡的老虎一樣，驚恐萬狀，趕緊逃之夭夭；也有愚朽之人視之爲瘟疫，不敢與之挨近半步，怕一不小心，便沾上一點晦氣。

這些想法不難理解，因爲網絡只是一個交流平臺，這其中就有虛僞與真實同時並存，醜惡與善良相互交匯。更因爲，是一線牽兩端的網絡連線相連接著，便完全可以隔離現實的所有缺陷，而給人一種完美的感覺。於是，就會遮罩所有不完美，而只將優點呈現在各自欣喜的物件面前。

網絡的好處，除了可以給工作、學習提供很多幫助，還可以讓你接觸到許許多多優秀的朋友，爲你的生活帶來一片嶄新的天地。

當有一種柔情的寄託在心中被點燃的時候，你便對生活再次充滿著激情，從而復蘇沉睡已久的靈魂。你會發現，世界原來並不是你想像的那樣悲哀和無助，而是一曲奏響不絕的天籟之音。在網海中穿越，翻滾，你會發覺網絡的美麗，其實真的妙不可言。它會使在你人生路途中，不得不已沾上的風霜疲憊、一路風塵，被沖刷得乾乾淨淨。

網絡是一個很好的心靈休息驛站。能夠相識是一種緣分，是一份前五百次回眸才換來今生的情緣。在這兒，你需要的是一個真誠的朋友與你相知；在這兒，你需要的是一份默契，和你進行心與心的訴說；在這兒，你需要的是一個懂你，解你，關心你，愛你的知己。沒有塵世喧囂，沒有俗世繁重，沒功名利祿……一切，只是歸結於心與心的對白。

現實生活中有很多無奈，在這兒你可以盡情傾訴，盡情放飛，讓你找到一分屬於自己的精神安慰和寄託，可以感受溫馨情懷帶來的迷醉，可以細細品嘗甜蜜磨人的相思，何樂而不爲！

仰望雪山

巍峨天山，婉延數千公里，橫亙中亞大地。一座座雪峰，銀光閃爍，似一座座瓊樓玉宇，美如仙境，壯觀如畫，構成了一片片冰清玉潔的冰雪世界。

阿拉套山脈是天山山脈西部的一個分支，它綿延在博爾塔拉蒙古自治州的北部邊境，形成了一道天然屏障，如同母親的臂灣，環拱著博爾塔拉這塊土地上的農田、草原、河流、湖泊。同整個天山山脈一樣，阿拉套山脈上千年不化的冰峰在雪域裏靜靜地閃著銀光，一條條溪流裹攜著寒徹入骨的冰雪融水湧向山下的博爾塔拉河。

在當地人眼裏，每一座雪峰都是一位神靈，這些神靈庇佑著所有的生靈：包括綠波蕩漾的農田、草色青翠的草原、依靠草原生存的牛羊，以及在博爾塔拉河這塊土地上繁衍作息的人們。在對雪山的傳統膜拜中，包含著深刻的人文理念 — 若沒有雪山的這個固體水庫提供的源源不絕的博爾塔拉河水，就沒有生命的延續，就沒有博爾塔拉的活力與生機，也就沒有草原的歡歌與韻律，沒有下游農耕的春播與秋收。

雪山能讓塵世間所有的卑微污穢消失得無影無蹤，冰雪融水能把人性中的私心雜念洗滌一空。在這艱苦環境裏生存的先民們，天生有種質樸厚拙、從容淡定的本性，無論生存環境多麼惡劣，無論大自然帶來多大的痛苦磨難，哪怕生命毀於山洪雪災，哪怕牛羊凍死於冰天雪地，他們都認爲是上天的賜予，坦然面對，毫無怨言。他們把雪山奉爲神山，把雪水奉爲聖水，就充分表達了對自然的敬畏與感恩。他們對待自然永遠是寬容而超然的，無論生與死，都是順其自然，對雪山的崇拜、對草原的感恩，其實就是表達這種情感的最直接的方式，是一次人與自然、人與自己心目中的神靈親近的旅程。雪山下的人們用這樣的方式溫暖回報著大自然，也溫暖感動著自己苦難的人生。

雪山下的人們，不願意連綿的冰峰雪嶺成爲生命的禁區，他們用感恩的心靈來溫暖這個冰冷的世界。那一串串明珠似的高山湖，被賦予了奇特瑰麗的神話，賦予了生命。他們把雄奇俊美的阿拉套雪山認作是神靈的化身，而純淨聖潔的冰雪融水，則是冰峰雪山轉世的魂魄。一條條奔騰不息的溪流，如果沒有了身後默默無言的雪山，將會失去源泉，那麼草原與農田也會如同遲暮的美人，失色枯竭，失去生機、失去綠色，這將成爲其最終的歸宿。塔里木河的長年斷流，曾經煙波浩渺的羅布泊變成了沙漠戈壁，已昭示了這一切。

阿拉套的雪山與博爾塔拉河是一對情意綿綿的戀人。它們臂纏肩繞，相互牽掛，含情脈脈。河水流到哪里，雪山的情意就跟隨到哪里，雪山的眼神就被牽到哪里。一座座冰峰雪嶺因爲有了一條條活力四射的溪流、因爲有了一個個動人浪漫的故事而變得有血有肉有靈性。這樣，雪山復活了，河流靈動了，大自然的一切如同人類的感情，有愛有牽掛，廣袤的雪域充滿了人性與溫情，冰雪世界便不再那麼寒冷。

眺望一座座雪山，感受那聖潔的世界，會使你的靈魂得到淨化、生命得到昇華，作爲一個大自然之子，你會把心中的感恩、把虔誠的祝福、把祈願的哈達，寄託給那纏繞在山腰的雲朵，帶給那靈性的雪山、永遠的雪山。

用副刊留住讀者，提高報紙競爭力

很高興受到邀請，今天來參加《博爾塔拉報》的編者、作者、讀者的座談會。

記得《博爾塔拉報》是 1960 年 7 月 1 日創刊的，到今天已經走過了 48 個年頭。她見證和記載了博爾塔拉幾十年經濟、文化等各方面的建設歷程，是一張有著光榮傳統的報紙。

作爲一名作家和攝影家，我平時關注較多的是報紙的副刊，每期報紙一到，我都是倒著看的，從後面往前翻。這裏面有不少熟悉的文學朋友和文學藝術愛好者的作品，看到一個個熟悉的名字下面文采飛楊、激情迸發的文字，我經常受到啓迪和鼓舞、感染。

今天我著重談一下辦好報紙副刊的問題。

一、關於副刊定位的問題

在對報紙副刊的看法上，有不同的觀點，有的認爲，報紙副刊是報紙新聞的補充；有的認爲報紙副刊僅僅是消遣娛樂的花邊；有人認爲，報紙副刊是"陽春白雪"，是辦給少數人看的，與市場大潮沒多大聯繫，難免曲高和寡；有的人則認爲副刊不僅僅是報紙新聞的補充，而且涉及文化的方方面面。

重視報紙的副刊，歷來是辦報人的優良傳統。我們報紙的副刊長期以來都是作爲報紙的一個重要組成部分而出現的。專刊副刊是我國報紙的編輯特色，也是植根於民族文化土壤的優良報紙傳統。

報紙專刊副刊是新聞輿論宣傳的一個重要方面，在組織、引導社會輿論，指導、影響群眾生活等方面有著不可替代的作用。

有一句話，叫"新聞招客，副刊留客"，意思是說，如果報上有好新聞，讀者就會購買這張報紙，但要使讀者對這張報紙產生持久興趣，就要靠副刊。由此可見，辦好報紙副刊的重要性。如果讀者能從副刊或者週刊中看到生動活潑、風趣雋永，或尖銳潑辣、幽默俏皮的故事，如果一個報紙的編輯能對人性進行思考，對人生加以關注，將視線落在生活永恆的主題上：家庭、事業、婚姻、親情、友情、愛情，通過自己的選稿、約稿、編輯，讓讀者從一篇篇有感而發、耐人尋味的文章中引起共鳴、看到希望、感受美好、重新奮起、體驗溫情、領悟真諦、陶冶情操，那麼副刊就能真正的具備"留客"的優勢。博爾塔拉報已經做出了很有意義的探索與實踐，而如何將副刊辦的更加出色，依然是值得我們每個關心博爾塔拉報發展的人所思索的。

在改革開放深入推進、報業競爭全面展開的今天，新疆的報紙業態發生了翻天覆地的變化。過去一直被視爲報紙"附庸"的副刊，越來越在傳播先進文化、極大地滿足人民群眾日益增長的物質文化需求上找到了用武之地。報紙副刊與報紙新聞一起，已成爲報紙參與新聞全方位競爭的兩大板塊。

二、辦好副刊的積極意義

報紙副刊具有一個地方的鮮明特色，一方水土養一方人，也可以說一方水土養一方專副刊。作爲一張地方報紙，我們都擁有自己身邊濃郁的地域特色和獨特的文化氛圍，我們博州擁有獨特的戍邊文化、絲路古道文化、草原文化、兵團農墾文化、古文物文化、民俗風情文化、生態旅遊文化等等，它就像一塊豐厚肥沃的土壤，時刻爲專副刊這棵大樹提供充足的水份和養料，甚至形成一張報紙專副刊的主要風格特色。副刊辦好了，能給人一種大家氣派和濃濃的“風土人情”味。而“人情”，往往是一家報紙是否有“生氣”的重要體現。

報紙副刊中的雋永欄目能使副刊久存人們記憶。報紙副刊版與報紙新聞版有一個明顯不同，新聞版主要依靠新聞作品支撐，副刊版需要依靠特色欄目支撐。集中力量辦好若干特色欄目，是辦出好副刊的行之有效的捷徑。著名的副刊，必定有著名欄目的積累聚集。

把副刊融入報紙，有助於提高報紙的文化含金量。由於專刊副刊的版面是經過一段時期的編輯而彙集的，因此它較多的凝聚了報紙的策劃思想，因此，讀者讀起這些專刊和副刊來，需要細嚼慢嚥，遇到自己感興趣的話題時，卻不會像看那些社會新聞一樣，看了就扔，扔了就忘，有心人反而還會拿回去剪貼下來。副刊給予了讀者回味、思考的空間，同時，也給自己的報紙創造了活力。

很多事實證明，副刊辦好了，報紙的發行量會增大，形成牢固的讀者群。從表面看，報紙副刊是報紙版面的有機組成部分，而從深層次上看，晚報副刊則是聯繫讀者的重要紐帶。由此可見，辦好博爾塔拉報副刊意義深遠。

三、對辦好博爾塔拉報副刊的建議

報紙的發行、出版目前面臨著激烈的市場競爭。副刊作爲現代報紙的重要組成部分，有相當大的自主性和靈活性，我認爲，在辦好傳統的新聞主版塊的前提下，應該更加重視副刊、專刊的獨特作用。

博爾塔拉報專副刊應當在形式上下功夫，版面編排要新穎、適合讀者的視覺效果，要像美術畫面一樣具有視覺衝擊力。報紙副刊版面的設計，必須拋棄“結構緊湊密集，行文密不透風”、“迂回”、“避題”等傳統的編排模式。要跟隨現代人的視覺審美走向——“濃眉大眼、峨冠博帶”的板塊式結構，設計風格要敏銳開放，標題、插圖要個性化、搶眼、奪目，文本要符合現代人的閱讀習慣，掃一眼就能夠讓人心動。

副刊應當以不拘一格的形式，靈活多變的筆法，注重細節的描述，清新的文風，向讀者提供大量生動而厚重的資訊。不僅要編發名家作品，以吸引讀者，提高報紙品位，還要扶持、鼓勵本地作家和普通作者積極寫稿，以增強廣大讀者的參與意識，並力爭在內容、版式編排上有所創新，從而更鮮明地體現報紙的個性魅力。

作爲黨報，既要宣傳政府的主張，又要折射百姓的呼聲，很是不容易操作的。一方說好不算好，雙方說好才算好，能做到“官民同好”是最好。做到文化的多樣性、相容性，這樣才能雅俗共賞。

博爾塔拉報作爲一張有著較長優良傳統和歷史的報紙，要想在激烈的市場競爭中爭取到更多的讀者與份額，那就必須要求我們在內容與形式上辦出自己的個性。一個有個性的人是鮮活的，一張有個性的報紙同樣是鮮活的，無論市場大潮如何洶湧，只要博爾塔拉報能以個性立足，以地域文化面世，以區域優勢說話，就總會贏得一方屬於自己的獨特的陣地。

祝願博爾塔拉報辦得越來越有聲有色，開闢新天地，明天更美好！

有感於“自撰書稿”

前些日，因為編寫黨史工作的需要，筆者到原自治州政協主席張敬周家拜訪。老主席在任退休之前，曾長期擔任過溫泉縣委書記、自治州副州長、自治州政協主席，退休後，又籌備成立了自治州老年大學並擔任首任校長。談話間，老人家拿出了珍藏多年的四本《自撰話稿》。這四本裝訂的整整齊齊的講話稿，共有 828 頁、50 多萬字之多，絕大部分是張主席自己用鋼筆起草和修改的，字跡整齊、修改得法，每一頁都寫得滿滿當當，記載了他擔任溫泉縣委書記期間在各種不同場合下的講話內容，是對當時、當地歷史真實的記載，凝聚著老人家的心血與汗水，體現了他對工作高度負責、求真務實、撲下身子深入調查研究、與群眾同甘共苦的優良傳統和工作作風。這種良好的習慣，直到他辭去博爾塔拉老年大學校長為止。捧著這四本數千頁的講話稿，不禁感受到了它沉甸甸的份量，同時也頗多感概。

文風、會風歷來是領導幹部作風的具體表現。領導的講話從哪里來？有這樣四種情況：一是自己想，自己寫，自己講；二是自己想，自己講，別人整理；三是自己出思想，機關出材料，領導作報告；四是別人想，別人寫，自己講。從第一、二種情況看，這樣的領導，他們深入調查研究，瞭解掌握情況，自己思考，出了思想，可大力提倡；第三種情況應該可以理解；但是，第四種情況要堅決反對和糾正。這樣的領導成了寫稿者的代言人，工作態度是不認真的，作風是不扎實的。

鄧小平曾經說過："拿筆桿是實行領導的主要方法。領導同志要學會拿筆桿。開會是一種領導方法，是必需的，但到會的人總是少數，即使做個大報告，也只有幾百人聽。實現領導最廣泛的方法是用筆桿子。用筆寫出來傳播就廣，而且經過寫，思想就提煉了，比較周密。所以用筆領導是領導的主要方法，凡不會寫的要學會寫，能寫而不精的要慢慢地精。……不懂得用筆桿子，這個領導本身就是很有缺陷的。寫文章也不是很困難，主要是要意思好。領導同志具備這個條件：瞭解情況比較多，看問題比較全面、正確。技術方面的問題是次要的，自己努力，別人幫助，慢慢就會提高。"（鄧小平《在西南區新聞工作會議上的報告》）

當前全國上下正在開展"保持共產黨員先進性教育活動"，需要大力弘揚求真務實精神、大興求真務實之風。發揚求真務實的作風，要突出重點，從領導幹部抓起。領導幹部的作風實不實，從他們的講話或報告中就可以直接反映出來。有的領導幹部，開口講話就喜歡長篇大論、包羅萬象、面面俱到，實則空洞無物、廢話連篇。這就不是一種求真務實的作風。

發揚求真務實的作風，領導要率先改進文風和作風。在這方面，張敬周同志爲我們作出了表率，值得我們很好地學習。他在條件艱苦的年代，騎著馬深入冬窩子、田間地頭開展調查研究，立足實際，開動腦筋，積極思考，把理論和工作的具體實踐相結合，寫下了許多第一手文稿，有力地指導和推動了各項工作不斷向前發展，給後人留下了寶貴的財富，也給了我們深刻的啓示。各級領導幹部只有求真務實，堅持群眾路線，轉變作風，深入實際、深入群眾，從實踐中總結經驗，從群眾中吸取營養，自己動腦，自己動手，寫短文，講短話，所作的報告或講話才能有的放矢、指導工作，才能生動實在、言之有理，才能吸引聽眾、啓發聽眾，才能成爲聽眾的共識、成爲廣大群眾的自覺行動，達到推動工作順利開展的目的。

發揚求真務實的作風，要從點滴小事做起，勿以事小而不爲。小處見精神，小事顯作風。群眾往往是從我們認爲“小”的事情上感觸我們的作風。在實際工作中，不少人動輒就提大口號、大思路、大舉措，卻往往忽視了從小事做起，忽視一些長期存在的問題，漠視人民群眾的疾苦，最終導致問題越積越多，群眾怨言越來越多，工作無法推開。這就要求我們以求真務實的作風來對待群眾、對待事業，把最廣大人民群眾團結起來，贏得群眾支持，推動事業發展。

領導的文風、學風轉變了，變真了，變實了，群眾是看得到、感受得到的，必將起到良好的示範作用，使更多的幹部走上求真務實的道路。廣大幹部如果都能切實轉變作風，求真務實，必將推動黨和人民的事業發展，可謂黨和國家之大幸、人民之大幸。

有文字相伴的日子充滿溫馨

每個人都在不同的人生階段盡享著不同的溫馨……

溫馨是一道風景，如果你以一種閒逸散淡的心情漫步其中時，自己便也是一道溫馨的風景。

溫馨是初春河上飄過的第一絲草壘，是暮晚天際掠過的飛鴻；是月光如水的漫浸的庭院；是滿坡黃花間衣袖盈風的少女輕笑；是令你抨然心跳的溫暖和溫柔。

更多的時候，是有溫馨文字相伴的日子。捧一本好書，泡一杯茗茶，在溫暖的陽光下流覽一摞新書。那流淌的文字，像春天的畫一樣在我面前生動地展開。晚上睡覺前必定要翻一翻當天的報紙，瞭解一下民事國事天下事。從早到晚做了一天的事，身體疲憊，眼睛也已經很澀了，但躺下隨手抽一本書，感到十分親切，從心底升起一種難以言說的愜意。書，伴我走過了整個貧窮而色彩斑斕的童年。讀書，已成爲一種本能，只要文字映入眼簾，總會給我一種溫馨而愉悅的感覺。感謝書。

有文字相伴的日子，帶給我的是溫暖，心從不會寂寞。安妮寶貝說：“一個人寫的文字，總是他自己靈魂的樣子。”一直都很喜歡在深夜，在電腦旁，敲打著文字。靈魂被傾訴、凝固在螢幕上，期待著這個世界的交流與回應。我喜歡那種時刻地安靜幽雅，喜歡腦海中浮現的記憶片段，喜歡把那些零散的記憶寫成文字，喜歡給一篇篇精彩的文章寫上回帖，喜歡把白色的文檔一點點的填滿，喜歡聽手指在鍵盤上來回游走的聲音，喜歡在寫完之後的那種成就感。

有文字相伴的日子，是湧動著溫馨的日子，它把一生的時光用溫馨串織起來；它會濃縮成滴滴清雨，以滴水穿石般的執著，敲響回憶的窗扉，而後匯成涓涓小溪，漸漸沉於成一份最凝重、最美麗的溫馨，任歲月侵蝕、心境變遷，依舊積蓄人生，沉澱生命，禪悟各路的風景。

文字相伴的溫馨日子，是我一生的修行，一生的追索，一生的努力，一生孤獨的執著。

與文字續緣

年終將至，又遇年終總結，各項目標責任書的考核驗收、年終總結，文件穿梭、總結不斷。紛至踏來，令人應接不暇，疲於奔命。主管的幾個文學版面長滿了荒草，網絡上的文友們對我說，很長時間沒有看到你的文章了，你的主頁也快要關門了！關注我的讀者們也在 QQ 發來消息，說你怎麼失蹤了？你也該潛出水面透透氣了吧？暈！我心裏想：寫文章容易嗎？

有時候，遇到一種場景、一種畫面，就有寫的衝動。而有的時候，手撫電腦鍵盤，文章的脈絡早前已成竹於胸，角度也早先想好了擺放在腦海裏，就是一個字也難以打出來。原因很簡單：沒有心情，沒有意境。按道理，從寫作的即時性上說，也可以說情緒即文章。可是，有時文章的脈絡早已理出來了，角度也想好了，但還是寫不出來，即使硬著頭皮寫了出來，到最後連自己看也不是鼻子不是眼，這還算是什麼文章呢？

近日有一文友，與他在閒聊時，他提出一個問題：文章的寫法究竟是太多了呢還是太少？籠統而言，文章的寫法很多，正所謂“文無定法”一說。世界萬物豐富自不待言，而文章的寫法也是千姿百態，“橫看成嶺側成峰，遠近高低各不同”，不就是說主觀世界遠遠豐富於客觀世界嗎？沒有豐富的想像、沒有豐富的藝術創造力和再加工，哪來的文藝花園的百花齊放、萬紫千紅？文章的寫法雖豐富，但具體到每一個創作者，寫法卻又顯得單調了。鄭板橋有一首詩雲：

“四十年來畫竹枝，日間揮寫夜間思。冗繁刪盡留清瘦，畫到生時是熟時。”只有“畫到生時”，方有新意生焉。然而日思夜想、慘澹經營、苦心孤旨，又能有幾回“畫到生時”呢？嚴格地講，每一件完美的作品對於同一個創作者來說，只有一種最佳的表現形式，也就是說，只有一種最佳的完成狀態。一篇文章，今天寫出來是一個樣，明天寫出來可能又是一個樣。不同的心境，不同的環境，改變了寫文章所需要的那種語境和表達欲望。

“文章本天成，妙手偶得之”。這句話說的很好。作文章是一種緣份，可遇而不可求。曾有人托我幫其作畢業論文、考試作文、甚至報告文學、宣傳片解說詞，我都苦笑擺手。文章得于無心，失於刻意，情緒召之不來、揮之不去，說的就是可遇不可求，否則，吾輩豈不成了神仙呼？總感覺文章這東西，偶或爲之，倒每有掛鈎，但倘若從此便自以爲投緣，且天天去尋緣，難免不尋出一段孽緣來。有一點點想法，胡亂用一種貌似圓熟實則油滑的文字寫出來，冠以文章，輕薄爲文，強說滋味……呵呵，那不過是在糟賤自己罷了！作爲一個作家，更應該愛惜羽毛才是。

好文章與作者是有緣份的，是一種內容與形式天然融和的“天作之合”。在外地奔波中、在山野、草原行走中，在開會、應酬、觀落葉繽紛、賞落霞滿天時，我的腦子裏常有一些新的文章標題，像魚一樣地游來遊去，並形成了雛形，像一群飛翔的小鳥，只因沒有找到理想的樹丫停棲（即寫文章的最佳時機），便不停地盤旋於我的腦海，不能夠停留在我期待的鍵盤上、出現在電腦螢幕上更多的時候，“小鳥”飛走了，留下的是一片遺憾，久已成熟的稿子，卻再也找不回當初的意境與衝動，這叫與文章“有緣無份”。

我期待著，飛走的“小鳥”能再回來，讓我與文章續緣，走近我的夢想。

在沒有網絡的日子裏

這些年，隨著資訊高速公路的飛速發展，我們迅速走入了資訊時代。

但在 2009 年 7 月，一場突如其來的事件打亂了人們的生活秩序，讓新疆互聯網絡暫時中斷了，手機短信服務也取消了。

在沒有網絡的時間裏，仿佛生活又退回到了十幾年前。只是，當今多元的文化、開放的社會讓人們對生活的認識更加理性，人們依然對生活充滿了熱愛、對理想充滿了追求。

沒有網絡的時間裏，我們可以與家人、與朋友有更多的談天說地的交流時間，有了更多的散步、逛街的機會；能夠陪父母聊聊家長里短、孩子的學習、自己工作中的苦與樂；一家人能夠攜手在晚霞映照的夕陽下、在落日的餘輝中，感受大自然的溫馨、山河的壯麗。

在沒有網絡的時間裏，我們可以集中注意力讀完一本早就心儀的書籍、在書中尋覽超然的感受、獲取精神上的能量；可以翻閱久違了的報紙雜誌，聞著那淡雅的墨香、欣賞著那精美的圖文。

在沒有網絡的時間裏，我們做一個“戶外老驢”，走進深山老林、戈壁沙漠，看別人難以看到的風景；挑戰自我，行走於天地之間，快意於江湖，放飛靈魂；在戶外運動中，學會寬容，學會與人溝通，與大自然和諧相處。

沒有網絡的時間裏，可以打個電話給異鄉遙遠的親友，聽聽他們濃重的鄉音、親切的叮嚀，讓濃濃的親情、熱切的思念通過電話線來傳遞，讓親人之間充滿了關愛與牽掛。

網絡是海，網友是魚。沒有網絡的時間裏，有的人幸福地睡著了，進入了甜美的夢鄉。而習慣于在網絡海洋中暢遊的人，又關上了安放著電腦的書房的門，進入屬於自己的那一方的空間。沒有網絡的時間裏，電腦也會安靜了許多，少了以往的喧鬧，我們會時常望著電腦螢幕上那灰暗色的 QQ 頭像發呆，回想著那一個個曾經鮮活的面龐，曾經透過他（她）的語言用滑鼠來勾勒一張張模糊而溫暖的臉，直到他們的輪廓在你的面前漸漸的清晰。

自從加入到互聯網裏以來，就和電腦息息相通、相依為命。文字始終在心中湧動，死去的只是手中的筆。我們已經習慣於用鍵盤來觸撫思想脈搏中最輕微的跳動，用手中鍵來敲打自己身上的灰塵，用滑鼠來發送自己輕微的歎息與歡樂。

沒有網絡的時光中，手機也安靜了許多，沒有了接收手機短信時不停發出的提示鈴聲，也沒有了螢幕前的飛信到達時閃動的圖示；曾幾何時，電腦中跳出的只是那麼簡單的一句問候的短信，也會讓你覺得好似隆冬的寒夜燃起一束暖人的篝火，好似炎熱的夏季夜風輕送的那一絲清涼。

沒有網絡的時候，感到好靜好靜，感到世界的孤獨，可以聽到自己一個人心跳的聲音。透過螢幕又彷佛看到那一張張笑靨，帶著激情的、聰慧的抑或灼熱的、傷感的表情，再遠的路，也可以在瞬間抵達，進而靠近他們真實的內心。

沒有網絡的時間裏，我們重新梳理繁雜的思緒，敲出自己的心情文字，獨享一個清涼的空間，領略那風清雲淡的飄逸。

生活中雖然暫時缺少了網絡，但是我們疲憊的身軀依然有可以停一停、靠一靠的港灣，依然可以用文字去慰藉那顆需要寧靜的心。

生命的每一驛站都會有它獨到的意境，只要你把經過的都當成一種寶藏，只要你把視線投向尚未到達的前方，你會知道，即使青春終將落幕，屆時在收穫的欣喜中，你又會開始更有魅力的一程。

曾經一起走過

看過你的一篇文章，聽過你的一段聲音，會心地笑一笑，我們就相識了。或許，從那一刻起，我們就已經成了一生一世的朋友，這真是說不定的

人人都說網絡是虛擬的，可是爲什麼這種來自虛擬世界的友情，卻也如此真實，如此誠摯？在 QQ 上相遇時的一個笑臉、一束鮮花，久不上線時一個關切的電話、一聲問詢的留言，一篇心情文字貼出後，有了一個貼已的回復、一聲鼓勵性的讚美，都是那樣令人感動不已。

也許生活中有了一段比較閒散的時光，也許人生多多少少有些失意或孤獨，也許在工作的閑餘隨便就可以上網，或者是網絡本身的一種說不清道不明的吸引和寄託，總之，茫茫的網海中，我們就這樣相遇了，相識了。生活卻因爲有了你，變得溫暖而柔和。

和你在一起的每一片段，都像一張明麗的油彩畫，絢爛斑斕；和你在一起的那些日子，也熱鬧成一股湧躍的叮咚山泉，濺起的每朵水花都折射著純粹的歡樂。

沒有人看出我內心的沉寂和落寞，也知道自己無論是刻意還是無意，都逃避不了對往昔歡聚的懷念。而且，不管指縫中流過多少日子，塵埃湮沒多少面孔，微風飄走多少往事，我明白，曾經一起走過的朋友，永遠鮮明，永遠忘不了我想我會珍惜這即遲來的緣份，認認真真地做你的朋友，伴著你走一段最溫馨的路程。

我們說不清與誰的哪一次聊天會是最後一次聊天，也說不清下線後還有沒有機會再見到那些熟悉的 ID，因爲明天，或者生活就要開始忙碌了，或者工作有了變動，或者精神有了寄託，網絡畢竟是暫時的棲所，而生活才是最重要的。所以，有時來不及在網上道別，一些人就匆匆地走了，在我們無從知曉的某個城市的某個角落開始爲生活打拚。

我們就這樣悄悄地來，悄悄地走。網絡不會因爲誰的離去而改變什麼，可是，這裏，卻像故鄉一樣，保存了你的一些東西，可能好多年都過去了，這裏仍然有人說起你，說起你的文章、你的歌聲以及一些與你有關的故事，而這些，可能連你自己都忘記了。

離開了或暫時離開了的朋友，我會默默地爲你祝福，雖然這份祝福絲毫都不能減輕你生活的擔子，但是，擁有了這份祝福，你會不會在某個駐足、某個剎那裏，感到一絲溫暖？

許多年後，我們可能老得連打字都不會了，但我卻不會忘記，有這麼一段時光，我們曾一起走過。

走過人生的風景

安靜地，行走在流年一般的生命中。

很多時候，我喜歡一個人走路。低著頭，默默地看著時光從腳底下悠然而過。然後有一天，我抬起頭，暮然地發現，頭頂的天，顏色從來就沒有改變。清澈。湛藍。和從前還是一樣，晴朗地有些恍惚。我的影子就在藍天底下被陽光拉長，縮短。縮短，又拉長的身影，在周圍陌生的影子中，它是那麼的孤單。原來，這許多年來，我一直就是一個孤獨的行路者。

常常會莫名其妙的想，可不可以就這樣一直走下去。生命這條路我還要走多遠。繁花落盡，衰草枯顏。懷念每一個在我心裏留下過痕跡的人。如果每一次的相逢最終註定要分散，那又何必彼此邂逅呢？

“物是人非事事休”。前塵往事如寒夜飲冰水，點滴在心頭。只是有花開就有花謝，有日出總有日落，何必舊事重提。更何況春歸一度，人老一歲。黯然還來不及，又怎願回首呢？昔日重來，昔日怎能重來！紅顏易老，易老的又豈止紅顏！人生如此短暫，而真正懂得珍惜的人又有幾個？麻木的繼續麻木，痛苦的就繼續痛苦吧。也許，只有曾經滄海的人，才能真正體會得到落英繽紛的悲壯；也許，只有愛過痛過的人，才能真正看得懂流星劃過時的燦爛。

忘了是誰說的，大意是我們只活在過去與將來，恰恰忘記了現在，忘了要踏踏實實把握現在，好好享受現在。我只把它理解爲及時行樂，今朝有酒今朝醉，至於明宵酒醒何處，是曉風殘月還是江

山如畫，概不考慮

生命如風，穿過叢林，穿過時空，一去不復返，卻又生生息息，永不停歇。生命如候鳥，南來北往，不停地隨著季節遷徙，從起點到終點，兜兜轉轉，又回到原地。“逝者如斯”，我們的生命正日漸靠近某個未知的終點。何時到達生命的彼岸，我們怎能參透玄機？

毛毛蟲在生命即將完結之時，化爲蝴蝶，把一生的美麗盡情揮灑；荊棘鳥在生命的盡頭，宛轉高歌，血盡而成絕唱；鳳凰集香木自焚，玉殞而再生。它們的生命終極輝煌，可是毛毛蟲漫長的等待，荊棘鳥錐心的劇痛，鳳凰的灰飛煙滅，所付出的艱辛豈是尋常之輩所能做到？幸福的光環是給別人鼓掌羨慕時看的，淚水和傷痛是留給自己慢慢舔舐的。更何況並不是所有的付出都能收穫輝煌，凋謝是花兒盛放的歸宿，死亡才是生命的終點。生命的美只在過程？

凡事不可強求，世事複雜，有所得必有所失。就算用心作籌碼，得與失之間又怎能計算清楚呢？其實，有些時候，誓言也是謊言。像手心裏捧的雪花，攤開來，會在瞬間流離破散。

生命如流沙，一層一層覆掩過來，許多事情被深深埋藏，從表面上看是沒有痕跡的。有些人，註定錯過。有些事，沒有選擇。愛了。傷了。該忘記的是難忘記的，難忘記的是已忘記的。

去的終須去，來的儘管來，生命匆匆，還來不及清算自己，光陰就倏然而逝了。

生命有時更像一束頹敗的焰火，來不及燃燒就已熄滅。歲月如水，靜靜的在心窩裏流淌，想離開卻早已不是解脫。

就將生命看作一處風景吧。靜靜地讀，靜靜地看，靜靜地賞。

輯四　雪域神泉

活著的阿登確魯

阿登確魯，是博州西部阿拉套山南麓一大片山前坡地，是優良的冬牧場，自古以來就是各民族的遊牧勝地。蒙古語“阿登確魯”，意思是一群馬一樣的石頭。這裏的確有許多巨大的石塊，驀然出現在緩緩起伏的草原上，密密痲痲，千姿百態，形成了一片原始的石頭城堡，蔚爲壯觀。

阿登確魯是一塊淨地。這裏，天是藍的，風是清的，山是峻的，石是奇的，一切都是自自然然，大大方方；在這裏，遠離喧囂、嘈鬧和污濁，可以淨化人的心靈，使你忘卻世間的繁雜，讓你的私欲消失的乾乾淨淨，回到大自然當中，成爲真正的大地之子。坐在一塊巨石之上，能體味到什麼是神韻無限。

在阿登確魯看石頭，遊人可以心曠神怡，馳騁思緒，盡情想像。有的狀如天狗望月，蒼鷹俯獵，鯉魚戲水，白鴿展翅；有的宛如古堡、佛洞、巨足；有的像母子相攜、駱駝靜臥、憨熊探蜜；有的似龍蛇盤居，虎嘯獅吼，龜兔賽跑，有的如猛禽欲飛、怪獸亂撲、天外來客……一個個巧奪天工的奇石，惟妙惟肖，呼之欲出，令人拍案叫絕，驚歎不已。這些石頭，被鬼斧神工賦予了生命與精神，思想與靈氣。被譽爲“生命之門”的母親石，紫氣天降，頭朝北面的雪山，爲她可愛的孩子們遮擋著凜冽的寒風，盡顯母親的愛心與柔情，祈望著她的子民長命百歲、一生平安。每年前來祭拜的善男信女絡繹不絕、香火繚繞。母親石成爲了人們的心靈家園。

在阿登確魯漫步，一路行來，一路驚奇、歎息。大自然似乎太偏愛這些石頭，賦予了它們太多的、凝重的思維。但同時又把它們放在了不能輕易到達的地方。這些石頭從未說過一句話，但千萬年的佇立，卻是一種永遠也訴說不完的話語。

阿登確魯有一些石頭，得天之靈、地之韻，圖案似翻滾的雲海、激蕩的亂流，一種磅礴的氣勢隱隱透出，那裏面是什麼？它靜靜地積聚著一個星雲的力量，卻從容不迫地將驚心動魄的氣勢收藏。再遠一點看，這片石頭像狂歡的人群，又像末世的離亂景象，一不留神，看的人就會掉進無邊無際的空間，不由自主地被一塊石頭牽引著飛奔，穿越時空，放縱悲喜。一塊石頭，怎麼包容了這麼巨大的能量，包容了這麼巨大的熱情和蠱惑，它不動聲色的外表下包藏著一個星系的輝煌，目光一瞬，就讓你經歷無窮無際。

阿登確魯的石頭們，不如玉石那般凝如滑脂、完美無暇，也沒有翡翠那樣玲瓏神秀、精緻絕倫，也不像水晶石那樣靈巧剔透，受人追捧，但它卻以自己特有的粗獷剛強、飽經滄桑、大巧若愚、朴拙自然而矗立在天地之間，承載了無盡的曠古幽思。

有些石頭斑斑點點，望去沉寂空遠。那該是漆黑夜色裏紛飛的星辰，整個宇宙每時每刻都在逃離；該是燈火映亮的雪花，翩翩然拉起一道冬季的窗簾；或者是一顆樹，在無人時綻放一樹的芳菲。這些石頭得到了什麼樣的天啓呢？每一個意象，都通往詩境，每一個念頭，都連接神性。看到它們，你知道石頭和你並沒有距離，你接納了石頭深藏萬年的思索，石頭感觸到千萬個你的心緒。另一些石頭，在身上留下一個個的神秘莫測的古岩畫。這些傑作究竟出自何人之手？它有一段怎樣的過去呢？它在說什麼？它讓我們跨過多少遠去的時空？探索多少沉睡的文明？它什麼也不說，頑劣地瞄著你的千古悠思。它們經歷太多了，學會了沉默。

阿登確魯一年四季與風相伴相隨，這裏的風是剛烈持久的，風聲是尖厲變幻的，那是風對石頭的呼喚。風將硬梆梆的雪粒高高卷起，飄飄灑灑，撫平了石頭群裏所有的縫隙。風將阿登確魯從一個季節帶入另一個季節，然後又帶著充滿玄機的許諾遠去。

阿登確魯的石頭，以一種過往的姿態、釋懷浮世的煙雲，自在逍遙，且行且思。它在嘩嘩的雨聲中，長久地處於古老的安詳與寧靜中。雨點，澆濕了石頭，但是它渾然不覺，它以亙古的姿勢，在風吹雨擊下矗立著，專心思索著它不知已想過多少遍的心事兒。

阿登確魯的石頭又是放縱不羈的，它們任性地將山河巨變、阡陌飄移、悲喜離合刻在身上，它們有那份耐心，與時光並肩飛馳，它們有那樣的興趣，等著一個心靈的沉迷。

凝視著阿登確魯的一塊石頭，就會讓你掉進一個思緒奔湧的漩渦、靈感迸射的激流，一塊阿登確魯的石頭，讓你輕易接觸神性的光輝，你會感到一股力量在悄然的升騰與消逝，那是宇宙洪荒爆發的碎片，巨大的能量爆炸出的碎片，正一點點一點點的釋放著自己的能量。悄然般升騰而又聚集的能量，慢慢的慢慢的消逝，一種釋然舒緩了疲憊的心靈。

阿登確魯的石頭，是誰凝固了你的姿勢？是漢時的風，還是唐時的雨？在千年的輪回裏，曾經有人讀懂過你嗎？在等待的歲月中，還會有樓蘭新娘從你身邊經過嗎？那遠去的駝鈴聲還會回轉來嗎？

阿登確魯的石頭，絕不會無緣無故的散落在亙古荒原上。它們跨過無窮歲月，只是因爲當初的約定，開啓你的精神之門。這是一個宿命，石頭替我們記載了宇宙深處的召喚，記載了我們來自何方，去向何處。

阿登確魯，因爲有了這片神奇的石頭，才有了活力與靈氣，因爲有了這些思想著的石頭，才有了千年等一回的夢幻。

阿登確魯的石頭在等你。

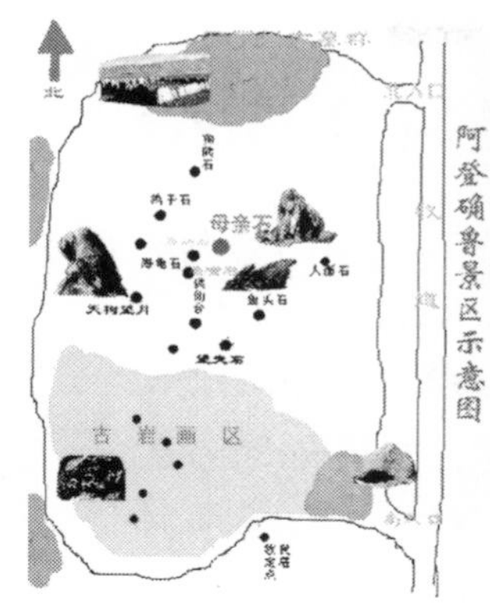

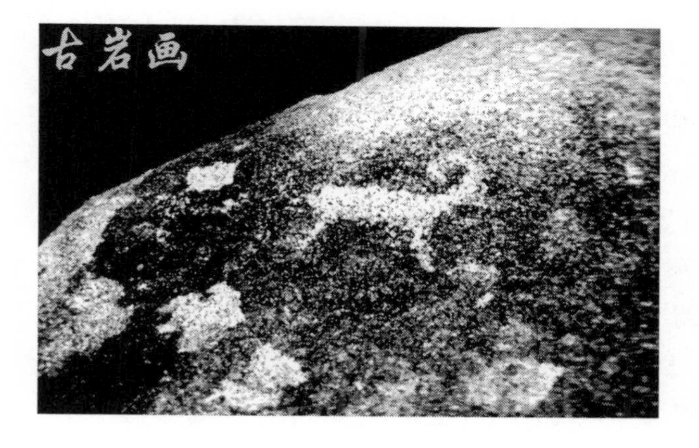

那達慕大會：釋放陽剛與激情

接到邀請，我們在週六要到查幹哈日嘎參加在那裏舉辦的"安格裏絡鄉首屆那達慕草原節暨查幹哈日嘎度假村開業典禮"活動。

轉眼間，週六到了。早上晴空萬里，藍天如洗，氣溫涼爽宜人，完全沒有東部地區的那種酷熱。小車在柏油公路上輕快地行駛，兩邊的青山綠水、成熟的小麥、金燦燦的油蔡、悠長的林帶如畫一般從車窗掠過。車過鄂托克賽爾水庫後，拐向南部的戈壁荒漠。道路變成沙礫路，不時遇到徒坡、沙丘。原先，這條路只是山間牧道，今年以來，政府投資數十萬元，對這條路進行了加寬和平整，方便了牧民生產生活，同時也將山中的秀美景色展現在人們的眼前。路邊伴隨著一條叫"達瓦特"的小溪，小溪像一隻俏皮的小羊，不時在路邊跳躍、暢快流淌。正是這成千上萬條的溪流，才匯成了鄂托克賽爾河、博爾塔拉河，灌溉著下游百萬畝良田，養育著幾十萬人民。

山路逐漸爬高，氣候也如深秋一般。兩邊綠色愈來愈濃，原先的小溪變成了一條幽深山谷，裏面層巒疊嶂，草深林密。山谷中有胡楊林、雲杉等樹種。千回百轉之後，一幅自然畫卷令眼前豁然開朗，查幹哈日嘎到了。只見這裏地勢平緩、周圍山峰環繞、松濤陣陣，天更藍、雲更低。白色的、黃色的、紫色的、粉紅色的、淡藍色的小花，沸沸揚揚的躺在綠草中，隨風飄搖著，顯著格外的坦然與寧靜，野梅花、風信子、蒲公英和一些不知名的花草鋪滿了山穀草甸。不知是誰是說的，從一朵花，就可以看到天堂，哈，這樣一來我們是不是來到了天堂裏啦。在此時，我分明聽到了花的訴說、花的呢喃，它們以寂莫爲樂，紛繁著自己的生命；它們以綠草爲伍，隨著風的旋律，爲荒野而舞蹈。陽光越過山頂，把一片片金色撒向山坡、叢林。天上幾朵躊躇不定的遊雲，一會兒遊到這，一會兒遊到那，後來也悄悄地隱退了，天空展現著透徹的藍。空氣中彌漫著山林和花草的香氣。

草原上音樂聲、車聲、馬嘶、人聲鼎沸，打破了原有的靜謐。草地上彩旗飄舞、人流如潮，悅耳的《溫泉河，我的故鄉》、《戍邊察哈人》、《草原那達慕》等本土歌曲飄向四方。一排排、一片片的大小車輛整齊有序地停在劃定的區域內。一幅橫幅“安格裏絡鄉首屆那達慕草原節暨查幹哈日嘎度假村開業典禮”掛在草地中央。幾隻懸掛彩色氫氣球在空中飄蕩。來自自治州、縣、鄉的領導和各族群眾身著節日盛裝，從四面八方趕來，參加這裏的盛會。這個盛會，不僅是安格裏格鄉牧民的盛會，也是周圍各族群眾共同的盛會。

那達慕歷史悠久。在蒙古族史詩《江格爾》中雖無“那達慕”的直接記載，但從詩中關於西征、祝捷的描寫，已可略見“那達慕”的雛形。據《蒙古秘史》有關記載，這一活動最晚當形成于 13 世紀初成吉思汗統一蒙古部落後不久。最初的“那達慕”，其主要內容是祈禱神靈的保佑，即“祭敖包”，故又叫作“敖包塔克勒根”。遊牧狩獵的生活方式和世代征戰的生活環境，使蒙古族養成一種尙武的精神。因此，每年一度的“敖包塔克勒根”在濃厚的宗教色彩之外，又有了賽馬、摔跤、射箭三項競技內容，以充分展示蒙古族男子的陽剛之氣。後來又因歌舞的介入，“敖包塔克勒根”娛樂、遊戲的內容更加豐富，逐漸演變爲各地蒙古族同胞不同時間而又各自固定的傳統節日 — “那達慕”。如今的“那達慕”活動，作爲一種現代社會的文化構成，既不失傳統的魅力，又富有時代氣息。

在歡快的音樂聲中，那達慕大會開始了。首先是國旗方隊入場，其次是民兵方隊、彩旗方隊、哈達方隊、阿肯彈唱方隊、麥西來甫方隊、花兒方隊、機關方隊、先進個人方隊、小騎手方隊，邁著整齊的步伐走進會場，接受檢閱。這些方隊，身著傳統民族服裝，隊伍不大，人數也不是很多。但是如果你知道他們中的大部分人是平時分散居住在各個草場、牧場的牧民、與外界交往很少的時候，你就會感受到能夠讓這些牧民朋友身著統一的服裝、組成劃一的方隊的是多麼的不易。這個季節，水草豐美、羊肥馬壯，是牧民心情最爲歡暢、生活最爲幸福的時候。走在隊伍中的牧民，臉上蕩漾著發自內心的笑容。他們借這次那達慕大會，用傳統的方式，謳歌當前幸福生活，祁願今後風調雨順。

在熱烈的掌聲中，縣烏蘭牧騎的文藝演出開始了，這是牧民最愛看的節目。與以往不同的是，這次烏蘭牧騎隊帶來的節目，大部分都是剛在新疆衛視一套《新疆綜藝行》現場錄製完畢的節目，得到了專家的指導和培訓。從草原走出去的歌手回來了，歐雲巴特來了，喬龍巴特來了，草原歌手烏日娜、其其克、烏蘭、巴音來了。嘹亮的歌聲在草原回蕩，與山間的雲雀共鳴；優美的舞蹈、潔白的哈達，與藍天上的白雲同揮舞。一曲曲歡歌勁舞，讓各族牧民群情激奮，唱出了他們心中的聲音、舞出了心中的那份期盼。

扣人心弦的傳統專業賽馬開始了！賽馬的壯觀在於藍天之下，在遼闊的草原上，駿馬與騎士之間高度的和諧統一，在速度與勇氣的競技中，一決勝負。一聲令下，十幾匹賽馬箭一般地沖了出去。一時間，賽馬場上，呼聲陣陣，釋放著牧民們久已封存的熱情。小選手們縱馬舒韁，賽馬奮蹄疾馳，觀眾們則緊張地盯著自己寄予期望的賽馬，希望獲得一個好成績。中俄合作的大片《大漠英雄》攝製組一行數人也在關注地盯著賽馬，準備從中發現一些良馬參加拍攝。為了拍好大型古戰爭場面，他們要在溫泉縣尋找 300 匹戰馬和相同的騎手作為群眾演員呢。

接下來，是走馬比賽、拔河、拾哈達、姑娘追、押加、摔跤比賽，沸騰的歡聲一陣接一陣，查幹哈日嘎到處是歡歌笑語，呈現出一派平和歡樂的景象。

美好的時間總是過得很快。快到傍晚了，還有二個小時的歸途等著我們，該向草原揮手作別了，對這裏的不舍是真實的。但我們沒有忘記在草原上再次忘情的奔跑，微風吹著我們的頭髮，飄逸著我們放飛的心情，鏡頭鎖住了美麗的一瞬，鎖住了我們燦爛的笑容和至善至美的心境。別了，查幹哈日嘎草原！在這裏我們縱情的笑過唱過，肆意的叫過鬧過，在這裏我們放飛了自己美麗的心情！

藍藍的天空，清請的河水，綠綠的草原，這是我的家。草原是我們永遠的記憶。草原，我們會再來。

注：溫泉縣安格裏格鄉查幹哈日嘎度假村位於安鄉政府所在地東南方 37 公里處，是安鄉眾多秀美草場中最具特色的一處，它地勢雄峻、水草豐茂。每當冰雪消融後就呈現出青草盈盈、山花盛開的迷人景象，夏季更是藍天碧草、雲霧繚繞、天高氣爽、群羊如雲。沿途有古岩畫、海洋生物化石、古老胡楊林等眾多人文、生態景觀，是一個娛樂休閒的好去處。

在查幹哈日嘎這裏，和城市形成了巨大的反差，你可以得到最大限度的精神緩解，完全融於大草原。鮮花向你微笑，牧民向你招手，棗紅馬向你點頭，松林間的鳥雀向你展開翅膀，清純的新鮮空氣撲面而來，連星星都向你眨眼。快來吧，當一回草原牧民，體驗成吉思汗後代們的生活，將給你的草原之行留下永遠的記憶。

誰知溫泉山花這樣美

一

有一個地方可以讓你和山花一起共舞，有一個地方可以讓你在夢幻世界中飛翔。

攝影家稱：這是一個心靈家園的人間仙境；文學家稱：這是一個情思隨薄霧起伏而繾綣的地方；畫家稱：這是一個日見四季的原生態沃土；戶外驢友們說：這是一個令人神往的探險家的樂園，如夢如幻花的世界這是一個鮮爲人知的聖境，一個花的海洋。

這就是橫亙在中哈邊境上的阿拉套山深處的秘境庫克他烏（蒙語爲“青綠色的溝”）。

庫克他烏三面環山，雪峰巍峨，芳草萋萋，溪流蜿蜒，繁花織綿。溝穀大致南北走向，北高南低，與東、西、北幾條山谷相連。這種地勢逐漸隆起的山地地形，形成充沛的地形雨，造就了一個相對溫暖濕潤的、獨特的自然小環境。

庫克他烏翠穀清流，泉響石鳴。就像冬不拉有兩根羊腸弦彈撥著牧人的憂鬱和歡樂，庫克他烏河是一根不倦的快樂之弦，日夜不息地爲花草們彈頌著大地最溫暖的的聲音，唱著歡快的歌謠向山下的博爾塔拉河奔湧而去。

庫克他烏北鄰中哈邊境，自古隔絕塵世，人煙稀少，四周山色秀麗，峰巒起伏，煙雲繚繞。白雲宛如天際蕩起的銀色波濤，飄飄忽忽地掠過山頂，投下時明時暗的光影，朦朧飄渺。

庫克他烏的春天腳步姍姍來遲，也許是受到沃土和白雪長久孕育的緣故吧，進入六月，春天一露頭，就顯得是那麼濃郁、猛烈、鮮亮，露帶山花落，雲隨野水流，庫克他烏就進入了花季，就變成花的世界了。

隨著盤山牧道向更高處的延伸，隨著山勢起伏，野生的刺玫瑰、鬱金香開了，鬱金香兩片葉子向外曲卷，花杆挺直，含苞欲放時，花蕾內黃外紅，花開以後，內外金黃。接著，野罌粟、白頭翁、厚葉美花草、馬櫻花、蒲公英、芍藥花、野薔薇和一些無名的小花，都競相綻放起來，開得花攢綺簇，開得浪蕊浮花，開得層巒疊嶂，開得氣吞山河，開得天地間映出一片片純情。這純情變幻出花兒們才聽得懂的笑聲，驚憂了悠然的錦雞兒花、紫苑、豬牙草、假福壽草、老灌草，它們原本是想把縮放的花期推遲些日子，可到底經不住誘惑，隨著笑聲，抖去渾身的露珠，羞澀地展開了花辮。山上山下，連片的山坡，披上了五彩的山花綢緞：有的火紅，有的橘紅，有的金黃，有的紫晶，各自綻放出生命中最濃郁的色彩，交織成一條又一條絢麗無比的錦帶。這些繽紛而自然的奇花異草，密密麻麻地籠罩了你的想像，承載了你的嚮往，化爲你夢中的伊甸園。

如詩如畫，似夢似幻。置身於花海之中，就好似在五彩的地毯上漫步，滿目翠綠的花草讓人捨不得去踩踏。在群芳吐豔的包圍中坐下來，靜聽花言草語，“枝間新綠一重重，小蕾深藏數點紅”，你會感到這裏彷彿真有花草精靈，並感受到它們的喜與悲。有的花苞初綻，像在啓口說話，有的含苞待放，有如羞澀的姑娘低頭不語。

信步走到另一塊山坡上，這兒的山花隨風抖去了身上的露珠，像一群不解風情的傻丫頭，匆忙地張開花辯，露出笑咪咪的小臉兒，笑得前仰後合，笑彎了腰身。一時間，花波蕩漾，香飄四野。

在陣陣吹過的微風裏，我會因爲馨香的山花而陶醉，無垠的草坡上萬紫千紅，竟相爭豔的山花似乎掩蓋了綠色，思緒隨著風搖曳著自由飛翔，那紅色給我一種熱情，那黃色給我一種浪漫，那紫色的給我一種莊重，那白色給我一種聖潔，讓我的情感也豐富了起來，一時忘記了身在何處，人的思想也仿佛凝固了、被溶化了。此時，我已無法分清自己是來尋找神話世界的凡人，還是原本就生活在神話中的仙子。

二、誰持彩練當空舞?

庫克他烏的特有地形，造成了小環境氣候多變。南面還是陽光燦爛，北面卻飄來幾朵雲彩，小雨淅淅瀝瀝從天而降，晶亮的雨滴便時急時緩地掃了過來。恰是“西邊日出東邊雨，道是無晴卻有晴”。這雨又如調皮的孩童一般，等你匆忙鑽進帳篷躲雨，它卻又隨風遠去，空留你在草地上無奈地甩著發稍的雨水。突然間，你發現身後驀然架起了一道彩虹橋，它是離你那樣近，那樣清晰，古人的“誰把青紅絨兩條，半紅半紫掛天腰”、“千丈虹橋望入微，天光雲影共樓飛”描述此情此景，恰當不過。雨後複斜陽，關山陣陣蒼。雨後的山野，山水含情，草木解意，自然的靈性和生命的靈動在這裏演繹得生靈活現，狂然的心跳和怦然的心動在這裏揮灑得淋漓盡致。

三、神秘之湖

在庫克他烏，移步景換，步步皆爲景。在山花叢中倘佯、沉迷中，一片霧輕輕擁了過來，這霧猶如江南女子般的輕柔如水，這時，看霧便是人間仙境，一派虛無景象。待薄霧散去，腳下的一泓碧波展現在眼前。那不是我們久尋不現的“小海子”嗎？它清澈如鏡，和綠山相映，渾然一體，在四周起伏蒼翠的峰巒中，它又顯得朦朦朧朧，幽深莫測。

為了尋找這個"天湖"，我還有過一段歷險記。那天，我們神差鬼使般地從"天湖"旁不遠處穿過，竟然絲毫沒有發現它。走到路的盡頭之後，將 4 個人分成兩路，沿著庫克他烏河向西攀爬。我和一位同事手腳並用攀過瀑布，進入一個沒有人煙和牲畜、空曠遼闊的山谷，沿著山溪冒雨前行了三、四公里未果後蹣跚而歸；另兩位同事則爬上了海拔 4000 多米高、不長草木的光禿禿的突兀奇峰，上得去卻下不來，最後是騎著山脊一點一點挪了下來。後來，我們才得知，我和那位同事冒然闖進去的山谷，是當地野狼集中的"狼窩"，是狼害最嚴重的地區。

"小海子"由於其海拔高，被當地牧民和邊防站戰士稱之為"天湖"。難以置信的是在這天水相連的小湖裏，有一個神秘的故事：只有執著追求幸福、並為之不斷努力而希望得到神靈保佑的人，懷著虔誠之心，才能夠在這裏與美麗的白天鵝相見。曾經有牧民說，夏季在山頂放牧時，羊群到湖邊喝水，每次都會少幾隻羊，有的還看到羊在水中掙扎的漣漪，同時岸邊還會升起一片金燦燦的亮光，那羊肯定是被一個怪物吃掉了。但是那怪物卻從不傷人，很是神奇。後來，人們又說，只有善良和勇敢的人，才能夠遇到這種難得、能夠獲得美好祈願而受助夢想成真的場面。

聯想曾經的險曆，我們算不算和"天湖"有緣、得到了"天湖"的庇佑呢？

四、植物王國

庫克他烏屬於中山區和亞高山帶區，適宜的氣溫和充足的雨量，十分有利於野生植物的生長。花草種類繁多，生長茂盛。金針花、刺玫瑰、藍花貝母、紫花貝母、天山黃貝母，一片連一片，迎風吐蕊。

在庫克他烏的百花叢中，馬櫻花獨枝一秀。馬櫻花，俗稱狗尾巴紅，枝幹粗壯，高約 1 米左右，火紅的花蕾像烤羊肉串一樣粘在枝幹上，深紅躑躅，繁豔殊常，便於手拿，以之贈人，因此有了一人一境界，一物一乾坤的說法。傳說馬櫻花是花族中的佼佼者，相傳她被選作名花代表去參加西域的“花後”競選，但是馬櫻花心清氣高，看不起其他花朵，麻痹大意，錯失良機，“花後”的桂冠被名不見經傳的牡丹、茉莉花奪去。馬櫻花無顏見家鄉父老，羞惱之下不再回家，紮根於遠離人間煙火的阿拉套山脈庫克他烏的崇山峻嶺之中，繁衍生息，秀美地裝點著庫克他烏。

美麗的馬櫻花由此長期生長在阿拉套山脈中一般人難以接近的陡坡上，春天的花蕾是粉紅色的，獨枝競秀；夏天的花朵是火紅的，耀眼奪目；秋天的花果昂首挺立，媚顏蒼穹；冬天的花枝傲寒鬥霜，與白雪相伴。各種小動物在花叢中嬉戲，雄鷹在高空盤旋，獨享這美好的景色。馬櫻花不畏土壤瘠薄、高寒缺氧、疾風暴雨、日光爆曬，根系發達，固土吸塵，防止水土流失，是芳心燃儘自飄零的大地之子。

古人曾說過：“夫夷以近，則遊者眾，險以遠，則至者少，而世之奇偉、瑰怪、非常之觀，常在於險遠，而人之所罕至焉。故非有志者不能至也……然力不足者，亦不能至也”。

在庫克他烏，只有毅力堅韌、善長“驢行”的戶外驢們沿著山地嵯峨的峰巒蜿蜒而行，才能夠觀賞到它的芳容，才能感受到它凜然、壯麗的美，那種非常誘人的、難以言說和抗拒的魅力。

庫克他烏朝陽山前是海拔 1800 米綠草如茵的草甸臺子，是亞高山優良的夏牧場。茂盛的牧草鋪滿了庫克他烏山前的每個角落，猶如給大地蓋上了一層厚厚的地毯。牛羊在這裏悠閒地吃草。草甸臺子山地呈波狀起伏、南北相連，是山地在上升過程中速度減慢時被流水侵蝕形成的，學名稱“夷平面”，俗稱“臺子”。從春到秋，草甸臺子上平均溫度 10℃左右，因爲海拔較高，雨量充沛，草甸臺子上花秀草茂，綠波連天，野花盛開，無不令人賞心悅目，心曠神怡。

因爲一方水土養一方人，一方水土自然也養一方物。草甸臺子到處都生長著一種特產 — 椒蒿，國外稱之爲“森林蔬菜”，在新疆則被譽爲“草原珍寶”。椒蒿具有很高的營養成份和藥用價值，可提高人體免疫力，可治暑發熱、虛勞、傷風感冒、咳嗽、胸腹脹滿、消化不良等。據《新疆中草藥》（1975 年版）記載，椒蒿中含鈣、鐵、磷、鋅、鎂、維生素 B1，氨基酸遠遠高於其他蔬菜，而且易吸收、易消化，屬稀缺食品，極難採摘，極難保鮮保存及運輸，具有降低血壓、血脂，緩解心血管疾病，養肝健胃、消炎解熱、生毛髮等功效。隨著人們營養保健意識的增強，素炒椒蒿、椒蒿羊肉、椒蒿魚、椒蒿土豆絲和椒蒿豆腐，還有椒蒿拌面……都走入了尋常百姓家。安全、營養、無公害、新奇的椒蒿受到人們的普遍歡迎。

庫克他烏的野生椒蒿高 20–40 釐米左右，整個植株頂端漸尖，柳葉形。細長的葉片飽含水分，青翠嬌豔，煞是可愛。“采薇采薇，薇亦作止。曰歸曰歸，歲亦莫止。”如果你想起了《詩經》裏的這首詩，就會令你對庫克他烏更情馳神往；“采薇采薇，薇亦柔止。曰歸曰歸，心亦憂止。”三千年前古人對“采薇”，也許就跟你對“采椒”一樣地充滿渴望與激情吧？“采薇采薇，薇亦剛止。曰歸曰歸，歲亦陽止。”“采椒”，會成爲你在庫克他烏最值得高興的快事之一。

庫克他烏的椒蒿，保管你吃一次，就會想念一輩子的。品嘗這裏的椒蒿，在並不特別的辛辣中，散射著一種奇異的清香，這種只可品咂而難以言狀的絕妙味道，是能讓你久久難以忘懷的。我總是相信，庫克他烏的椒蒿，是特別有靈性和獨具魔力的人間尤物。

庫克他烏花草連綿的山谷裏，還生長著一種可遇不可求的神秘精靈 — 羊肚菌。它一般生長在海拔 2000-4000 米左右的地帶，地形地貌錯綜複雜的立體氣候地，在神秘而美麗的大自然裏，羊肚菌們悠然自得地生長著，它們盡情地吸噬著天地的靈氣、日月的精華，而不沾染半點世俗之氣。羊肚菌被譽爲"黃金食品"。據說 1000 克羊肚菌就可以換回一兩黃金。關於羊肚菌"甘寒無毒，益腸胃，化痰理氣"之說，早在《本草綱目》中就有記載。經現代醫學研究證明，羊肚菌含有豐富的蛋白質、氨基酸、維生素，具有補腎補腦、增強人體免疫力等功效，最適宜中老年人、性功能減退的人以及婦女、腦力工作者食用，還有治療癌症和多種疾病的藥理作用。

庫克他烏的羊肚菌的神奇之處還體現在一個地方：假如這次你在一個山谷裏撿了一些羊肚菌，那麼下次再去同一個地方時，羊肚菌就很可能蹤跡全無、消失貽盡。爲什麼呢？這裏有一個傳說故事：庫克他烏的羊肚菌原來是天宮裏老神仙的幾個童男童女，因爲貪玩，發現庫克他烏一帶野花飄香、綠草茵茵，繁花似錦，清泉溪水潺潺，空氣沁人肺腑。受其誘惑，小傢伙們就偷偷瞞著大人，結伴下凡而來。他們在花叢、草地上蹦啊、跳啊、唱啊，完全沒有天宮中那些清規誡律的限制，盡情地玩耍、捉迷藏、過家家，玩得忘了時間，忘了回家的路。因爲害怕回去後被大人懲罰，天黑後，他們就一起躲在僻靜無人的山谷裏，等雨過天晴的時候，他們再出來繼續玩耍。日子一久，這些童男童女就變成了羊肚菌。所以，他們一見有人來，就會跑得無影無蹤了。

五、野生動物的樂園

庫克他烏是一個藏珍掖寶的秘境，是各種野生動物的樂園，是馬鹿、盤羊、棕熊、鵝喉羚、旱獺、草原雕、野雞、獵隼、野狼、貓頭鷹、野兔、北山羊等珍禽奇獸們棲息繁衍的理想場所。穿行在這原始生態的深谷中，人們偶而會聽到四五隻野狼的嚎叫，打破了荒山野嶺的幽靜。由於地處偏遠，庫克他烏的動植物仍處於自然原生狀態，雪線以下，草茂花繁，滿眼翠綠，花團錦簇，蜂飛蝶舞，蟲鳴鳥唱，空氣中彌漫著醉人的花香，生態系統保存完好，是一個萬花點綴的天堂。連綿起伏的山巒在晨光和晚霞的映射下，在寒光中泛起一道道金光；山谷中飄遊的縷縷霧嶂，籠罩著庫克他烏神靈的禪氣。

這裏的牧人們仍然對日、月、水、火、白天鵝、野狼等等，保持著某種心靈的寄託，就好像對他們說過的每一句話、每一個祈求，都會得到它們的庇護。在這裏，牧人總是教育孩子不能在奔湧流過山地、草原、平地、毯房前的水裏小便，不能向火裏吐痰，不能隨便挖掘山地、破壞自然植被等，這一切聽起來，很讓人感動。

與綠草鮮花相伴的，是成群的黃羊，追逐奔跑；三五成群的馬鹿，悠閒地在溪邊飲水；最常碰見的是遍地奔跑的旱獺。那可愛的小生靈在山澗、草地快樂地奔跑著、嬉戲著，憨態可掬，然後隱沒在草叢中，爲神秘的庫克他烏增添了生命的氣息。一切都是那麼寧靜、和諧。有兩隻小旱獺兄弟，擠在洞門口，睜著圓圓的眼睛，好奇地打量著我們這幾位不速之客，見我們個個“長槍短炮”，它們不僅不感到害怕，還把身子向洞外伸出，做好“pose”讓“色友”們盡情拍照。

六、雲想衣裳花想容

黃昏來臨的時候，庫克他烏就變成了一塊巨大的調色板。登臨高處，舉目四望，遠山近水，盡收眼底。傍晚的天空在夕陽的映照下，像鋪了一層紅地毯，流雲掠過，似烙印的玫瑰之吻，給人留下一絲絲的遐想。此時整個庫克他烏地區就是一幅巨大的、風光無限的油彩畫。這裏每一條小溪、每一片山坡、每一個山谷，都被斑斕的色彩所覆蓋，遠看是草，近看是花，晚霞與野花競相爭輝，爲山脊鑲上了一道道絢麗奪目的金邊。周圍是滿天的火燒雲，萬道霞光，勾畫出一幅人間仙境般的奇異美景。庫克他烏在煙雲繚繞下，時而觀之如海市蜃樓，時而觀之靜謐秀美，讓人頓覺靈氣回溢，遊而忘歸，世間繁鎖軼事一掃而光，發出“此境與桃源何異？”的感歎。

庫克他烏的魅力，在於原生態的峻山淨水間的清新自然、山清水幽、透體清涼、草綠花香。風習習，草青青，這裏的每一縷清風都飄逸著空透，每一寸土地都流淌著舒爽。

庫克他烏的神韻在不停地牽動著我的心弦，那峰巒如聚、花波蕩漾的身影停留在我的腦海。面對這夢中的伊甸園，多願意時光停流，好讓我守望著這一片盡顯萬種風情的山野、鮮花、伊人、怡情，還有美麗的夢想。此間，世上有真愛花賞花之人，惜之憐之，已無憾……

旅遊小貼士：

1、提醒初次來溫泉縣的您：溫泉縣與北京有 2 個半小時的時差，安排出行計畫時要注意時差；

2、提醒美麗健康的您：溫泉縣一帶屬大陸性乾旱氣候，別忘了做好防曬、保濕和水土不服的準備；

3、提醒知冷知暖的您：溫泉縣山區氣候多變，到溫泉縣來一定要帶好保暖衣物和防雨工具；

4、提醒膽小的您：和少數民族交往時，尊重他們的風俗習慣，另外再帶上您最厲害的武器 —— 微笑，那就什麼都不用怕了；

5、提醒粗心的您：溫泉縣是一個美麗的地方，希望您去各景點旅遊時，“除了腳印，什麼都別留下”；

6、提醒惜時如金的你：溫泉縣是一個邊境大縣，到這裏來旅遊前，一定要準備好你的有效證件：身份證、證明等，以備邊防檢查。

探尋風景的風景

赫爾曼·黑塞說過：這世間有一種使我們一再驚奇並使我們感到幸福的可能性，在最遙遠、最陌生的地方發現一個故鄉，並對那些似乎極為隱秘和最難接近的東西產生熱愛。

人的一生就是一次遠行，我們都在路上，一直向前走，很少停下來欣賞沿途的風景。突然有一天，也許一個很偶然的因素，我們會發現在路上有好多值得我們保存的印象！正如法國雕塑家羅丹所言：美是到處都有的，對於我們的眼睛，不是缺少美，而是缺少發現！

如果不到鄂托克賽河，也許你就尋找不到這種渾天然無雕琢的美。

秋意漸濃、落英繽紛之際，我再一次走進大山，走進了鄂托克賽爾河谷。

長久以來，我們在塵喧的樓宇與文牘中保持一份清醒，這清醒就是我們的夢。所以，勞頓的時候我們反而迷迷惘惘，而當你手掬冰川水在胸前、當一灣清水蜿蜒，當一場清雪飛濳，當一條從天而降的飛瀑展現在眼前，啓動了伏在你濳意識裏的感動，那才是真的清醒了，清醒就在夢裏了。

這一切都可以在鄂托克賽爾河谷找到。

去鄂托克賽爾河的路並不辛苦。當車子開始駛入溫 —— 賽公路的時候，我們的眼睛都還是混濁的，是瞌睡的。直到河岸邊出現了一片片紅色的倔強的小樹，直到清冽的河水一路歡唱著奔湧而去，直到天空透出任何畫家難以把捏的幽藍，我們才覺得恍若到了另外一個一個世界了。到了鄂托克賽爾河，頓覺得世俗遠了；到了天泉，卻覺得天地近了。

鄂托克賽爾河，位於溫泉縣城南面，最近的地方離縣城約 30 公里，它由西面邊境地區的冰川彙集而來，水量充沛，是博州僅次於博爾塔拉河第二條河流。在大自然鬼斧神工的造化下，鄂托克賽爾河谷碧山翠水間鑲嵌著神秘的天泉、護膚泉（火山泥）、健胃泉、明目泉，還有從天而降的飛瀑 — 納仁撒拉瀑布，在綿延不絕的河谷裏，可以看到碧藍的天空、纏在山腰的雲海、群山雄姿、湍急的溪流、巨大的冰川、百年的青松，這些景色以潔、秀、清、奇、險而著稱，但它們至今"藏在深閨人未識"，生態資源優勢極為明顯，發掘潛力巨大，堪稱一塊絕佳的旅遊處女地。這裏長冬無夏，春秋相連，氣候溫和濕潤、冬暖夏涼，是天然的空調、天然的氧吧。

一個寰宇，一個世界，一個人，卻是不同的生命與精神。在鄂托克賽爾河峽穀，天上看的是晴朗的星月，身邊嗅的是暗淡的花香，腳下踏的是磨了千年的卵石。

到天泉的小廟，點一盞清燈，許一個心願，看燭影輕搖，讓遐思飛楊。

天泉，是鄂托克賽爾河谷中的一個奇跡。夏天，這裏青山綠樹，天高雲淡，空氣清新；到了冬天，這裏四周的群山白雪皚皚，閃著冷光，山谷裏卻湧動著一泓清泉，熱氣騰騰，似乎流淌著的是一首沒有結尾的曼妙音樂。冰雪與熱泉，冰火兩重天，兩者相鄰，卻也並不相侵，形成大自然的奇妙造化。

天泉的泉水含有碳酸鹽、硫磺、碘、磷、硼、鉀、鈉、鎂、鈣等微量礦物質，水溫高達 62℃，在溫泉縣三個泉中，屬溫度最高。一般人難以承受天泉泉水帶給的那種火熱、那種坦誠、那種冰與火的感受，那泉水像燒紅的晚霞，讓你頭暈目眩。有人說天泉的水看起來是靜靜的，但是一接觸到她，就會感到那種熾熱，就會讓你領略到她那種火的性格、酒的品質。所以說天泉是三泉中的"熱烈潑辣的少女"了。於是當你走進天泉，嘗試著與她每一寸肌膚接觸時，當你與她融爲一體時，你才會體會到那種難以用語言表達的愉悅，感受到自己的曾經沾滿塵世齷齪的心靈與精魂伴隨著緩緩上升的熱氣，在不斷得到淨化的同時，慢慢浮向那無盡的藍天，與朵朵白雲飄舞，與浩瀚星辰私語，體味那種獨特的如癡如醉……

天泉泉水是有靈性的，她有著神奇的功能。男女老少，在此浴後無不有“恍如肌骨換”的輕鬆快感，因而有文人墨客認爲天泉應爲“九福之地”。

在鄂托克賽爾河的傍晚時分，喝上幾杯酒，點上一支煙，唱上一首歌，“洗盡古今人不倦，將知醉後豈敢誇”，夜後邀陪明月，晨前面對朝霞。此情此景，你沒法不陶醉，無法不放鬆。

鄂托克賽爾河周圍的群山上，還有不少讓動物愛好者關注的野生動植物，有分佈稀少、國家一級保護動物北山羊（俗稱黃羊）、雪豹等，還有狗熊、狐狸、雪雞、旱獺等等，它們都是人類的親密朋友。

這裏的一草一樹一石，凝集著亙古的回憶。動物們的絕塵遁世，松林的清幽雅情，勾起了每一個過客的“中澹閑潔、韻高致靜”之情。當然，在這裏，誰也不會超然物外，所以每個人也就成了風景。

夜晚，近聽河水與泉水的低語，遠聞松濤陣陣，嗅著夜風送來的微微草香，低啜著醇香的奶茶，再微吟“漸秋闌，雪清玉瘦，向人無限依依”，頓覺自己也是風情萬種，仙姿搖曳的了。

滿天星辰不願之滅，向眼圓月恐之不明。

這夢怎願醒來，這夜不肯天明。

雪域神泉

鄂托克賽爾溫泉俗稱小溫泉，位於溫泉縣城西南約 70 公里處的鄂托克賽爾河谷，地處海拔 2310 米的莫遜烏拉山上，西南面對莫生達阪，東南面對吐日白貢溝、布古音胡拉溝高山牧場。即使在隆冬時節，四野裏冰天雪地，天泉的泉水也從不封凍，依然噴湧不止，成為一大奇觀。據縣誌記載，準噶爾蒙古貴族夭吾貢米日根來此地發現了該泉，並用石頭壘池供本地人使用。天泉附近四周分佈有明目泉、養胃泉、護扶泉，可以治療多種疾病，建設祭祀用的廟宇一座。近年來，陸續建起了高檔浴池、亭台、樓閣及各項生活設施。

神泉聖水

天泉，是鄂托克賽爾河谷中的一個奇跡。夏天，這裏青山綠樹，天高雲淡，空氣清新；到了冬天，這裏四周的群山白雪皚皚，閃著冷光，山谷裏卻湧動著一泓清泉，熱氣騰騰，似乎流淌著的是一首沒有結尾的曼妙音樂。冰雪與熱泉，冰火兩重天，兩者相鄰，卻也並不相侵，形成大自然的奇妙造化。到天泉的小廟，點一盞清燈，許一個心願，看燭影輕搖，讓遐思飛楊。

天泉的泉水含有碳酸鹽、硫磺、碘、磷、硼、鉀、鈉、鎂、鈣等微量礦物質，水溫高達 62℃，在溫泉縣三個有名的泉中，當屬溫度最高，一般人難以承受天泉泉水帶給的那種火熱、那種坦誠、那種冰與火的感受，那泉水像燒紅的晚霞，讓你頭暈目眩。

溫泉縣，當然以溫泉聞名。著名的溫泉有三處：位於縣城博格達爾鎮的“聖泉”、阿日夏提溫泉即“仙泉”、鄂托克賽爾溫泉即“天泉”。

如果把仙泉比作一位清麗可人的仙女，那麼聖泉該是一位成熟寬厚的大嫂；天泉呢，我想便是一位寂寞而又熱烈的少女了。

天泉水在幾百年的噴湧中吸取了日月之精華，天地之靈氣，自然也就成了雪域聖水。她們都有一個共性：“溫泉水滑洗凝脂”，以水浴身，不僅可以祛病消災，還能療養身體、釋放心靈，幫助人們驅除疲憊、愉悅心情，被百姓奉為“聖泉神水”。

離天最近的泉水

每一個泉，又都有她獨有的性格。仙泉水溫適中，不火燙更不冰涼，適合所有的人來沐浴。

聖泉，開發利用比較悠久，傳說，成吉思汗西征時途經今天的聖泉，當時兵困馬乏，成吉思汗命大軍在此沐浴，借機休整。大隊人馬面對如此奇跡，無不歡呼雀躍。暢浴泉水後，人人頓覺神清氣爽。於是便立刻起程，歡天喜地地一口氣翻過了天山。

今天的聖泉，已經成為集住宿、洗浴、療養、餐飲、娛樂等功能為一體的溫泉療養院。

只有天泉“藏在深閨人未識”，人們對其知之不多。為什麼呢？

一則，這裏開發得比較晚，前些年一直沒有一條像樣的路，爆發的山洪時不時就把那條簡易的牧道沖毀，一般人很難進入。

近幾年，政府才投資整修、拓寬了通往天泉的道路。

天泉原叫“小溫泉”，近年，因測得其海拔高度 2600 多米，三個泉中，只有它離天最近、海拔最高，所以就取名為“天泉”。

出溫泉縣城，沿鄂托克賽爾河西行，一路上綠野如茵，山川輝映。看足了鄂托克賽爾河兩岸的風光後，行大約 70 公里便到了莫遜烏拉山，天泉就在這裏。

到了天泉，會感到天格外藍、雲格外白，天空裏飄過的朵朵白雲，彷佛伸手便可以扯一塊來掛在脖子上。

熱烈的少女

天泉的泉水含有碳酸鹽、硫磺、碘、鈣等礦物質，水溫高達62℃，在三個泉中溫度最高，一般人難以承受天泉這冰與火的感受。

有人說天泉的水看起來靜靜的，但是一接觸到她，就會感到那種熾熱，就會讓你領略到她那火的性格、烈酒般的品質，所以說天泉是“熱烈潑辣的少女”。

當你走進天泉，嘗試著與她肌膚相親時，當你與她融爲一體時，你才能體會到那種難以言說的愉悅，感受到自己曾經沾滿塵埃的心靈伴隨著緩緩上升的熱氣，在得到淨化的同時，慢慢浮向那無盡的藍天，與朵朵白雲飄舞，體味那獨特的如癡如醉……

神奇的功能

天泉的泉水是有靈性的，她有著神奇的功能。男女老少在此浴後皆有“恍如肌骨換”的輕鬆快感，因而有文人墨客認爲天泉應爲“九福之地”。

冬天，一位從南疆來的維吾爾族巴郎來到了天泉。當時他雙腿癱瘓，久醫無效，只能坐在地上一點一點挪動，樣子很是淒慘。

天泉守護人那木斯拉每天背著他在泉水中浸泡治療，幫助其推拿按摩。

經過一個月的精心治療，神奇的熱泉讓巴郎再次站立起來，煥發了青春活力。

有一年，溫泉縣呼哈托海種畜場十幾歲的哈薩克孤兒阿芒太，由於生病得不到及時治療，致使雙腿盤曲無法行走，生存成了很大問題。

絕望的阿芒太被好心人送到天泉，經過 20 多天的泉水浸泡，阿芒太竟然站立了起來，很快就能健步如飛，並且能夠提水、劈柴！

如此神奇的泉水，給人無限的遐思。泉水爲何能代替神醫？一切謎題還有待人們進一步解開。

哈達謝上蒼

與天泉相伴隨的，還有一座獨特的小廟。

據縣誌記載，數百年前，准葛爾蒙古貴族夭吾貢米日根來到此地，發現了天泉，經洗浴後認定此泉："凡抱疾者飲浴此湯，無不效驗"，並用石頭壘池供本地人使用。

隨著天泉的聞名，前來洗浴治病的人越來越多，便有人在泉眼上修建了一座小廟，供人祭祀祈願，感謝上蒼賜予的這神靈之泉。

小廟裏終年掛滿了潔白的哈達，周圍的牧人們家裏人有了疾病、災難，或者求子祈福，都要到這裏祭拜，小廟記載著歲月的滄桑。

隨著天泉的開發，政府在這裏新建了紅色的廟宇，既方便了各族群眾祭祀，也給天泉增加了一道風景。

近兩年，政府又制訂旅遊發展規劃，投資天泉興建了高檔浴池和供遊客休憩用的二層小樓，修建了草坪、涼亭，天泉正向著名符其實的景區發展。

豐富多樣的溫泉

離天泉不遠處，還有"健胃泉"、"明目泉"，泉水都潔淨清澈。顧名思義，她們有著魔法般的奇效：一個泉可以強身健體、醫腸治胃，一個可以幫助人們洗去眼睛中的污穢，重現光明。

她們和天泉一樣，清麗脫俗，用億萬年的時光，守著藍天白雲，守著這片淨土深谷。

她們看著一季又一季的山花燦爛、枯萎，閱盡人世的滄桑，她們用溫暖的泉水傳遞著最動情的追思。

她們教會人們在喧囂中的生存方式，靜靜地看、聽、微笑……什麼是天長地久？原來真正的承諾是從不說出口的。

只有她們，那默默流淌的泉水，可以成為永恆。

還有一個更為奇特的泥泉，應該稱之為泥火山，關於這個泥泉還有一個傳說。

據說在清朝年間，一隻梅花鹿的腿被獵手射傷後，梅花鹿逃到了這座泥泉前，用舌頭蘸泥漿洗傷口，當獵手向梅花鹿逼近時，鹿已傷癒，便拔腿跑到了密林之中。

這座泥火山在方圓百米內，分佈著十多個泥火山噴口。它們多呈圓形，直徑從 10 釐米到 1 米。

泉眼中的泥漿不時咕嘟咕嘟冒泡，猶如有烈火在下面沸騰，可那翻滾的泥漿溫度卻不高，把手放進去只會感到有些溫熱。

這種泥質地柔滑，含有鉀、鈉、鎂、鈣、銅等微量元素，具有極高的理療和美容價值。將泥漿敷在皮膚表面可以清潔毛孔、延緩衰老、驅病防病。

泥療還可治療類風濕關節炎、骨質增生、皮膚疾病等，緊膚效果更利於減肥，具有美白、纖體等多種功效。

“萬古溫泉水，百年幾度遊，炎流從地發，暖氣欲天浮。風過亭台爽，山還景物幽，自憐多病害，不是濯嬰幬。”這是明朝詩人徐景崇寫的一首讚美溫泉的詩。

蒙古族詩人伊志傑也曾寫下“吐玉噴珠饗佳賓，寒來最是見精神，冰封塞外三千里，泉水獨留一段春。”的詩篇。

其實，細細品味，這也正是對天泉形象的描述和極高的評價。

當你身處至純至美的天泉，品味著個性的泉水，在自然中調養生息，穿過千年的水霧氤氳，體會自心本性，達到身、心、魂合一的人生至境，不亦樂乎！

遐思飛揚的地方

天泉的泉水依然日夜不息地噴湧著。它不僅是鄂托克賽爾河谷的一個美麗景點，也是賽裏木湖後花園裏的一個醒目標誌。它已經成了許多慕名而來的人們一種希冀、一種嚮往，他們會在這裏爲家人祈求平安，祈求快樂，並且把這種祈求永遠地保留在記憶中。

在鄂托克賽爾河的傍晚時分，喝上幾杯酒，點上一支煙，唱上一首歌，“洗盡古今人不倦，將知醉後豈敢誇”，夜後邀陪明月，晨前命對朝霞。此情此景，你沒法不陶醉，無法不放鬆。

鄂托克賽爾河周圍的群山上，還有不少讓動物愛好者關注的野生動植物，有分佈稀少、國家一級保護動物北山羊（俗稱黃羊）、雪豹等，還有狗熊、狐狸、雪雞、旱獺等等，它們都是人類的親密朋友。在天泉以西 12 公里，鄂托克賽爾河谷碧山翠水間鑲嵌著從天而降的飛瀑 —— 納仁撒拉瀑布，瀑布飛流千尺，水霧四散，構成了神采飄逸、氣度雍容的一片水簾，這裏谷底溪水潺潺、松濤陣陣、山高穀深、草長鶯飛、景色迷人，使你由衷地感歎大自然鬼斧神工的造化。

鄂托克賽爾的一草一樹一石，凝集著亙古的回憶。動物們的絕塵遁世，松林的清幽雅情，勾起了每一個過客的“中澹閑潔、韻高致靜”之情。當然，在這裏，誰也不會超然物外，所以每個人也就成了風景。

夜晚，近聽河水與泉水的低語，遠聞松濤陣陣，嗅著夜風送來的微微草香，低啜著醇香的奶茶，再微吟“漸秋闌，雪清玉瘦，向人無限依依”，頓覺自己也是風情萬種，仙姿搖曳的了。

鄂托克賽爾河大峽谷，一個藏在深閨人未識的旅遊勝地，是野生動物的家園，一個戶外徒步的天堂。

走近水溪溝

8 月，已進入初秋季節，但秋老虎依舊肆虐。

擺脫了城市的炎熱和喧鬧浮燥，“探路者戶外”一干 30 個“老驢”和“新驢”走進了哈夏水溪溝。這次驢隊中，有來自克拉瑪依的一位帥哥，還有一位來自武漢的 PLMM，他們都是第一次參加“探路者戶外”的驢行。

山道彎彎，附近相鄰景色獨特的“達瓦特溝”、“查幹郭勒溝”、“哈夏溝”，都已留下了驢友們的足跡。水溪溝及相連的查幹哈日嘎草原，一直是驢友們渴望在秋季來臨之前進行徒步感受的地方。天公作美，天空中不時飄來幾朵白雲，爲驢友們遮擋火熱的太陽。水溪溝的涓涓溪流，雖然由於雨水減少，而比往年少了很多水量，但也滋潤了兩邊的花叢綠草，溪流兩岸，如同一條綠色的地毯，引導著我們向山中進發。

剛進入水溪溝，一座座層次分明、層層覆疊著的岩體，向人們無言地講述著滄海桑田的遠古歷史。有 MM 攀上岩石拍照，留下的是古老滄桑與現代陽光的鮮明對照。

水溪溝兩側，不斷地出現一片片紅黃相間的矮樹叢，遠看像一叢叢鮮豔的野花盛開，引得驢友不時停下腳步狂拍。松樹漸漸密了起來，不知名的鳥兒鳴叫聲在林間格外清脆。涼爽並帶著縷縷輕香的空氣沁人心脾，太陽在林間灑下了一串串明媚的陽光。山泉流淌，淙淙作響；日照溪流，素潔如練；流水空明，清澈見底；溪流彎彎，活潑機靈。若不是白天，真有一種詩人王維《山居秋暝》中的詩句“明月松間照，清泉石上流”的感覺。

向著水溪溝的源頭行走，溪水越來越清澈，山勢越來越高，松林越來越密，野草也越來越青翠，天越來越藍，聞著花香、聽著鳥鳴、沐浴著“森林浴”，時而山重水複疑無路，時而又豁然開朗，柳暗花明。斯時斯景，令人心曠神怡，深深陶醉，仿佛與大自然完全融爲一體，天人合一，豈不快哉！

登上山頂，極目四望，美麗的查幹哈日嘎草原近在咫尺展現在眼前。草原上羊群像一片片散落的珍珠，炊煙從白色的蒙古包中緩緩飄起，陽光從朵朵白雲間隙中頃瀉而下，爲巨大的綠色地毯繪下了形狀各異的圖案。藍天、白雲、草原、羊群……，萬物的靈氣，令你不由得放飛心情、放飛靈魂，這份放鬆與快樂，安坐家中怎能想像得到！

共同感受行走中的苦與樂，共同欣賞行走中的風景。願驢友今後的人生之路也都像今天的旅程一樣，一路陽光，一路美景，好好走下去，做一個懂得生活、懂得享受自然、善於分享快樂的老驢！

亦真亦幻母親石　文 P.231

聖泉景區　文 P.255

八月葵花開 文 p274

旅遊紀念品受歡迎　文 p296

攝影人　文 P.248

博爾塔拉河　文 P.257

秋　韻　文 P.264

作者在崂山　文 P.76

作者在昭君青塚　文 P.313

雪中情　文 P.304

西遷魂　文 P.307

紅　葉　文 P.302

天　路　文 P.341

凝固的靈魂　文 P.284

青島天主教堂

中國水準零點

草原人家

戈壁紅柳

柏格達爾山秋色

金色沙棘

秋色勝春潮

別具神韻的樺林

千古民俗祭敖包

問　天

青島海景

國　魂

阡　陌

金北鯢

西北邊陲小城

輯五　一片思葉

好書怕人借

愛書人的讀書，就像和朋友促膝談心，獲得的是精神上的安慰。讀書人愛把書比作"友人"或者"伴侶"，案頭的那些書是最知己的朋友，翻開新書的心情就像在寂寞的旅途上爲自己搜尋新的伴侶，而隨手打開一本熟悉的書則像是一位不期而遇的老友。

凡是真正愛書的人，都領略過那種讀書時的澄明的心境。夜深人靜，獨坐燈下，攤開一本喜歡的書，漸覺塵囂遠循，雜念皆消，忘卻了自己，也獲得了自己。

讀書人以書爲友，便以買書、讀書、寫書爲人生莫大的快事。

我大量地瘋狂買書是在外地上學，因爲那時有家庭固定的匯款贊助，伙食費也由公家出，況且書價也不太貴。畢業時，我的書已有好幾個紙箱。工作後第一項重大開支，便是打了一個書櫃。

讀書人都有購書的癖好。有用的書，無用的書，要看的書，明知自己買了也不會看的書，無論什麼書，凡是自己動了要買的念頭的，遲早總要設法買回來才放心。由旁人看來，這種契而不舍的購書欲簡直是偏執症，殊不知它成了書迷們快樂的源泉。購書本身是一種快樂，而尋購一本書的種種困難曲折似乎也轉化爲價值添加到了這本書上，強化了購書時的快樂。

書生多窮，買書時不得不費斟酌，然而窮書生自有他的"窮開心"。當我偶爾從舊書店或舊書攤廉價買到從前想買而錯過或嫌貴而卻步的書時，我感到過節一般的快樂，那份快樂簡直不亞于富賈一舉買下整座圖書館的快樂。

看著自己書櫃裏一排排書，猶如守財奴賞玩著金幣，總有一種自以爲是的幸福。外面的世界很精采，然而精采是別人的，我只有一個書的世界，這是一個神奇自足的世界。陶潛先生說：奇文共欣賞，疑義相與析。我不太以爲然，奇文如何共欣賞？作家和農夫的閱讀趣味會相同嗎？實際上，書中許多妙處是無法與人言說的。我常有私心，就是獨品好書芳醇，一品再品，自己掩嘴竊笑或掩書體味。由於在購書過程中傾注了心血，交織著情感，因此，我即使在別的方面慷慨大方，對於書卻總不免有幾分吝嗇。這樣也便生出了“好書愁借人”的心病。

你想想吧，一本好書，如果你正讀了一半，被人強行借走，那感受怎樣？恐怕不會比被人從暖室一把揪到冰天雪地好多少；如果你已經讀過了，被人借走後，某日，打算再讀卻遍尋不著，或者它被送回來時傷痕累累汙跡斑斑，你心情又會怎樣呢？我們每一個愛書的人想必都體會過借書與人時的複雜心情，尤其是自己喜歡的書，一旦借出，就朝夕盼歸，萬一有去無回，就像失去了一位親人一樣，在心中爲它築了一座緬懷的墓。可歎世上許多人以借錢不還爲恥，卻從不以借書不還爲恥。其實在借出者那裏，後者給他造成的痛苦遠超過前者，因爲錢是身外之物，書卻是他生命的一部分。看來，好書愁借人，應是一種不應譴責的自私。

有一段時間，有個朋友常來借書。他喜歡蹲廁所時看點書，他跟我說他不愛地攤上的東西，他喜歡看“有藝術而又比較刺激”的外國名著。他在我書櫃裏找尋半天，最後帶走了《約翰·克利斯朵夫》、《復活》等等。這些書我是讀過了，但見它歸來時，一本本破皮傷肉，心裏仍舊無比難受。後來，我心生一計，跑到書店買了幾本西村壽行、謝爾敦的小說，他來借書便塞上去：這本書不錯，是外國名著呢，又有刺激性又有藝術性。這專買的幾本書被他借走後，不見他歸還，也不見他再來借書，我心上的一塊石頭總算落了地。

生命與落葉

行走在路上，聽到頭上有不斷的拍打聲，抬頭一望原來是路邊上的樹葉掉了下來。天氣依然是平靜的，金黃的葉子宛如生命之樹，死神不斷把葉子從上面砍掉，有時一片葉子在墜落時帶動其他的，其他的再帶動其他的，直到都落下，只剩下光禿禿的樹幹如刺般插在大地之上。

我曾經看見過一個維族老人坐在樹下，老態龍鍾，在遲暮，在夕陽下山的時候。他已經很老了，滿臉皺紋，一雙眼睛暗淡甚至於憂傷。他背靠著樹幹，面向夕陽，年老的生命，年老的存在，仿佛被霞光溶解。

我們時常用有特殊含義的生命語言，如“度日”，如果是天色不佳、令人不快的時候，我們就將“度日”看作是消磨時光；而風和日麗的時候，卻不願意去“度日”，而是去享受。生活中有一些人，他們以爲生命的利用不外乎在於將它打發、消磨，無視生命、時光的寶貴。實際上，生命是大自然的厚賜，它是優越的，如果我們覺得不堪重負或是白白的虛度，那麼也只能怪自己沒有把握好。

生命是一個過程，簡單作個比喻，它就像是我們經過的每一年似的。如果說春天是生命的開始，充滿奇跡，那麼，秋天這個一年裏最後一個充滿陽光的季節或許可以代表生命的暮年以及結束。春天裏，蓓蕾正綻放，新葉吐綠，宣告著生命的生生不息。而秋天卻以每年的結果或是落葉展示這一生命奇跡的延續。當綠色漸漸隱退，萬木開始發生變化。很快的，樹葉凋零，野草枯萎，而生命的奇跡卻不會消失。這奇跡便是成長與更新的胚胎——種子。當大自然作好過冬的準備的時候，樹林裏的顏色變了，接著便是落葉滿地。秋天的殘枝敗葉成爲覆蓋物，然後化成腐殖質，以哺育根系與幼弱的種子。此時，萬物並不急於生長，而伺機來年，生命本身就蘊藏在其中。

抬起頭再次注視樹上的枝葉，某片落葉消失的地方將不久又會冒出一個新芽。不僅是樹葉，生活在世界上的萬物都有一個相同的歸宿。一葉落地，決不是沒有意義的。正是這片片落葉，換來了整個樹林的嫣然生機，這片片樹葉的生與死，正標誌著生命在四季裏的不停輪回。

每個人最終都將面對告別人世。生命的輪回，不是因爲生之艱辛或苦惱所致，而是由於生之本質就在於死。所以，只有熱愛生命的人、追求生命價值的人才能真正不感到死之苦惱，不認爲生命對自己太過於苛刻。只要珍惜自己的生命，同時也珍視他人的生命，那麼，當你走入暮年、行將回歸大地之時，你應當感到慶倖不已——你沒有虛度年華、你實現了生命的價值。

考試的感觸

早早地做完題，從“普法與公務員知識考試”的考場裏走出來，卻沒有感到一絲輕鬆。

考試，這個字眼本身就有令人肅然起敬的感覺。在古代時，書生說一句：“我要進京趕考”，別人馬上就會刮目相看。因爲說不定，你今天偶遇的這個趕考的人，不久以後就會成爲一人之下萬人之上的朝庭命官。考試，古今以來，沒有什麼大的不同，苦是同樣的苦，熬是同樣的熬，大凡參加過考試的人，都是要脫層皮的，都要經過各種歷練，經受背書地獄、做題噩夢、少眠摧殘，歷經大小隨堂測驗、摸底考試、模擬考試。這種考試讓人記憶猶新，告訴人們“付出汗水才有收穫”，儘管它也有些許弊端紕漏，但是仍不失爲目前唯一公平競爭的辦法。要不然那些窮人家的孩子憑什麼去與別人競爭上大學的名額？還不造成走後門、塞紅包、靠裙帶關係的社會惡習越來越厲害？

但是，近年來，考試在開始漸漸的變味。一些電大、函授學校隨意降低門檻，大專、中專的帽子滿天飛，一個識不了幾個字的小學畢業生轉眼間成爲一個大專生，早已不是什麼新聞。在機關裏，一些飽食終日、無所事事的“公僕”，本來肚子裏就沒幾滴墨水，有的連幾個英文字母都認不全，爲了湊熱鬧，抬高身價，也削尖腦袋弄個大中專、甚至本科研究生上上，正常的過關考試成了照顧一些人臉面的“抄試”，本來應有的考試這時成了可有可無的形式。造成了知識貶值、文憑貶值。

聯想到近幾年的幹部理論考試、普法考試、公務員知識考試，一些平時“讀書唯讀個皮兒，看報只看個題兒”的人，帶著書本進考場，抄書都找不到頭緒。還有的就乾脆事先把答案找來複印好，在考場裏奮筆疾“抄”。這樣的考試完全跑了味、走了調，成了一場自欺欺人的鬧劇。

考試是用來測試人們在某一學科、某一知識領域的真實水準的，是檢查一個人的能力素質、道德品質、知識層次的手段，是對人們在學習、工作方面進行的一種監督和促進，是推動學習、取得進步的工具。我們只有通過考試，才能吸取教訓，才能更透徹地瞭解自己的實力，考試成績又是學習中的“催化劑”。而前面所述考試的作法，把本來應當是嚴肅的考試弄得烏煙瘴氣、有名無實、完全庸俗化了，失去了考試的積極意義。這種考試只能造成魚目混珠、優劣良莠不分，抹平了先進與後進的分界線，在客觀上助長了“幹好幹壞一個樣、幹多幹少一個樣”的機關大鍋飯陋習，不利於公平、公正地開展競爭，挫傷了一批積極肯幹的幹部、特別是年輕幹部的上進心，對我們的事業有百害而無一益。

希望這種弊端重重的考試作法能早日得到糾正，爲創造出一個百舸爭流、百花競放、公開公正、平等競爭的社會作出努力。

吃飯與喝酒

有句老話叫做：開門七件事，柴米油鹽醬醋茶。這七件事基本上都跟吃有關係，都是爲了吃而準備的；還有一句話：民以食爲天。這說明吃在國人的生活中佔有非常重要的地位，在中華民族幾千年的文明中是非常講究吃的，難怪中國菜在世界都享有很高的聲譽。古往今來，中國人的請客就是指的請吃，與別人交往一般也都是選擇請吃，在飯桌上什麼問題都好談，什麼事情都變得容易談了。

談到吃飯就不能不說喝酒了，中國人的飯局如果沒有酒，那是不可想像的，若是到場的人都不喝酒，那這頓飯一定是吃的索然無味，試想大家都悶著頭吃，能吃出什麼感情來？連找話的由頭都沒有，所以說沒有酒的飯局可以說是一次失敗的飯局。

古時候很多大詩人、大文學家都是因爲酒才帶來了靈感，就像現在很多作家有了煙才有靈感、才能寫出那麼多妙筆生花的文章一樣。“明月幾時有，把酒問青天”，說的是一邊喝酒一邊想著心事、思念親人的複雜感情；“酒逢知已千杯少”，說的是喝酒碰到了知心的朋友，喝再多也不覺得多；“醉翁之意不在酒”，拿到如今已具有了另外的含義。這幾句是平常用的比較多的有關酒的詩句，其他跟酒有關的詩歌、文章就更多了，不勝枚舉。

在飯桌上，喝一點酒，可以給大家增加興致，使氣氛活躍起來，觥籌交錯之間，許多問題迎刃而解，平常不敢說的話，在酒桌上可以有的放矢的說，因爲“酒桌上無大小”，只要不是太過份，相信大家都可以接受。但若是真的喝多了，說了太多不著邊際的話，馬上就把人給得罪下來了，那麼也一定會有人出來進行阻止，當然，一場本來不錯的飯局被某些人攪黃了，搞得不歡而散的也大有人在。

飯局開始了，往往是主人親自倒酒，這時候主人就會要求大家把杯子擺到一起，不論是一瓶酒還是兩瓶酒，反正是平均分配，誰都不吃虧，若是啤酒，就會直接給每個人分配三瓶五瓶。倒酒時還有個規矩，就是倒酒的得最後拿酒，這是爲了防止倒酒的偏心眼，給自己少倒，那麼他就非得小心翼翼地倒不可，如果倒得不平均，那麼最多的一杯最後一定是留給他的。在倒的時候還會有一個插曲，就是有某些人會聲稱自己不會喝酒，要求不倒或少倒一點，但大家肯定是一致不同意，都會說：今天高興，喝一點無妨，不喝豈不是不給某人面子云云。這樣，那個人也就不好意思再說了，因爲中國人是最講究面子的，若說你不給某人面子你卻還堅持不喝，那麼你在無形中就得罪了人，在這酒桌上得罪人以後還得在酒桌上找回來，不如現在一心一意，拼著命喝，大不了就是一醉方休嘛，人生能有幾回醉呀？一醉能解千愁啊。這全是那些勸酒的人說的話。但在分完酒後，那個人必先挑一杯他認爲少一點的，畢竟心理上舒服點，其他人這時候也不會說什麼。等到杯中的酒喝得差不多了，主人必定會繼續倒酒，並且不管大家如何反對，他都不會聽的，只會認爲是來賓們講客氣，好像大家不喝得東倒西歪就不算喝好了。

中國的酒文化跟吃文化都是源遠流長，它們是相輔相承，甚至是一脈相通，說白了簡直是親兄弟。不論是跟誰吃飯，你都不能忘了要逐一給別人敬酒，當然別人也會回敬你，若是禮數不到，人家就會覺得你看不起他，喝的那一口還不能太少了，喝少了也是瞧不起人家，要是人家是海量，一口喝完了，你也得照章辦理，不得敷衍了事，否則就會有人站出來說“公道話”了，大家也都會半真半假地指責你不對，說來說去你還是得喝完。喝完了當然還得加，其他的人你還有沒敬過的呢，不加怎麼行呢？儘管你一再強調自己真的不行了，別人只會認爲你是謙虛，“加滿加滿”，有時候腦子一熱，管它的，喝就喝，難道還會喝死不成？等到飯吃完了，人也差不多要倒了。試想如果天天有這樣的飯局，若是晚上的還強一點，要是中午喝成那樣，豈不影響下午的工作？反正我在工作的時候是最反感滿嘴滿身帶著酒氣來辦事的人，如果我自己是這樣的，來辦事的人一定也會有意見。在黨政機關裏，這樣將會在群眾中間造成多麼壞的影響啊？怪不得聽到過這樣一首打油詩：上午講正氣，中午講義氣，下午講手氣，晚上講力氣。這難道不是對一些“公僕”一種極好的諷刺嗎？一個經常喜歡喝得醉熏熏的領導會爲百姓辦好事嗎？

酒，如果少喝一點、適當地喝一點，可以達到一種助興的催化劑的作用，如果喝多了就成了酗酒，會誤事，經常以酒爲生的人被稱作“酒鬼”，就是指這個人一喝起酒就沒完，喝多了人就麻木了，什麼都不知道了。試想，一個人如果經常喝得東搖西晃、胡言亂語、人事不省，那麼他辦什麼事都是不牢靠的，是不值得信任的。

因此，酒不是不能喝，但要適度，特別是年輕人，一定要注意這一點，記得網上流行的一句話說的好：中午喝好不喝醉，因爲下午要開會；下午喝好不喝倒，免得老婆到處找。

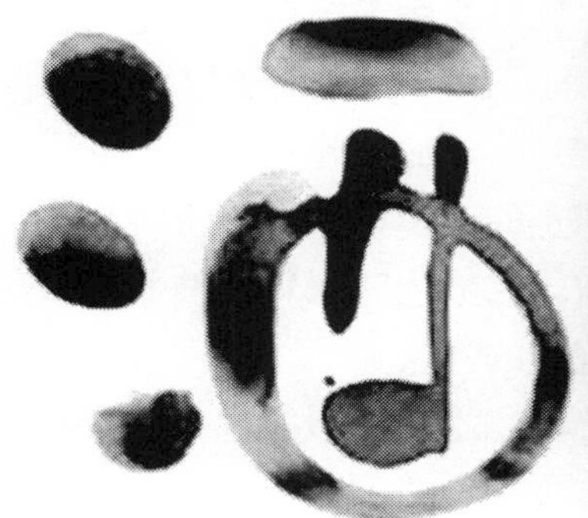

何時不聞爆竹聲

春節期間燃放煙花爆竹的確是中國人傳承已久的一項風俗習慣，但也僅僅是春節諸多活動的內容之一。原來還帶有一些迎神驅鬼的迷信色彩，多年來樂極生悲的殘酷事實證明，它具有較高的幾率，首先是造成生產者，而後是儲運者、燃放者以及周圍相關者的人身傷害，每年都有成千上萬的生命做代價。隨著生產力的發展，一些不法分子的逐利忘義，製作的爆竹威力越來越大。

今年春節前夕的 1 月 29 日下午，河南林州市臨淇鎮已停產整頓的梨林花炮有限公司庫房發生爆炸，導致附近的老君廟倒塌，造成 16 人當場死亡。之後在現場清理和救治過程中，又相繼有 20 人死亡。截至目前，死亡人數已達 36 人，另有 48 人受傷，其中 8 人重傷。1 月 29 日是正月初一，當地不少群眾來到花炮公司庫房附近的老君廟燒香，在燃點香火和放鞭炮時，不慎引燃了庫房裏的花炮。爆炸的氣浪震塌了小廟，在廟內的部分群眾被壓在瓦礫下。

前不久《新京報》刊登一條消息：豐台區金家村村民因房屋糾紛，兩隻 10 釐米長小臂粗的爆竹扔到房頂上，炸塌天花板，女主人腿被炸傷……這不成炸彈了嗎？除此之外，燃放引起的火災、環境污染以及鄰里糾紛等一系列影響社會穩定的不良後果自不待言。這樣類似的慘痛事例比比皆是，數不勝數，燃放煙花爆竹讓他們傷痕累累。在這些事故的背後是死傷者及親人的痛苦。

誠然，生產煙花爆竹是我國的傳統產業之一，但拿生命代價和社會穩定作爲天平一端的砝碼，權衡下來，燃放延續到二十一世紀的今天已變得弊大於利，因此需要移風易俗，讓它逐漸退出歷史舞臺，銷聲匿跡，以更文明的宣洩方式取而代之，烘托節日的氣氛。

隨著社會的進步與發展，燃放煙花爆竹已成爲有百害而無一益的愚蠢的事情。它不是維護民族傳統文化的表現。它不符合現代文明的法則，不利於社會文明的建設。理由如下：

第一，放煙花爆竹引起的污染是集中式的，因而非常嚴重。炮仗對空氣、水、土地的污染會影響到農作物，畢竟現在放炮仗的量太大了，達不到無害化處理，受害的人是居民。造成的人員和物質損失也是驚人的，即使是在中小城市也是利少弊多。而大都市人口和建築高度密集，危害尤烈。放煙花爆竹從醫學的角度講對人體是有危害的，包括對呼吸系統的影響，會引起咽炎、哮喘等疾病，兒童尤甚。尤其對兒童的腦細胞和聽覺器官有嚴重損傷，煙花火光對兒童的視力損傷也嚴重。此外影響人體心血管，這種隱患波及成千上萬的老年人。老人、兒童是弱勢群體，任何時候都應該是保護的對象，儘管老人基於懷舊，兒童基於喜歡熱鬧，他們中有很多人支持解禁，但他們的身體是最容易受到傷害的。我瞭解一個村裏有一位老人，耳朵都震聾了，但還是習慣放炮。這是不理性的行爲，政府應該積極引導、加強監管，我們寄希望於政府。

所以，在現代城市中不宜放煙花爆竹。無論是習俗也好，年味也罷，都不是開禁的理由。保障人民生命財產安全、保障寧靜有序的工作和生活環境高於一切。

第二，放炮是一種舊的習俗，不符合現代文明的法則，不利於和諧社會的建設。它的核心要害問題在於，放炮參與者從不考慮非參與者的利益，還自詡爲發揚傳統、尊重習俗，才叫有年味。這種活動是把自己的快樂建築在別人的煩惱和痛苦之上，這樣的活動能說是文明的吧？現代文明不但要己所不欲，勿施於人，而更加要人所不欲勿施於人。抽煙的人還要問旁邊的人是否介意吧？放炮的人會問嗎？問得過來嗎？它造成的影響範圍太大了。所以，習俗再久、年味再濃也應該放在禁止之列，尤其是在人口密集的城市。在一個文明、和諧、多元、法治的社會裏，任何人都不能爲了自己的喜歡而損害他人的權利，無論被損害的人數有多少。比如我們國家，漢族人口占絕大多數，占 90%以上，但也要允許少數民族保持自己的生活方式。所以，不能簡單的拿民意作爲立法的基礎。

有人認爲過年不放鞭炮就沒有年味了，這根本不是理由。我認爲一年 365 天，中國如果說就重視春節，就太可憐、可悲了。現在包括韓國人，都要紛紛恢復端午節，咱們國家還有很多其他的節日，最近有政協委員提出過七夕節，中國的情人節。端午節、重陽節、中秋節等等，好多都是中國傳統的節日，爲什麼那些節日都淡化得快無影無蹤了呢？爲什麼只重視一個節日呢？現在有些人，過了春節以後就有失落感，好像過了這個春節以後就只盼著下一個春節，我認爲這很不正常。

還有人認爲耶誕節等洋節日在我國越來越有影響，而春節是中國的傳統，要通過燃放保留中國的文化傳統，抵抗外來文化的影響。如果禁放，春節也就不像春節了。依我看，洋節日在中國是否越來越有影響，沒有定論。即使真有影響，又能奈我何！文化的融合是國際化和對外開放的必然結果，是社會的進步。而且中華文化也在影響其他國家。據報導，今年春節期間，各大國領導人紛紛發表賀詞，向華人祝賀農曆新年，美國的紐約州和菲律賓已經將春節定爲假日。美國法國也都出版生肖郵票。中國文化的影響顯而易見。

第三，放炮常常引發糾紛，惡化鄰里關係，不利於和諧社會的建設，缺乏以人爲本的精神，帶有明顯的蠻荒氣。我認爲在這個問題上，是不能以多數、少數來定奪的。即便是少數，難道就能侵害他們的利益嗎？比如老弱病殘是社會的少數，社會應該首先關注他們。比如說在十戶人中，一戶有老人，怕吵，九戶想放，難道就不顧一戶的老人家嗎？所以，應當確立以是否符合現代文明法則，是否有利於和諧社會的建設，是否以人爲本來作爲判斷好壞和取捨的標準，不那麼文明的習俗，應當果斷摒棄。關於老百姓的要求，對於刺激的追求是人的天性，無論貧窮還是富裕，人們都想看到興奮的場面。我們是剛剛邁進法制化的國家，老百姓還沒有自覺遵守法制的意志，和國外人人守法比起來，管理難度太大了。所以，在現階段，禁放政策易收不易放，老百姓的要求要看是否符合國情才能實施。

第四，燃放煙花爆竹造成了極大的浪費，這與當前建設節約型社會是格格不入的。春節期間不到二十天，估計全國要燃放數十個億煙花爆竹，浪費十個億製造環境污染，浪費十個億——製造可能性的火災，浪費十個億製造可能性的傷害事故，浪費十個億製造惱人的雜訊，到底合理否？況且，2008 年的奧運會在即，燃放煙花爆竹將會給我國帶來多少惡劣的影響？

據統計，近幾年來，全國平均每年春節引起的火災就有 4 萬多起，近年來僅北京市因燃放非法超標僞劣煙花爆竹平均每年受傷近 700 人，造成火災達 400 餘起；首府烏魯木齊市在今年春節的 7 天間也因燃放爆竹發生火災事故 44 起。在這些枯燥的資料後是死傷者及親人的痛苦與悲傷、是他們精力與財力無奈的損耗。我國有 600 多個城市，2000 多個縣，如果都不放鞭炮，數萬起火災就可以得以避免了；曾經有網友算了一筆帳：沿海某省每年鞭炮銷售金額達 1.4 億元，可建造 10 座 1 萬平方米的住宅樓。不僅是財力的損失和浪費，還有人力資源浪費問題，倘若能夠減少或免除煙花爆竹引起的火災，那就可以把眾多的消防隊員從“火災因素”的“人員編制”中“解放”出來，節省大量寶貴的人力資源。

第五，發展符合現代文明法則的新傳統、新習俗，開創新的年味。習俗和年味是隨著社會經濟文化的發展而變化的，是與時俱進的，實際上沒有一成不變的東西，放炮也是如此。放炮不是年味的象徵。譬如婚禮，老習俗是新娘坐轎子，現在換了坐汽車，難道就沒有婚味了嗎？現在許多老的年味已經走了，比如磕頭燒香拜大年、貼門神送灶王爺、宰殺活牲畜祭神等，爲什麼唯獨放炮就走不得？隨著生活水準的提高，會不斷產生出許多新的年味來，爲什麼要死守著一個影響他人的、污染環境的、傷人損物的舊習俗不放？難道炮聲不斷、噪音不斷、遍地碎紙、滿天硝煙才算是年味，才算是熱鬧嗎？二十一世紀的都市，不是農村分散的小平房，該改改老習慣了，該換換新花樣了。想熱鬧的人也要顧及別人的感受。

如果解禁燃放煙花爆竹，到了春節期間，必定是爆竹聲響徹各個城市。可以想像，濃煙烈焰，救火車風馳而來，傷患不斷，救護車呼嘯而去。到了那個時候，就悔之晚矣。常常聽到有人引用王安石的名句“爆竹聲中一歲除，春風送暖入屠蘇”，描繪過年燃放的情景。我用一首新詩描繪過年禁放的情景，作爲我的願望：禁放爆竹順民意，城鄉人民盡歡顏；歌舞昇平辭舊歲，移風易俗迎新年。除夕夜靜清風爽，元宵月明百姓安；古來立法均非易，解禁不難再禁難。

我對燃放煙花爆竹自始至終我都持反對態度，因爲弊端太多、太大。今年春節前夕，我就把自家裏前幾年留存下來的幾包鞭炮一股腦兒扔進了垃圾堆。我知道，社會上舊的傳統習慣是比較強大的，禁放煙花爆竹在當前一些地方很可能失敗。但是，伴隨著人們社會文明程度的提高，禁放鞭炮法規的確立終歸是要實現的。我們期待著過一個沒有噪音、沒有空氣污染、沒有傷亡流血、潔淨文明、清風送爽的春節！道路是曲折的，前途是光明的！是光明的！

上海老電影院的世紀風雨

在檔案部門工作期間，我去上海學習。

身處繁華的大都市，時時感受她的現代化和古典的融合。當你隨心所欲地倘佯在陽光下安靜的街道，手指劃過街邊歐式花園的牆壁，體會她細膩的質感；或奔跑過嶄新光滑的馬路，抬頭儘是高聳的摩登建築；或穿梭於摩肩接踵的購物中心，傾己之囊瘋狂一把；或漫步在夜色中五顏六色的霓虹燈中，體味著那五彩繽份流動的光華……

然而讓我久久難以忘懷的還是那些經歷了世紀風雨的上海老街道、老建築、老電影院。是它們，見證了上海的過去與現在、嚴冬與酷暑、繁榮與昌盛。

上海的老電影院，代表了中國電影業的百花齊放，保留了上海的老文化。這些老電影院承載了幾代市民隨著銀幕上情節的展開而沉浸在虛擬現實的銀色世界裏的悲歡情感。到現在，那些老電影院若非悄然作古便是依然屹立。現存的老電影院無論是清心寡淡還是雄心勃勃，是隱忍於市還是興土翻木，它們仍然是上海歷史文化的遺存。不管它們現世的外表華麗陳舊與否，內裏曾經有過輝煌。不少老電影院已列爲歷史保護建築，光看它們的外部表情就是經受一種歷史文化的薰陶。

尋訪上海的老電影院，得有一種恭敬的心腸，也需要有一份慵懶的心情，要細細琢磨的是上海的這些老電影院的外觀。相比內部裝潢，這些老電影院的外部被破壞程度較少。國際貿易會堂的塔樓，新光的波浪形立柱、國泰電影院的絳紅色泰山面磚外牆……縱觀這些老電影院外貌，雖然稱不上是萬國建築博覽會，但也實足是個小型的歐美建築展示會了。不用談什麼建築學，因爲即便是看不出門道的外行人，也可以在這些斑駁的牆壁上品出些味道。

每一個老電影院都有各自的傳奇印記，只是這些細節需要帶著虔誠的心，以及足夠的耐心去品，不然很容易被城市的喧囂所掩蓋。其實只要用心感受，用心聆聽，一定能夠讀懂老電影院那豐富的歷史積澱和文化底蘊。

在充滿時尚感觸的淮海中路和茂名路口，國泰電影院外牆白色嵌縫，狹長挺直的凸面尖頂顯得氣度不凡，建築風格和相鄰的錦江飯店等周邊建築非常協調，屬於“錦江建築群”。黃浦劇場的樓道上貼著介紹黃浦前世今生的海報欄，新光電影院的樓道上掛著最老的一張電影院照片的影本。那些環狀的樓梯曾經拖動過貴太太的紗裙，想像張愛玲筆下那“玻璃、絲絨、仿雲母石的偉大結構”，在劇場裏逛上一圈。小黑板，高櫥窗，幾節臺階，一道厚重的幕牆，老電影院處處記載著傳奇。

老電影院大都地處在熱鬧的老地段，那裏寫滿了曾經的繁華。早上它們在太陽的微茫中和上海市民一起醒來，有的甚至可以聞到爐子的熏煙和早點攤子的油炸氣，它們隱沒在上海複雜的大馬路和小馬路裏。其實，即使只是環顧老電影院的周遭，探訪一下它的鄰居，也別有一番滋味和情趣。那些景致和建築帶給人們想像之外的驚喜，那些歷史遺跡和優秀的文化遺產此刻如此地平易近人，謙遜有禮地在那裏，等著人們來開掘。

老有所學，其樂無窮

前幾日，應邀參加了博州老年大學詩書畫協會的創作研討會。幾位老幹部結合自己的詩詞書法美術創作的經歷，暢談經驗與體會，興致所至，繪聲繪色，手足舞之。他們的發言，選題新穎、觀點明確、思維創新，文章熔古鑄今、高雅雍容、文辭錦繡。會上所聽所聞，頗有感觸。

人都有老之將至的時候，人都有退休回家、解甲歸田的那一日。這是自然規律，無法改變。

退休以後，心態極為重要。領導幹部在位時，位高權重，權頃一時。出入車接車送，諸多場合如眾星捧月，所作講話發言，眾人莫不稱是，久之，習慣成自然。驀然，忽到回歸自然的年歲。退休之後，頓感"門前冷落車馬稀"，昔日的一場場歡宴離自己漸行漸遠。心態健康者，輕鬆地放下了身架，返樸歸真，當一回一介布衣平民；心態不佳者，老是背負著那些曾經的頭銜與光環，怨天憂人，牢騷滿腹，接受不了人走茶涼的現實。

退下來以後，有的拎起了鳥籠子，在鶯歌燕舞中逍遙自得；有的回家抱起孫子孫女，享受兒孫繞膝的天倫之樂；也有的接受不了退前退後巨大的心理落差，愁緒滿懷，在煙霧繚繞、杯觥交錯、無所事事中打發日子；更多的則是煥發了人生的第二個春天，重新撿起了久違了的筆桿子，或者敲起電腦鍵盤、背上攝影機、拿上畫筆，去書寫、去描繪精彩的人生、多彩的社會。譬如參加這次研討會的一些老幹部，譬如新疆新絲路博客中的“霧中人”、“卯金刀”等，都屬於是“老牛明知夕陽短，不用揚鞭自奮蹄”的佼佼者。他們在人生第二春的時光裏，琴棋書畫、吹拉彈唱，無所不學，學有所成，陶冶情操，真正地做到了“老有所學、老有所樂、老有所爲”，讓生命的晚霞綻放異彩。

藝術，可以使人年輕。生理的年齡，我們無法挽留，但是心理的年輪，我們可以通過藝術讓它返老還童。在練習書法中，我們要屏住一口氣，這就是在練一個小氣功；手指在電腦鍵盤上飛舞時，我們讓心手腦合一，等於做了一回綜合健美操；在攝影過程中，我們放縱於山水之間、流連於雪山草原間，讓身心得到鍛練；在揮毫作畫時，讓我們的眼睛學會尋找美、發現美……

學無止境，人老不能精神老，思想也要苟日新、日日新，也要與時俱進。學習，可以讓退休後的晚年生活更加充實、更加快樂。在詩書畫影的創作中，我們可以瀟灑走天下、可以找到人生的真締、可以享受成功的歡喜、可以享受高品質的平凡而多彩的生活，真正地感受到“最美不過夕陽紅”，活得健康、活得智慧、活得精彩。

愛它，就要給它一個家

經常駕車行駛在城市街道和鄉村公路上，遇到各種各樣的流浪寵物貓、狗在街道和公路上遊蕩是常家便飯。這些流浪貓狗中有不少是殘疾的，有的少了一條後腿、有的掉了一隻前爪，有的瞎了一隻眼、更有的被過往車輛壓成了一攤攤血水……看了以後，其情甚悲、其景甚哀。每次在駕車途中，碰到這樣的流浪貓狗，我都會早早輕踩剎車、減緩車速，讓可憐的小動物們先過馬路。

貓狗通人性。我在小時候就很愛養一些小動物，我養過的小貓小狗都曾與我結下深情厚誼。記得養過一隻黃貓，它的記性非常出色，每當我放學走到離家二、三百米時，它都會極準時地在那個時間，從草叢中猛地跳出來，想出其不意地給我一個驚喜，然後一蹦一跳地伴我回家。在我住校上學期間，還養過一隻小花狗，在我週末回家前，它好像會計算一樣，總是早早地走到離家二裏多地方，遠遠地就等候著我，看到我以後，就親熱地跑到我面前，舔著我的手和衣角。這兩隻貓狗都給我的童年和少年生活帶來了無盡的歡樂和開心，時至今日都記憶猶新。

毋庸置疑，許多飼養寵物貓狗的人，一開始都是極愛它們的，甚至可以由著它任其所爲。隨著時日的推移，有的人與自己的貓狗結下濃重的感情，把它當作家庭的一分子了，還給它起了好聽的名字；但是也有的人家，由於種種原因，對曾經愛的寵物失去了耐心，放任不管，由其流浪、自生自滅。失去了家的貓狗們，不得不流竄於街頭巷尾、終日與垃圾箱爲伴，在臭氣熏天的垃圾中尋找一點殘渣剩飯，同時還要躲避一些頑童的襲擊與殘虐，還有一些惡人把酷刑與虐待施加到這些不會說話、不會反抗的動物身上。更有一些小貓小狗們在穿越公路時，被疾駛而來的汽車無情地壓得血肉四濺、成了肉餅……

動物是人類的朋友。地球是人類和動物共同的家園。小動物也懂感情、它也渴望得到愛。如果我們想過一個“敦親睦鄰”的生活，那麼我們的“鄰居”應該也包括我們的動物朋友，特別是它們不會傷害我們，又那麼可愛，可以美化我們的生活，使我們的生活更活潑有趣、更多釆多姿，所以我們應該保護它們、照顧它們、愛護它們並欣賞它們才對。關於這點，上帝已經說得很清楚了，他說：“我創造所有的動物做你們的朋友，幫助你們。”

我們也都知道有些動物的確非常聰明，這是無可置疑的。甚至連豬或家中的寵物，它們的忠心、忠誠和友善的特質，以及救難的英勇事蹟，都爲人們所耳熟能詳。事實上，這個世界是屬於每一個衆生的，包括動物在內。

如果你選擇飼養小動物，那就好好地愛它吧，給它溫情，給它關愛，給它一個溫暖的家，讓它享受生命的一般樂趣。即使是你不喜歡小動物，也要尊重一個小生命的存在，請也不要無端地傷害它們、殘虐它們。折磨和殘害小動物是文明社會所不能容忍的，也是一個人品質低劣、缺乏愛心的具體體現。因爲：動物和我們是同一個星球上的一家人，我們生命應該是平等的！

凝固的靈魂

博樂城北郊，有一片高地，俗稱“二級台”。出了城，上一個大坡，便可以看到博樂城貌。路的兩邊，原是連爲一體的一片墓地，由連接博樂與 84 團的柏油路，將墓地一分爲二了。路西邊，主要是穆斯林墓地，路東面，則主要爲漢族墓地。世界是這樣的狹小，城市、綠洲、墓地，形影相隨，一邊是如此的鮮活生動的城廓，一邊是如此的破敗陳舊的墓群。

人有生，就會有死。這是自然規律，誰也違抗不了。不管你是三皇五帝、偉人巨星，也不管多少人在你生前怎樣山呼萬歲，最後你總得像飄零的落葉一樣，歸於大地。墳墓並不可怕，它是每個人的最終歸宿歸屬，我們一生下來就開始向它走去，我們每天都在向它走近，只是沿途的風景分散了我們對它的關注。

博樂這片暮地位置很好，與綠洲比肩而立，是一個偏僻之境、乾旱之地，枕綠洲而眠，觀世事蒼桑，適宜疲憊的靈魂在此休憩。墓地是一個給人太多聯想的地方，涉及生死、關乎神秘的未知世界。

許多人是很不樂意到墓地去散步的，因爲他們認爲墓地是很有晦氣的，好像他們一旦到墓地去散步就會被鬼拖了去似的，對墓地確實懷有敬畏之心，避而遠之。有的人去墓地送一次葬，或是給親友的墓穴獻上一束花，夜晚則會惡夢紛紜，與鬼相伴，不可脫身，仿佛死過一次一般。這些人之所以膽小如鼠，是因爲把生死看得太重，只是一味貪生怕死，對生死的問題並沒有細細地思索。

在我看來，其實墓地不但沒有晦氣，反有靈氣。你看那清晨和傍晚一個個墓穴上蒸騰的霧靄，就如那死者的幽幽香魂，這香魂凝結和飽含著死者一生的思想和智慧的精華，這香魂其實就是靈氣，又何晦氣之有哉。

我曾在這片墓地裏走過幾回，每一座墳都是素淨簡樸，跟內地發掘出來的墓葬相比，絲毫沒有奢華可言。墓群很擁擠，一直擠到了公路邊。有的墳由於年久失修、風吹雨淋，只剩一個小土堆。我在一座座墳塚間遊走，在這一個個凝固的靈魂中，找尋那曾經的目光，試圖與那些孤獨的靈魂對話。在這裏，我像薩滿教人一樣，相信萬物有靈，靈魂不滅，人的魂魄是不會死的，這些墳墓就是靈魂的家。人死後的魂魄會活得更瀟灑些，因爲她至少能在陰陽兩間自由自在地飄蕩著，沒有任何勢力能阻止她的自由。靈魂們穿過古老的民族風，隨風遷徙，在後代的語言上留下了珠絲馬跡，穿過了混沌不清但又時時浮現的蒼桑煙雲，走到今天。

墓地與綠洲相連。一邊是熱烈的生，一邊是清冷的死。在生的世界裏，到處是樓房、汽車，樹蔭下的葡萄、孩子們的吵雜聲，還有饢坑裏冒出的香味……形成了塵世間的一種繁榮、一種喧鬧。在死亡的世界裏，洪荒曠野，時代退潮已久，一個挨一個的、漫漶不清的古老墳塋，迷迷濛濛的地表，陳舊、乾燥、固執的地表，零亂地盤居著一些雜草。生和死。無和有。生死相依，虛實相倚。好像一對戀人，一對老友，相依相偎，纏綿悱惻 — 它們在擁抱。

大地的力量是向下的。無論你生前是多麼的富貴如君、腰纏萬貫，或者是布衣草民、衣衫襤褸，死後都得向地下匍伏著，謙卑到極致，好像有一個無比威嚴的君王永遠站在面前，這徹底的臣伏，讓他靜靜地躺在這個世界裏，而且再也不會站立起來，成爲自然界的一部分。

這片墓地，在三尺沙石幹土之下，是一個年代久遠的世界，人們已經完全忘記了他們，通往時間深處的路已經被塵埃堵塞。一塊塊墓碑上刻下的片言隻語，只留下了更多的謎團。無所不能的塵土們在一步步地侵蝕並同化著他們的衣物、頭髮、骨頭、軀幹，吞噬著他們所有往日的時光。塵埃，會讓所有一切最後只成為一個概念：消失。時光之車，呼嘯而去，逾行逾遠，沖向時間的深處、虛無的深處，若隱若現、明明滅滅、生生死死，加倍地、高效地陌生著久遠的文明。

這片墓地，也是一個人群稠密的世界，你挨著我，我挨著你，不管你生前是有豪宅千間、良田萬畝，也不管你生前是漏雨破屋、立無片瓦之地，現在，每個人都很公平地躺在區區方尺之中。他們生前可能是親人、好朋友，可能有輩份和禁忌，可能是情敵、仇人、陌生人，也可能相互之間根本就不講話，他們曾經路過、擦肩過、遇到過、努力過、爭取過、擁有過、珍惜過、享受過、意外過、震驚過、痛苦過、放棄過、失去過……失去後又眷戀過、回味過、追憶過、苦笑過、淡然過，最後，他們最終還是走到了一起。沒有了高低貴賤之分，一切恩怨都隨風而去。人活著的時候，就如同演一台大戲，有哭有笑有喜有悲。是戲，就總有散的時候。戲散了，音樂停了，觀眾走了，空空如也，在寬闊的茫茫戈壁舞臺上，只有太陽還高高地亮著，曾經喧鬧的一切又歸於沉寂。

很多的墳塋前面，只剩下一塊殘缺不全的木牌，或者是站立不穩的石碑，上面模糊而簡單地書寫著死者姓名和立碑者。時間已經無情地把死者姓名和立碑者姓名刷洗剝離了，後人無從知道這墓碑底下躺著的是何人？立碑的，又是誰？留下了無盡的聯想空間。那些舞動著的魂靈們把這道啞謎留給了後來者們猜測，也許此刻他們正在用靈魂的目光與你沉思的眼睛對視。

在斑駁林立的墓碑中，有的墓碑下，躺著的是父母，立碑的是子女。父母的承諾依然在耳畔迴響，不管你走到哪里，不管你遇到什麼事，這裏永遠是你可靠的家，常回家看看。可是若干年後，子欲養而親不在，當你回家的時候，這一切已隨青煙飄散。

有的墓碑下，躺著的是子女，立碑的是父母。曾經的幸福與快樂，曾經的希望與心血，原以爲是自己生命的延續，卻被命運的風暴徹底摧殘。一切好像又回到了原點，但又再也回不去了，只能徒然地奢望一切能夠從頭再來。

有的墓碑下，裏面躺著的是夫妻中的一個，立碑的是夫妻中的另一個。緣份，說不清道不白的緣份。原以爲可以執子之手，與子偕老，風雨相伴走完一生，可是活著的一個，今後只能孤燈清影、與無奈相伴。

也有的墓碑下面，躺著的是朋友，立碑的也是朋友。父母親人遠在萬里之外，他和朋友或許曾經一起同過窗、一同扛過槍；或許彼此間無話不談，相交甚深。總是以爲，一輩子的友誼，山高水長。但是，沒想到卻用陰陽兩界來結束彼此之間的友情。

時光之車，把這些沉睡的人們變爲了天外來客，失去了聯繫，孤立地存在，沒有了文化的傳承，只剩下歷史的碎片，讓後人撿拾、品味。那些靈魂兒們最終飄向何處，哪里才是他們最後的家園？

生活並不總是能繼續，人生並沒有多少深邃的意義。直到有人悄悄躺下去了，很多事成爲回憶，才知一切無可挽回。

將來的某個日子，我和你都會精疲力竭地躺下去，到那時，在墓碑上刻下什麼並不重要，重要是活好當下，善待自己，好好看世界，珍惜現在。充實的自我，熱烈的生，也許能抵消生前的許許多多遺憾和失落。依我看，活就活它個鸞鳳呈祥，活就活它個孔雀開屏，活就活它個大鵬高飛，活就活它個彩雲生霞，活就活他個彩虹七色。等到實在走不動的時候，找個山明水秀的地方，翻檢記憶，靜靜地“羽化成仙”。

一葉知秋

隨著樹葉漸漸乏黃，寒意漸深，一個告別夏日炎炎、一個盛滿了收穫的季節又來到了。春夏秋冬，四季輪回，是大自然賜予人間最美麗的景色。春日花兒香，夏日陽兒亮，秋日葉兒光，冬日雪兒霜；春天繁盛，夏天蔥籠，秋天斑斕，冬天純淨。絢麗四季，秋景最美。

驅車行駛在昔日綠樹成蔭的公路上，撲面而來的被金黃色所填滿，黃色的樹葉、黃色的莊稼、黃色的草原、黃色的糧食……在山高風勁處，樹葉早早地便告別了樹的枝幹，飄向了大地母親的懷抱，鋪撒了滿地的金色。

天高雲淡處，一行行南歸的大雁、天鵝帶著夏天的記憶，去趕往另一場歡宴。

路上不時可以看到一個個穿路而過的羊群，豐美的水草讓牛羊們馱著肥碩的身驅，走上人類的餐桌，而牧羊人騎在馬上，打起了瞌睡。

溫暖的陽光，撫摸在人們的臉頰上，再也不像夏天那般熱烈灼人，而像沙灘上的細沙一樣，輕輕地敷在皮膚上，舒適宜人。

秋天是秋風蕭瑟，千樹落葉、萬花凋謝的季節。“一聲梧葉一聲秋，一點芭蕉一點愁”。“秋”字加上“心”，就成了“愁”。所以秋天總是讓人懷舊，總是充滿愁悵。唐代大文豪劉禹錫有詩曰：“何處秋風至，蕭蕭送雁群，朝來入庭樹，孤客最先聞”。

樹葉黃了，楓葉紅了，煞是好看，但秋風微吹，落葉成堆，化作肥料，滋潤樹根；花兒也在最後的瞬間綻放著燦爛，釋放著美麗。等待它的也是一同枯萎、一起凋謝。對於花兒來說，只要能綻放，那怕是短暫的一瞬，也便不負此生了。

其實，人的一生不也如此嗎？

小城文人

小城博樂，位於西北邊陲，昔日蠻荒之地，今日絲路明珠，被譽爲"西來之異境，世外之靈壤"。

也許是難捱長期封閉鬱悶的時日，需要一種方式發洩排遣，也許不甘藏於邊陲一隅，少有人知，希望憑藉某種途徑引起外界注意，也許是在建設家園的過程中，留下了太多的滄桑與記憶，渴望傾訴和告白。總之，小城裏出了不少喜歡舞文弄墨的文人。跨入 21 世紀，又一批頗有造詣的小城文人脫穎而出，在新疆文壇嶄露頭角。

小城歷史談不上悠長，小城文人多出自農家子弟，吃百姓飯長大，穿粗布衣成人，小城文人的血管裏流淌著父老鄉親濃濃的親情、友情和愛情。春種、夏耘、秋收、冬藏，鄉親們年復一年的稼穡之苦、豐收之樂，在小城文人筆下都變成爲妙不可言的錦繡文章。他們寫世事滄桑、社會巨變、純樸鄉情、自然風光，他們寫鄉村明月、農家小院、氈房奶茶、哈薩克媳婦大辮子維族姑娘，他們還寫戈壁大漠、雪山草原；他們不會寫簾卷西風，人比黃花瘦；他們會寫羊肥馬壯說豐年，聽草原牧歌浪漫連綿；他們不會寫打起黃鶯兒、莫教枝上啼；他們會寫誰知盤中餐，粒粒皆辛苦。

小城文人們來自各個不同的崗位，有一官半職的，也有當一般職工的；有的小有名氣，有的出版了專著。文人之交，不論職務，不論身份地位，不計較貧富之別，只以文會友，以墨結朋。他們不論貧富、身份、地位，似乎只因爲文學常常在一起聚會，一杯清茶，兩瓶啤酒，一些永遠也爭論不完的話題，就能觸發他們的靈感。他們往往在一個又一個失眠的夜裏，突發奇想，讓小城在他們的筆下、抑或鍵盤下，變得更加靚麗。

寫作是份苦差事，要守得住寂寞，耐得住清貧。文學不僅是流露在筆下紙上的文字，更是一種心態和生活方式。生活在文學裏，需要心靈的安寧，需要閒散的時間，需要把自己邊緣化。小城街道一天比一天寬闊，樓房一座比一座高大，姑娘小夥靚起來，老闆經理多起來，惟獨小城文人們的生存空間卻日漸窘迫。小城文人在工作中盡心盡責，任勞任怨，但在單位裏往往不被認爲是好領導、好職工；在家裏也常常不被認爲是好父親、好丈夫；他們在工作中思考，在思考中工作；在生活中"突發奇想"，在"突發奇想"中生活。有一位當公務員的作家朋友，爲了靜心寫作，堅辭公職，面對親友的苦勸、單位同事的挽留，仰天一笑逕自去，態度決然，無怨無悔；還有一位作家朋友，多年輾轉於疆內各個地方、多個工作崗位，做過文案、設計、編輯，後來回家專事寫作，常常廢寢忘食、寫稿成癡，衣服不洗，碗也不刷，沒錢時，鹹菜加香油；有錢時，就拉妻兒去吃烤鴨。還有一位打工詩人，生活道路多舛，多年來，居無定所，但對文學藝術的追求一直孜孜不倦、堅定執著，筆耕不輟，詩歌、小說、散文、書法，無所不精，一篇篇作品登上報刊，一篇篇作品在疆內外獲獎……他們能從體制裏跳出來，與追求自由是相關聯的。他們雖然在生活中負重前行，但是一旦呼吸著文學的空氣，生活便從負擔轉爲快樂。讀他們的文章，彷彿見到了孤寂夜幕下閃閃發光的螢火蟲……

而今，市場經濟大潮洶湧而來，不知從何時起，文學開始漸漸淡出了人們的視線，文化館蓬門衰草，秋風乍起，早已不再接待陌生的文學愛好者。地處邊陲的博樂小城在波峰浪穀中經受著蕩滌和考驗，小城人的思想觀念、價值取向也在一天天發生著裂變，自然和社會的原生態正逐漸被打破。能堅守寫作的淨土、埋頭苦苦耕耘的青年越來越少了。

小城文人也有自己的快樂。小城文人的感情永遠是熱烈的，他們的日子有時也是讓人羨慕的：時間，由自己支配；工資，按時領取，發表文章還有稿酬；房子也越住越寬敞。小城文人有時也有牢騷。但牢騷，歸牢騷，小城的文人照樣隔三差五地開個“Party”。小城文人喜歡在宴會上發表自己對所謂文學創作的見解。小城文人不像其他地方“文人相輕”，而是“文人相親”、“文人相敬”。每個人都會坦率地說出自己的看法，說者坦誠，聽者安靜；當然也會有不同的觀點，也會有爭論，甚至面紅耳赤，可這不影響大家的友情，就詩論詩，就文談文，很有學術研討的氛圍。小城文人沒有資本、沒有豐厚的經濟收入，寂寞的時候，一個電話就可舉辦一次聚會，一聲招呼就會喧鬧一方。高級飯店進不了，就上街頭小飯館、小茶館，三五碟小菜、一提子紮啤、幾杯清茶，就可以打發一個沒有陽光的下午、一個寂寞的夜晚。自古“文人無行”，也就沒有拘束，快快樂樂、瀟瀟灑灑。

小城雖然小而邊遠，但小城的夏天太陽溫柔，冬天的風也溫順，春天的花朵總是不經意間開滿了人行道上。歲月匆匆，世事滄桑。小城的水依舊很清很秀，小城的樹依舊很綠很翠，小城的天依舊很藍很亮。小城文人心中依然有個願望：什麼時候都不要丟下手中的筆、書桌上的鍵盤，因爲那是小城文人生存的一種方式，是傳承歷史的工具，更是營造人們心靈家園、構築精神支柱的載體。

博樂城小，文人也難稱上“家”，但文人自有文人的追求。博樂小城的文人就是這樣，亦莊亦諧，也笑也罵。小城文人每個人都有自己的故事都有自己的歌，在別人看來，他們或怪、或傻、或不識時務。可小城文人是那麼執著，或寫或畫用自己畢生的精力去拼搏。小城因爲文人而充滿底蘊，文人因爲小城而充滿靈氣。小城文人故事不多，傳奇的內容一點也未摻假。如果你願意的話，就請和他們一起去嘗嘗那些酸甜苦辣。

小城女人

小城博樂，遠在新疆，地處邊陲。也許有不諳地理之人，認爲博樂人行則駱駝馬驢，入則帳蓬氈房，出則沙漠戈壁。實際上，小城博樂，高樓大廈雖然談不上鱗次櫛比，卻也如雨後春筍、撥地而起；寬敞的馬路上，花團錦簇，綠樹成蔭，汽車川流不息，超市商場、飯店酒肆，名築社區，一點也不遜色於內地城市。小城女人更成爲博樂街上一道靚麗的風景線。

小城女人中，有成熟豐滿的漢族少婦，有裙裾豔麗的維吾爾姑娘，有熱情如火的蒙古族大姐，有活潑可愛的哈薩克少女；有行色匆忙、腳步急促的機關職員，有忙裏偷閒、流連於精品店的公司白領；有髮色新奇、穿著露臍裝的新潮女郎，有衣著樸素、神情安詳的鄰家大嫂。

小城女人，如天邊的雲，像飄灑的雪，如河畔的金柳，似雨中的霧。小城女人的性格、稟性、興趣和情感，廖廖數語，難概其詳。

小城女人，沒有被沙漠戈壁的幹熱狂風刮皺了皮膚、吹亂了秀髮，相反，雪山草原的濕潤空氣使女人們的皮膚長期處於保濕狀態中。小城女人就像賽裏木湖裏的碧水，嫺靜淑雅。她們崇尚一種平安有序心安理得的生活，在平靜的生活底版上她們能染出一片片絢麗的色彩來，她們能在平靜的生活中設法妝扮出絲絲亮色來。

小城女人，情感細膩，從她們身上體現出來的婉約、清醇，猶如緩緩流淌的博爾塔拉河，纏綿悠長，令人賞玩不盡。

草原綠洲讓小城女人出落的清新健康。也許有的女人在初進城時給人的印象會是黑黑的瘦瘦的，甚至有點土氣，但時間不用太長三個月後，她的外型變化就會天翻地覆，優點一覽無疑。她們白天黑夜都是一個模樣，不會白天美死你，晚上嚇死你，她們保持著實在、自然的美。

小城女人愛自己的孩子和男人。在春陽初上或者秋日普照的季節，她們會悠閒地坐在自家沙發上給孩子和男人織毛衣，打發著那輕輕流淌的時光。

小城女人走路的姿勢很優美，像弱柳扶風，像陽春三月解凍的薄冰。節奏慢，注重動感和整體效果。遇到男士打量自己，有一種竊喜之餘，不免也有些許羞怯，那時的眼神可以用“脈脈含情”來形容很恰當。

小城裏的女人，可以素面朝天，也可以略施粉黛，但是站在人前時永遠是那麼光鮮靚麗。她們有時間享受生活，有時間在提高生活品質上下功夫。她們上班時提個精緻挎包，輕移碎步，走出一身的綽約風姿神韻。小城女人中也有追求前衛時尚的，昨天在上海流行的時裝，不出一周，也許就會出現在她們的身上。她們愛穿最新流行裝，變著招式地包裝打扮自己，穿出了小城女人燦爛的萬種風情。

小城女人不是一隻花瓶，更不是一隻酒瓶。小城女人的快樂是在內心中吟唱生命的歌。她們買米買菜討價還價，捨不得打的回家，她們心中有愛什麼都不怕，她們腳下有路再走也執著。

小城女人會過日子，懂得節儉，也捨得花錢。總能把錢恰到好處地用在點子上。小城女人也計較，與攤販侃起價來，簡直可以成爲一門學問。令商販的生意食之無味，棄之可惜，不痛不癢，就那麼一點利兒可得。小城女人多是男人的衣服女人買，單身男同事的衣服都拜託熱心的女同事操辦。

小城裏的女人熱愛戶外運動，她們常常在節假日徒步走入雪山草原、河谷小溪，感受曠野凜冽的寒風，放飛心情、超越自我；小城裏的女人也愛上網，但她們更多尋求的是一種心靈上的釋放，寫一些心情文字，而不是在網上加班工作；小城女人也常帶著孩子和家人回到娘家，體味鄉村氣息，而不是老去那一成不變的濱河公園。

小城女人的身上閃爍著人性的光輝，她不僅愛自己的親人，也熱愛大自然的一切，包括秋天的一片落葉，春天花叢中飛舞的小蟲子。她會穿著新潮的時裝，讓迷路孩子的眼淚、鼻涕流在她的身上，也會伸出修剪得整潔的手，將零錢放到街頭乞討者髒兮兮的手中。

小城女人很賢慧。大都做得一手好飯菜，勤儉持家，相夫教子。

小城女人用明智打理著日子，用詩意闡釋著生活。每天都面對陽光，每天都溫暖自己的心靈，讓心永遠年輕。

小城文化底蘊深厚，小城女人依然保持著傳統東方女性富有犧牲精神的稟性。有了這樣的女人，男人們才能走南闖北，打下一片屬於自己的天下。

女人給城市注入了活力，讓多姿的城市更加絢麗。小城在女人獨特的芬芳中一天天長大、一天天發生著變化。在時代浪潮的洗禮中，也有一批小城女人走出熟悉的小城，遠飛他鄉，在京城首府、機關企業，在各行各業展示著博樂小城女人的風采。

小城女人溫柔中透著剛毅，賢淑中藏著倔強。小城裏的女人是男人捧在手心護之左右的賢妻、嬌女和慈母。小城裏的女人是一道永遠也讀不厭、看不倦的，有趣而別致的風景線。她們妖豔與淳樸共存，高雅與凡俗同在。這就是小城女人 —— 精明靈巧，柔婉文靜，如詩如畫而又讓人一言難盡的博樂小城女人。

小城閑人

“閒人”這一階層，自古有之。小城博樂，自然也不會另外。改革開放 30 年，百姓生活水準有了大幅度提高，漸漸地，小城也出現了一批“閒人”。街頭、飯館、茶社、酒吧、公園，甚至林帶、牆跟下……，幾乎到處可以見到這類人的身影。

樹蔭下，一張圓桌，幾隻小凳，一壺濃茶。下棋、打牌、搓麻將，怡然自樂；早市上，邁著八字步，唱著哼哼曲，拎鳥籠，抱花盆，穿梭逗留；垂柳旁，池塘邊，滿湖碧水，一竿魚鉤，便可進入“鉤勝於魚”的意境；牌室裏，人影幢幢，煙氣迷濛，隨著一聲“糊啦”，滿屋便是喝彩聲和麻將攪混聲；超市、商場、精品店、美容院，倍受女“閒人”青睞。

大凡世上閒人，謂之“有閑階層”亦可，是對世間遊哉悠哉者之統稱，大意是相對於每日或身陷俗務日理萬機、或爲衣食奔波勞頓、或勞心勞神者而言。所謂閒人，必有一定的“功底”，或事業有成而閑，或豐衣足食而閑，或有爹娘爲他打好天下、而他只需守業或坐享漁利而閑，最不濟也該是剛剛完成了一個創造、做好了一時之功而所謂的片刻“偷閒”吧。說到底，閒人之閑，必有充裕的物質或精神作後盾而閑之。

小城“閒人”們曾經很忙，有的是過去的“能人”，有著輝煌的歷史。他們演變爲“閒人”的過程各不相同。有些人原是農民、工人、商店職工。他們棄農經商、留職停薪，個體承包、跑運輸、搞建築、賣服裝，販蔬菜……什麼掙錢來什麼。他們風裏來雨裏去，不辭辛勞，積累了一筆不菲的資金，覺得人生在世，無非“吃穿”二字。苦已吃了，錢也掙了，該放鬆享受一下了。他們或收攤，或承包，或租賃，或轉讓……，而後在小城購置了房產，過起了安穩舒坦的小日子，成了無所事事的“閒人”。

小城閒人，有些人原是國家機關、企事業職工，他們火熱的青春獻給了工廠、農場、機關，過去的年代圖個名譽，現代社會看重個人價值，年齡大了，既然在單位混不上個一官半職，不如早退、內退、病退，反正工資少不了多少。小城閒人，有的是剛從領導崗位上退居“二線”，實則還沒有到退休年齡，與其在單位上呆著礙眼，不如回家伺弄花草、享受天倫之樂。小城閒人，有的是近年來搏擊商海、賺得盆滿缽溢的商人；有的是面朝黃土背朝天、辛苦了一輩子的莊稼漢，兒女有了出息後在小城買了房子把父母接來享清福；有的是功成業就的知識份子，在家賦詩作畫，伺弄孫兒；有的是隔壁鄰居大嬸，手扯彩扇，每天去廣場扭秧歌、舞太極劍。也有些女人，因著丈夫官當大了或做生意致富了，便也早退在家，自己牽條小狗、消遙逛街，步入了“閒人”的行列。

還有部分下崗工人，一無文化，二無技術，“體面”的工作沒有，“卑賤”的活兒不幹。這兒三天，那兒五日。吃飯蹭父母，孩子靠岳父母，下崗費湊和著零花，無形中也成了“閒人”。

小城閒人中，也有一批舞文弄墨、吟詩作文的文人。文人們希望多一些閒暇時分，多一些閒情雅致，追求“品茗呷酒漫讀書”的浪漫情懷，渴望“一番心思在雲裏，管他夜雨與寒霜”的意境。文人們悠閒的是一種心境，一種慵懶而華麗的心境，悠閒的可以看看藍天白雲，聽聽一些閒時小調，感受風與陽光，爬山跑步擁抱一下自然。文人們幻想有著閑雲野鶴的閑，有著“采菊東籬下，悠然見南山”的閑，有著不食人間煙火的閑。

“閒人”之閑，既是一種生存狀態，也是一種生活態度。

小城閒人，喜歡和朋友時不時出去小酌。小城裏能喝酒的差不多都認識，屢有熟人加入進來，越聚越多，最終喝個不亦樂乎，一頓酒沒六七個小時喝不完。猜拳行令聲此起彼伏，稱兄道弟聲不絕於耳，你拍胸脯發誓爲朋友兩肋插刀，他拍桌子痛罵某人不夠意思，直至杯盤狼藉仍意猶未盡。罵聲一定是發自肺腑，誓言卻不能當真，小城閒人酒後的大話假話聽起來比真話還真。但這無損於閒人喝酒的樂趣。喝酒原本就是沒有身份的閒人的事情。閒人有大塊的時間，卻沒有諸多的講究，不必考慮是否影響自身形象，更沒有任何功利因素，閒人的酒，喝得其樂無窮。交際場上的酒，閒人喝起來索然無味。

小城閒人，信奉“無邊風月屬閒人”，喜歡在陽光燦爛的日子，在山野間閒庭信步，一副悠然超然的樣子。不急不躁地漫步于時光裏，閱盡山色美景。

小城閒人，喜歡用麻將消遣時光。他們認爲，麻將是老年人的健身器，也是市民的磨心石。在世風日下、人心不古、道德沒落的日子，打麻將可以讓人忘記生活的煩惱與不幸。每一次“自摸”和“和牌”都能讓閒人們或多或少地體會到勝利的喜悅與成功的快感。

小城閒人認爲閒暇易得，閒情難求。如今處在時代飛速發展階段，社會急劇變更時期的現代人，想的是文憑，爲的是升官，謀的是發財，早已沒有了山水溪石間，手執一卷之明，頓覺“清風不識字，何必亂翻書”的快意，沒有了林壑松風下、詩書在握之際，大感“舉杯邀明月，對飲成三人”的溫馨了。

小城閒人，有了閒暇時分，多了閒情逸致，閒書便爲閒人所愛戀，更爲閒人所癡迷，儘管並非“青春作伴好還鄉”，卻又的確“漫捲詩書喜欲狂”。這等閒書，或許便是宋人錢帷演自詡“蓋未嘗頃刻釋卷也”的所謂“坐則讀經史，臥則讀小說，上廁則讀小辭”的諸此種種了。

小城閒人，遇見了老朋友舊相識，他必熱情寒暄。問罷了你，還要問你的父母或者兒女，甚至七姑八姨，以及鄰居。三代之內，方方面面。家事、國事、天下事事事關心。你嫌累，你厭煩，但面上千萬不敢表現。強裝笑顏，還得敷衍。畢竟，人家因關心而問你，怎能不識好歹。

小城閒人，碰到你換上一款新衣服，你那簡單的穿衣打扮，在閒人嘴裏，可以喧上幾十分鐘，談興依然不減。急得你恨不得上天入地、化作神仙循去。

對於閒人，天文學家說，因爲天上的太陽的黑子增多才有了這些閒人；地理學家說，因爲地上的草木減少才有了這些閒人；人類學家卻一口咬定是人太多的緣故，南瓜葫蘆一條蔓上花開得太多必然是有荒花的。

餘之謂“閑”，不論富貴與否，也不論階層的高下，只作平易，只作自然。這種閑，是氣定之“神閑”，從身到心，都是一種放鬆、淡定、持續的身心狀態。唐人李涉“偷得浮生半日閑”之閑，只能是一種煩惱人的笑，也是不能稱爲“閒人”，而只能作爲“半日”之閑而已。如此之“閑”，權作人生路上的一次休整。此“閑”非彼“閑”，“閑”過之後，還有更多的和更複雜的人生等在後頭。

人生逆旅，青山綠水欣賞去，雲卷雲抒樂天真。丟下那心中千千結，無憂無慮尋開心。願天下人都偷閒做個閒人，讀點閒書，做點閒事，閑而有思，閑而有情，修得閒趣，享得閒福。

好好活著

今天，去給一位朋友的母親送殯。

在新年的鐘聲敲響前的一個小時，這位朋友的母親在頑強地與病魔抗爭了幾個月之後，終於帶著對生活的眷戀、帶著對兒女的牽掛，撒手人寰。

上午的追悼會上，主持人短短幾分鐘的悼詞，概括了她平凡而坎坷的一生。在沉重的哀曲中，在親人們的淚光中，親友們把她送往墓地，送住了永久的歸宿地。

人的一生，簡短而倉促。我們每個人，都是在自己的哭聲中開始人生的第一步，在別人的淚光中結束生命。這是不可抗拒的規律。無論別人怎麼"山呼萬歲"，無論怎樣位高權重，終究是必然要走向衰老、走向死亡。

在自己的哭聲中開始，在別人的淚光中結束，這中間的時光，就叫做幸福。活著的時候，少一些爭權奪利、少一些爾虞我詐，多一些豁達開朗、多一些善良寬容，那樣，我們的生命就會陽光燦爛、充滿了溫暖與祥和。

權力與地位、財富與金錢，生帶不來，死帶不走。當一個人失去生命的時候，其所擁有的金銀財寶、名車毫宅都將人去樓空、毫無意義。享受生命的快樂、享受人生的意義，是生命的至高境界。一個人的生命長短並不是最重要的，重要的是我們怎樣度過這些日子；我們的生命不是爲了在費盡心思的刮骨索取、爭名奪利中蠅蠅度過。也許我們一生都將平平凡凡，但能夠做到一生都平平淡淡是再也偉大不過的事情。平凡本身就是一種偉大。

迪卡爾說：“我思故我在”，活著，就要表明自己的存在，表現得與死不同。你是否開懷笑過，你是否切骨痛苦過？一個短暫的回憶足夠讓人幸福一生，痛痛快快流淚的人也是幸福的。人生在得與失、苦與樂之間不斷輪回徘徊，“在一切失去時，希望依然存在”。生活不是一種負擔，無論成敗得失，無論悲喜哀樂，無論精彩平淡，無論貧富驕奢，只有摯愛生活才能享受其中樂趣，我們擁有的是過程的精彩而不是結果的短暫。青春不會永駐，漂亮、狂喜和生命，總有一天會消逝，而愛是永恆的。

逝者已遠，生者猶行。好好活著，不以物喜，不以已悲，活出境界，活出超脫。

走進直播間

從 2009 年始，我被自治州人民政府糾風辦聘請爲“政風行風監督員”，履行對政府部門和行業中存在的不正之風進行監督與批評的責任。這是一項義務性的工作，需要有較高的參政議政能力、熱情投入、付出的精神和正直、敢於仗義執言的品質。

我曾從 80 年代起就開始擔任縣政協委員、後來又擔任自治州九屆政協委員，涉及民生、社會熱點問題的政協提案寫了幾十個，有的收到了一些效果，有的可能超前了一些，被認爲是以後的事。但是關注身邊的事、關注社會公正、公平、正義的事，我是一刻沒有停止過。

記得溫家寶總理在今年初的“兩會”記者招待會上說：“公平正義比太陽還要有光輝”。這句擲地有聲的話語成爲中國民眾和世界各地廣爲傳頌的名言。實現“公平、正義”中國已經上路，只是這條路還很漫長。人民期待陽光普照的美好日子，更期待比陽光還重要的“公平和正義”。

身邊的很多事，和聽過、看過的事，感覺我們的這個社會，還存在很多不公平的事和現象，這個社會太需要公平和正義了、太需要輿論的監督、民眾的監督了。“行風監督員”工作，雖然沒有薪酬，但能夠利用“政風行風監督員”這個身份，做一點對社會底層的老百姓有益的事，能讓這個社會多一點公平正義的聲音，也算是盡到了一個有良知的公民的義務和責任了。

擔任"政風行監督員"後，我和同事們走訪了一些單位，儘管看到的只是表像，聽到的都是"正常"、"完美"的聲音，但深層次的問題仍然促使我們進行思考。如果我們的政府部門真正履行了"公僕"的責任，那麼社會上就不會有很多的投訴、抱怨，周圍不平等的現象也會逐漸減少，一些激烈的矛盾就會慢慢淡化，我們離真正的"和諧"社會也會越來越近，百姓就會安居樂業。事實上，這只能是我們的一個美好的期待，大量的深層次矛盾都還在種種表像掩蓋之下，需要政府部門與官員認真履責，撲下身子化解矛盾，當好納稅人的勤務員。

履職的時間裏，我數次走進直播間，點評行風節目，發表自己的意見與看法。這既鍛煉了自己更進一步的理性思考能力、觀察能力，同時促使自己更加關注社會的熱點焦點問題，關注身邊的民生問題。

在工作中，我認識了其他的行風監督員，他們扎實的工作作風、爲人謙和的性格、嫻熟的業務能力與敬業精神，都給我留下的深刻的印象。有時爲了弄清一個熱線問題，行風監督員經常深入大街小巷、農村的田間地頭、部門機關，瞭解真相，把百姓的真情民意通過電波傳播出來，讓社會關注，讓民意得到釋放、讓生活中多一種話語的力量，推動矛盾的化解。他們的辛勤奉獻，得到了很多聽眾認可和歡迎。

行風熱線節目，讓我們的生活中多了一份關懷、多了一份溫暖，讓灰暗的生活多了一束明媚的陽光。

讀書寫文章是爲官者的一項基本技能

最近，看了兩則消息。一個是曾擔任過安徽省能源集團有限公司黨委書記、總經理（正廳級）的張紹倉，因涉嫌貪污、受賄案在阜陽市中級法院開庭審理。他含淚念了自己寫的 4 頁悔過書，卻與《檢察日報·廉政週刊》在 2007 年 5 月 29 日刊登朱福忠的悔過書《我的錯誤是在無監督約束下發生的》多處雷同。另一則消息是寧夏同心縣委書記王中連續用 19 個晚上，檢查了全縣 267 名在職副科以上幹部的學習筆記，發現縣水利局、編辦等單位的領導讓秘書代筆，或用往年的筆記冒充，這部分幹部已被責令作出深刻檢查。

前一則消息說明，貪官不學習、不讀書，不能治心養性，就會寡廉鮮恥，爲非作歹。後一則消息說明，我們的一些幹部，平時不注意學習，不注重理論思考，不注重實踐，一瓶不響，半瓶咣當，弄虛作假，昏昏然終日忙於應酬和權術，玩物喪志。

黨的十七屆四中全會《關於加強和改進新形勢下党的建設若干重大問題的決定》提出："把理論素養、學習能力作爲選拔任用領導幹部的重要依據"。理論素養是衡量領導幹部綜合素質和能力水準的重要指標。理論既是科學化、系統化、觀念化的複雜知識體系，也是認識問題、分析問題、解決問題的思想方法和工作方法。古人也講過，治天下者先治已，治已者先治心。提高理論素養、治心養性，一個直接、有效的方法就是讀書作文。讀書寫文章是領導幹部加強黨性修養、堅定理想信念、提升精神境界的一個重要途徑。通過研讀傳統文化書籍，吸收前人在修身處事、治國理政等方面的智慧和經驗，就能養浩然之氣，塑高尚人格。

讀書與寫文章，相輔相成，是學而致用、提高理論素養和學習能力的主要途徑，是對領導幹部的考驗和鍛煉，是提高執政能力的要求。鄧小平曾經說過："拿筆桿是實行領導的主要方法。領導同志要學會拿筆桿。開會是一種領導方法，是必需的，但到會的人總是少數，即使做個大報告，也只有幾百人聽。實現領導最廣泛的方法是用筆桿子。用筆寫出來傳播就廣，而且經過寫，思想就提煉了，比較周密。所以用筆領導是領導的主要方法，凡不會寫的要學會寫，能寫而不精的要慢慢地精。……不懂得用筆桿子，這個領導本身就是很有缺陷的。寫文章也不是很困難，主要是要意思好。領導同志具備這個條件：瞭解情況比較多，看問題比較全面、正確。技術方面的問題是次要的，自己努力，別人幫助，慢慢就會提高。"（鄧小平《在西南區新聞工作會議上的報告》）

在現實生活中，我們可以經常發現少數領導幹部平時不太注重讀書寫文章，對外界出現的新生事物不瞭解，作風懶墮，凡事都是由下屬操刀、秘書包辦，自己不肯動腦筋、不願下功夫，講話、寫文章靠班子、靠秘書，東拚西湊的有之，到網上原文下載的也有，拿起稿子就念，打開話筒就講，不問內容、不論物件，照本宣科、教條主義，開口閉口套話、官話、大話和正確的廢話，有的甚至對寫好的講話稿和文章也懶得看一眼。試想，這樣讓人捉筆代刀的講話稿和文章品質能好到哪里去，只能是"以其昏昏，使人昭昭"，白白浪費他人時間的"圖財害命"罷了。

文風連著黨風，體現作風。領導幹部倘使平時注意擠出時間多讀點好書，眼界開闊了，知識增長了，素質提高了，寫起文章來自然就能旁徵博引、新風撲面，處理問題也就會做到處驚不變，坦誠從容，一一應對。這方面，博州原政協主席張敬周同志爲我們作出了表率，值得我們很好的學習。原自治州政協主席張敬周在退休之前，曾長期擔任過溫泉縣委書記、自治州副州長、自治州政協主席，退休後，又籌備成立了自治州老年大學並擔任首任校長。他珍藏著四本《自撰話稿》。這四本裝訂的整整齊齊的講話稿，共有 828 頁、50 多萬字之多，絕大部分是張老自己用鋼筆起草和修改的，字跡整齊、修改得法，每一頁都寫得滿滿當當，記載了他擔任溫泉縣委書記期間在各種不同場合下的講話內容，是對當時、當地歷史真實的記載，凝聚著老人家的心血與汗水，體現了他對工作高度負責、求真務實、撲下身子深入調查研究、與群眾同甘共苦的優良傳統和工作作風。這種良好的習慣，直到他辭去博爾塔拉老年大學校長爲止。他在條件艱苦的年代，騎著馬深入冬窩子、田間地頭開展調查研究，立足實際，開動腦筋，積極思考，把理論和工作的具體實踐相結合，自己動手，寫下了許多第一手文稿，有力地指導和推動了各項工作不斷向前發展，給後人留下了寶貴的財富，也給了我們深刻的啓示。

事實證明，領導幹部在認真讀書的基礎上，加強理論思考，自己動手寫文章，可以對工作進行認真反思，進行理性歸納，總結出真正的經驗和教訓。事有所成，必是學有所成；學有所成，必是讀有所成。只要領導幹部"把讀書學習當成一種生活態度、一種工作責任、一種精神追求"，放下架子抓研究，撲下身子抓落實，能夠用心讀書、用心思考、用心講話、用心爲文，那就是黨和國家之大幸、人民之大幸！

煙圈中的女人

記得《一封陌生女的來信》中有一個鏡頭，是徐靜蕾穿著華麗的衣服，在一個人的空房間裏獨自吸煙。那種拿著香煙的姿態，吐出煙圈時候的表情有一種讓人看不透的滄桑，卻又有著一種令人疼惜的淒美、委屈、無奈，堅強外表下掩藏的脆弱似乎隨著香煙一同從口中被釋放出來。

時至今日，抽煙的女人依舊在酒吧、飯店、咖啡屋隱現蹤影。在現在這個時代，煙與女人，仿佛有說不完的故事，談不盡的話題。有人評論煙和女人是朋友是知己。越來越多的女人，在寂靜的晚上，總會把一支香煙輕輕的點起，靜靜的燃燒，然後吐出一口煙霧，看雲霧繞繞。

于男人來說，抽煙是一種極平常的習慣，是一種自然；于女人來說，卻是一種心態、一種意境，只有在極少的時間和空間才會拿起。很多男人把煙看成一種交際，一種嗜好，從而折射出一個人的生活方式；而對於女人，煙，只是一種道具，寂寞無助、孤獨彷徨時的一種近似陪伴的寄託。

不少人，對於女人抽煙，都是處在一種曖昧的態度上，或者說沒有關注過。其實，留意一下，就會感覺到，女人吸煙，那煙圈中縈繞著的，是一種脆弱的美麗；那煙圈中的女人，如一幅無彩的水墨畫，靜默、優美，身邊長長短短的煙蒂，記錄著她曾經度過的寂寞時光。

有人說過，沒有傷痕的女孩是不會愛上吸煙的，沒有受過傷害的女人，是不會愛上傷口的。在吞雲吐霧中，女人的心藏著一個支離破碎的男人夢。因爲失戀，女人學會喝酒；因爲分手，女人學會抽煙；因爲寂寞，女人迷上上網；因爲無聊，女人開始瘋狂。煙草的味道可以讓女人放鬆和麻木。讓身心在迷失的煙霧中學會忘記。

抽煙的女人不會輕易的在別人面前流下眼淚，她們會點燃一支煙，她們不相信生活中的眼淚，她們抽的是煙，吐出來的是孤獨，寂寞，憂鬱，失落，對生活的感歎。

煙是對那些美好細節的緬懷。一個神情憂鬱的女子，坐在冬天憂鬱的場景裏吸煙的姿勢，總是讓人有一種說不出的酸澀。

煙于女人，是一個忠實的伴侶。在心愛的手包深處，一包開口良久的“茶花”牌長煙，靜靜的躺著；大多的時間都是沉默地等待著，只是當女人在談到愛情或是心上人時，便會用一隻秀手款款地伸進去，把它拎出來，它便開始發言，或是傾聽女人的述說。末了，女人在它的細細的白莖上輕輕地吻別，印下淺淺的唇印。女人的往事，便在煙霧中慢慢回憶。那煙升騰的樣子，一如時間的樣子。

很多的女裝煙，在女子眼中，初見便生愛意，一旦擁有，往往暗呤低歎，但仍不敢露出半點馬腳，只是女子之間的竊竊私語。

煙真正的本質只屬於孤獨與落寞。吸煙的女人，無論是小資的，風塵的，悠閒的，煙霧繚繞的背後無不是一顆寂寞孤獨的心。一支煙，一旦遇上火，便會徹底地高唱其註定了的生命悲歌，一旦燃燒，就可以脫去卑微，換作一身傲骨，或許執著是一種女人的天性，或許這也是一種人生態度，義無反顧的燃燒，直到註定中的灰飛煙滅，塵埃落定，了無痕跡。人們的一生，無非是尋找一個燃燒生命的火源，點燃，如煙一樣燃燒，然後毀滅。無悔無怨煙是一種傷害，但同時，煙又讓女人忘記了傷害。一隻煙，便可以掩蓋住難以忘卻的愛恨情仇。

煙是短暫的，所有銷魂的東西，都是短暫的，而美麗也因爲短暫而更加美麗。受一點點傷，就會哭泣，那是單純的少女，但是吸煙的女人卻不會輕易哭泣，選擇煙，也就選擇了一種絕美。一隻煙，便可以品味出聚散之間的萬種柔情。

女人和煙其實也是一番風景。如果說，不吸煙的女人是一抹胭脂紅，那麼吸煙的女人就是一朵曼陀羅。

煙圈中的女人，一邊抽煙，一邊思考，爲自己療傷。煙漸漸飄散，飄不散的是風情和幻想。吸煙的女人知道，抽過煙，她還要繼續她的路程，也許她並不知道終點是什麼。這個時候，女人會明白，當她能飛的時候不要放棄飛；當她有夢的時候，不要放棄夢；當她有愛的時候，更不要放棄愛。

昭君青冢前的悠思

大漠曠野，天高風長，美麗富饒的內蒙古以其粗狂誘人的自然魅力、源遠流長的歷史文化和古樸豁達的人文情懷，像一道濃墨重彩的風景畫坦蕩地展現在中國北部。8 月份，有幸參加中國"西部文化產業博覽會"，我從三、四千公里之外的新疆西部來到了內蒙古首府呼和浩特市。美麗的青城北接陰山，南臨黃河，時值初秋，碧草連天，整個城市浸染著無邊的綠色，像大海碧波中的一顆明珠。呼和浩特市被稱作"青城"當然是再形象不過了。

從市區南行 10 公里，來到大黑河的南岸，這裏巍然矗立著一座高大的土丘，呈覆鬥狀，高三十三米，上面長滿了青草，遠遠望去，就像一座綠色和平紀念碑。這就是舉世聞名的"青塚" — 昭君陵。昭君陵遠望呈青黛色，唐朝詩人杜甫到此遊覽時，曾留下過"一去紫台連朔漠，獨留青塚向黃昏"的詩句。據說每年"涼秋九月，塞外草衰"的時候，唯有昭君墓上草色青青，因此，歷代相傳稱爲"青塚"。"青塚擁黛"被譽爲呼和浩特八景之一。

陵園坐北朝南，走進漢代建築風格的大門，映入眼簾的是一座漢白玉碑亭，碑上題刻著前國家副主席董必武同志的題詩："昭君自有千秋在，胡漢和親識見高。詞客各抒胸臆悶，舞文弄墨總徒勞。"看過碑亭，沿著花崗岩鋪就的道路，前行百余米，是一座高十余米的青銅雕像，王昭君和匈奴單于並駕齊驅，人面馬首西望長安，寓意心系漢室，不忘故土。繞過雕像，後面就是青松掩映的青塚。松間一座漢白玉石碑，四個大字赫然醒目 — “懦夫愧色”，仔細端詳，原來是著名的抗日名將吉鴻昌將軍題寫的。沿著石砌的臺階，緩緩登上 33 米高的塚頂，極目遠眺，陰山逶迤崢嶸，平疇阡陌縱橫，墓草青青，古木參天。昭君墓周圍景色宜人，加上晨曦或晚霞的映照，墓地的景色似乎時時都有變化。周圍的綠色田野一望無際，綠樹秋風，如歌如泣，把人們的思緒帶到了兩千年前。王昭君本名王嬙，昭君是她的字。西漢時期，她出生於今湖北興山縣香溪河畔的一個平民之家，是中國古代四大美女之一。西元前 33 年，漢元帝爲了平息與匈奴的連年戰爭，給天下黎民百姓創造一個和平的繁衍生息的環境，答應了匈奴單于的和親請求，從後宮三千粉黛中挑選了一名待詔 — 王嬙，作爲和親使者，遠嫁北漠邊陲的匈奴單于呼韓邪，她憑著漢家女子的聰明、勇敢與智慧，以爲國家民族獻身的精神，打開了漢匈和親的和平局面，同時也贏得了漢匈人民的敬仰和懷念。她就是青塚的主人 — 王昭君，她的壯舉，足以令天下的鬚眉汗顏。我深深地領悟到了吉鴻昌將軍題寫的“懦夫愧色”四個字的含義。

拾級而下，偶又繞墓地緩行一周。飽覽了古往今來名人的題詩題詞。讀著這些書法雕刻珍品，似又見當年昭君“一身系安危，毅然別故園”的情景。昭君出塞和親，世人稱之爲和平使者，功在當代，惠及子孫。她所播下的友好種子和留下的影響，在後世漢匈關係上，長期起著作用，漢匈之間和睦相處，永無戰事。清代女詩人郭潤玉贊道：“琵琶一曲千戈靖，論到這功是美人”。踏遍了陵園的每個角落，處處幽徑，處處花草，宛如伴隨著昭君的摯友。

登斯塚，懷斯人，心中久久難以平靜。一丘荒塚，掩埋著一個美麗靈魂；一抔黃土，滋潤著一個千古絕唱；弱肩擔大義，纖手寫太平；一首肝腸寸斷出塞曲，繚繞著大漢江山的安危與興亡。頭上的南飛雁剪碎了秋風的憂傷，腳下淚千行，楊柳腰擋住大漠風沙，玉臂挽起了關內外太陽和月亮。柔情似水，廣闊胸懷包羅天地萬象。深明大義的王昭君，受到了世世代代敬仰。平疇沃野上驀然崛起這座山包，是一個永不廢棄的古跡。在內蒙人民的心中，王昭君已經不是一個人物，而是一個象徵，一個民族友好的象徵；昭君墓也不是一個墳墓，而是一座永久的民族友好的歷史紀念塔。

依依不捨地離開了昭君陵，遠眺青塚，我彷彿看到昭君浣紗的倩影；路邊的古柳在風中抖動而瑟瑟作響，其聲悅耳，我的耳際彷彿響起昭君彈奏的琵琶聲……

善待民工

新疆是中國最大的移民省區。在新疆的居民成份中，有半數以上是移民。從漢朝以來，一直到建國後的大規模“支邊”，從內地來到新疆的大量屯墾移民，帶來了先進的文化、科學、技術、知識、資訊，結束了新疆居民稀少的狀況，推動了新疆經濟的發展，促進了“絲綢之路”的繁榮，加速了新疆社會的進步。這些移民，都已成爲新疆的世居的固定居民。

不知從什麼時候開始，我們周圍的一些人開始對來新疆謀生打工的人不屑一顧、嗤之以鼻，稱之爲“盲流”。可是，正是這些被蔑稱爲“盲流”的人們，才讓我們的城市變得漂亮和乾淨，街道有人掃，下水溝有人挖，垃圾有人運，蔬菜有人賣，早點有人供……

我家的周圍，在近幾年間，一直是一個大工地，在民工們的辛勤勞作下，樓房一幢幢地矗立起來。夏秋的氣候複雜多變，一會是火辣辣的毒日頭，一時間又傾盆大雨了，但儘管如此，工地上的人們仍在那裏忙活著，他們棕紅色的脊背上，已分不清是汗水還是雨水了，但那些水裏可能就是孩子的學費，父母的醫療費，還有翻蓋房子娶妻生子的錢。他們的手很粗糙，像松樹的根，不過實在是賽過任何一個能工巧匠，幾個月的工夫，一座座大樓的雛形就立在了我的眼前。

這不得不讓我對這些民工肅然起敬，並且覺得整個社會都應該尊重他們，使他們有一定的地位，起碼能過上好日子，能得到自己應該得到的報酬和權益。而看到他們簡陋的工棚，我想到他們能吃上營養可口的飯菜嗎？他們的住房裏有降溫設備嗎？有起碼的安全防護的服飾和工具嗎？也許，民工們並不在乎這些，只要有自己的工錢就滿足了，其他方面都不重要。他們中的很多人拋妻離子，背井離鄉，常年在外從事著極艱苦的勞動，經常是風餐露宿省吃儉用的，不就是圖個能多攢些錢，過年的時候回家團圓嗎？

但是，作爲人，他們被忽略了。作爲民工，大多數人都認爲他們僅僅是一些來城裏賺錢謀生、隨地吐痰、不講文明禮貌、得機會就偷點什麼的鄉下人。很少有人會想起他們每個人也和我們一樣，少不了委婉曲折的情感經歷，逃脫不了實實在在的生活壓力。爲生存條件所迫，他們不得不離鄉背井出來幹城裏人嫌髒嫌累的重活。

在他們吃苦耐勞、忍辱負重、節衣縮食、積存財富的同時，城市在他們佈滿老繭、傷口、裂縫的手下一點點漂亮起來。他們住的永遠是低賤簡陋狹窄的工棚，遭遇的是城市人輕慢、蔑視、厭惡的眼光。當他們肩扛寒酸的、土得掉渣的蛇皮袋子行李把家鄉的泥土蹭在車站、旅館的水泥地板上時，當他們把一疊疊積攢了艱辛苦澀的血汗錢連同牽掛郵寄回鄉時，渾然不覺中也縮短了城市與窮鄉僻壤之間的距離。

民工的生命力是頑強的，他們自發地流向城市，在低矮破舊的工棚裏，在充滿危險的腳手架上，甚至在臭味熏天的垃圾堆邊工作和生活，還要擔心被有關人員以各種理由趕來趕去，但他們卻像野草一樣頑強地生存著。民工又是弱小的，他們大多受教育水準低、謀生技能差、現代意識不強、維權能力差，難以完全保證自己的合法勞動收入的實現。儘管這樣，許多城市還對民工進城打工設置了種種或明或暗的條條框框。而民工即便是進了城，城市的各種社會保障措施和政策也往往與他們無關。

民工也嚮往過上好日子，也渴望擁有一個能讓他們實現價值的地方。勤勞的品質是一個民族最爲寶貴的資源，我們應該善待民工，儘量呵護民工的積極性，不要再讓他們一次次地傷心失望。魯迅先生曾說，自古以來，處於一種權力結構下的人們，多充當著幫官、幫商、幫兇或者幫忙、幫閒的角色，但鮮有幫民的。我想對那些欺負民工的人說，你手中的權力是人民賦予的，如果你不想幫民工，不能給他們一種真正的、長期的、廣泛的社會認可和人文關懷，你至少不要去做幫兇。

要善待民工。城裏人有今天的幸福生活，與民工的辛勤勞動是分不開的。老實說，民工可能是最能吃苦、最有忍受力、最不抱怨的群體。但他們也是有生命、有激情、有喜怒哀樂的活生生的人，而且他們中有些人的能力並不比我們差，可他們得到的總是比我們少，他們有怨言嗎？也許有，但至少沒我們多。城裏人，讓我們摒棄對民工那種與生俱來的排斥，讓他們像走在自家小院裏一樣自如地走在城市的大街上，要讓他們感到，身邊有許多許多平等友善而不是歧視的目光。

要善待民工。相對于民工所幹的活、所受的苦、所得的報酬，他們的態度已經夠好的了。城裏的一草一木，一磚一瓦，他們怎麼辛勤勞動也不屬於他們，沒他們的份。他們只不過是在這兒耗著，也許只是爲了掙點錢回家蓋房子、娶媳婦、給母親看病、供孩子上學，或者給妻子買一條好看的頭巾……。對他們親手建設的城市，他們是陌生的。因爲城裏人往往有一套所謂的“規矩”，把人分爲三六九等。民工一進城後，不管他多聰明，多能幹，多能吃苦，貢獻多大，他“一次性”就被當成了另一種人。城裏人，不要把民工當外人、窮人、可憐人，實際上正是他們的智慧、經驗和任勞任怨，使得我們許多城裏人不大瞭解也不想瞭解的底層社會，在看似那麼艱難的條件下仍然能夠不斷向前走去。

我們常說，工人、農民是自己的兄弟姐妹，而民工則是外出做工的農民，有著農民和工人的雙重身份，他們不更應該是我們的兄弟姐妹嗎？拋開兄弟姐妹不說，他們也還是中華人民共和國的合法公民，是堂堂正正的人，他們也有人格，他們也有尊嚴，可他們常常受到不公正的待遇，他們的合法權益屢屢受到侵害，甚至他們的人身安全往往都得不到保障，這些都是因爲什麼呢？一句話：這些用工單位和個人爲了自身利益無視國家法律法規及社會道德規範。

也許有很多城裏人沒有意識到，不僅絕大多數民工是好的，而且是這個城市離不了的。假如我們作個設想：有一天這個城市的所有民工都撤走了，那麼這個城市會是一種什麼狀況呢？可能會出現街道沒有人掃、垃圾沒有人運、下水道沒有人挖的情況，還可能出現高樓沒有人建、房子沒有人修、煤氣罐沒有人搬的情況，甚至還會出現青菜沒有人賣、早點沒有人供、孩子沒有人看的嚴重情況……

因此，我們要善待民工，就像善待兄弟姐妹一樣，就像善待自己一樣。

關注民工，就是關注民生。善待民工，就是善待我們自己。

對一棵樹的懷念

每次與一棵樹相遇，我都能感覺到人的靈魂和精神都是與樹緊密聯繫在一起的。

我也曾看見一棵老樹，被狂風雷電折斷了腰身，在風中立了一個世紀，卻依然在春天萌生了枝葉。我們對一棵樹也有情感。從挺拔高聳的身軀讀出它的意志，像時間一樣從不停留，從盛大茂密的枝葉讀出它的語言，像大地訴說它的無邊無際。同樣，我們學會它在世間的矗立，學會他在繁盛時的給予，我們變得不再自我，我們變得溫暖可親。

也許是緣于人生莫名的對比，關於一棵樹的懷念讓我變得迫切。是的，懷念一棵樹，懷念像樹一樣的生命。

我一直想將自己的生命走的簡單，如同那棵老年的樹，就那樣寂寂的也能生長。春天是新綠的季節，那就拼命的發芽好了；盛夏是蔥綠的時候，那就茂盛的展開枝葉好了；秋天葉子也許會紅會黃會凋落，那就讓它或紅或黃或凋落好了；冬天也許只有光光的軀幹線條一樣的獨立北風中，那就這樣獨立在北風中好了。我的身上塗抹的是四季的顏色，或濃或淡，可是卻能永遠真誠、永遠自然且分明的展示自己。一棵樹的感受，足夠我用一生的時間來回味。

天空時而鬱暗且低，或者奇怪且高，然而無關生長的心情。懷念一棵樹生長的日子，從沒有停止，時刻拉近與天空的距離。每份每秒都能聞到綠的氣息，能聽到了生命的血液。生長啊，往高處生長。對世界的認識，唯有用這獨有的方式，我們看著風從樹的肩上掠過，看著雲在樹的頭上游離。鳥兒，是常來的客人，它總能給樹帶來遠方的訊息，或者是愛情或者是友情又或者是某個地方的鄉音。

一棵樹有時候也會寂寞，像某種需要塡補的心靈。在很寬很廣的原野，有一望無際的草，儘管沒有森林，也會成爲一道風景。這樣的一棵樹，不會因爲寂寞而輕易死去，它會想法子繼續存活下去，它還會繼續生長。既然命運安排了一個這樣的環境，它也不會忘掉高高向上的夢想，它會儘量長得高點更高點，枝葉儘量茂盛再茂盛點，然後期待獨木也能成林。

一棵樹忠實于自己的人生，忠實於自己的感情。天空也許會老，河流也許會枯，土地也許會荒蕪，一棵樹也許會死，可是，對天空對土地對河流而言，樹永遠不會離棄。

一位作家說，如果有來生，那麼來生作一棵樹好了，如果可以，那麼想做一棵相思樹！！

是啊，來生做一棵樹，風一吹，它就搖晃著，再一吹，它就改變方向，向人們招手。這也是一種極致的美麗。

也許，歲月能改變一棵樹的容顏和姿態，也可以改變一個人的生死和性命，但它改變不了的是，一個人對一棵樹的欣賞和讚美，改變不了對樹的敬畏和懷念。

所以，在這樣的一個日子裏，我選擇了懷念，懷念的便是這樣一種美麗。

老　家

和許多老新疆人一樣，我有兩個家鄉，一個是成長於斯、工作于斯新疆的邊陲小鎮，一個是我的老家，遠在江淮大地。多年漂泊在外，在老家生活過的那些往事已經成爲遙遠的回憶。雪山草原、森林牧場、阡陌綠洲、邊關風采，在我生命中打下了永恆的烙印。

其實，隨著年歲的增長，對老家的感覺，像陳年的酒、愈久愈濃；老家，那是我思念之源、夢想之源。

打開記憶的匣子，回憶老家的時候，我彷佛看到那夜夜向我微笑的明亮的灰暗的、眨眼的不眨眼的星星的身影，聽到那清亮亮的甜潤潤的流過家鄉的土地也流過我的心頭的歡快的小河的歌聲。在品嘗完一杯茶、看完一張晚報的時候，和一台電腦面對面，劈劈啪啪敲出我夢想的渴望的回家的感覺……

老家，那是寒夜裏一點明明滅滅的溫暖的光，那是晴空裏一片輕輕柔柔的潔白的雲，那是曠野上一棵屹立在孤獨之中卻又遠離孤獨的參天的樹，那是一張無形的卻又深深打撈起每一個遊子思鄉之情的記憶的網，那是故鄉的親人用隱隱的期盼編織遊子身上的寒衣。

夢裏依稀回故鄉。記得那個清晨，霞光初露，村子的上空到處縹縹緲緲，薄薄的輕霧籠罩著村莊，猶如羞答答的村姑輕柔朦朧。頭天被烈日曬蔫了的花草樹葉，在露珠的親吻下，又鮮活地昂起了頭。隨著太陽露出光芒，薄霧隨著晨風散去，遠處的群山連綿不斷，此起彼伏；眼前的農舍瓦房棟棟，雞犬聲聲。山腳下，一片片金黃的稻田，泛起層層稻浪，成熟的稻子千嬌百媚，有的與蛙語共鳴，有的與花香同醉……

家鄉連綿起伏的丘陵，紅紅的酸棗、甜甜的梨子和柿子、金黃的香瓜，就像是城市變幻的霓虹，院子裏的雞、灣裏的鴨還有樹上的鳥，共同演奏一段田園交響曲，平日不願拋頭露面的蛐蛐卻是最不安分的愛出風頭的聽眾，總在夜深人靜的時候炫耀自己的歌喉，小村在嫋嫋炊煙裏縹緲著黃昏的恬靜和祥和，夜深的時候，又在一兩聲犬吠和溫柔的月色裏安然進入夢鄉。

金色的五月麥子豐收的時節，父老鄉親戴一頂草帽頂一輪烈日躬身在麥子的海洋裏，銀色的鐮刀就像一尾尾歡快的魚在金黃的麥浪中遊弋，鐮刀穿行之處，麥浪一層層匍匐在鄉親們的腳下。割麥子，是一件很苦的活，需要一種高度的忍耐力。熾熱的太陽罩在頭頂上，像蒸籠一樣，曬得臉上、胳膊上黝黑，蓬亂的頭髮裏浸著汗水、沾滿了麥芒。很少有風，偶爾能聽到螞蚱的叫聲，彷彿在感歎生命的不易。鄉親們挺立於麥浪之上擦著額頭的汗水小憩時的姿勢，就像大海中的一座座燈塔，照耀著故鄉豐收的原野，照亮了農家幸福祥和的生活、年年有餘的日子。

金秋季節，稻浪翻滾，滿眼是低垂的稻惠，微風過處，稻香撲面而來，空氣中蕩漾著豐收的喜悅。到了夜幕降臨的時候，村子悄悄的蒙上了夜色，一輛輛小四輪拖拉機從四面八方，載著收割的稻子，一對對、一排排朝場上駛來。不幾天，場院裏就滿滿當當，收割的稻子堆起了一座座小山。站在金色的收穫中，村裏人的臉上充滿了豐收的喜悅。

記得那時幹不了活的孩子們，也是整天泡在場院裏。餓了，從家裏拿個饅頭跑到院場裏吃。渴了，喝大人們瓦罐裏的開水。困了，找個僻靜的角落睡上一覺。我記得村子後面有幾棵高大的桑樹，繁茂的樹枝像一把大傘遮住酷熱的陽光，坐在樹下十分的清涼，爬到上面，可以摘到紫紅的桑椹。

在河灣裏，一隻只小漁船在蘆葦中出沒，或打魚、或采藕、或收菱。在河汊小湖下網捕魚中，我練就了一身好水性。長蒿，撐起一片片希望；蕩起的陣陣漣漪，沉澱著彩虹似的夢。

難忘老家，老家有收穫的季節，老家有生命裏最原始、最質樸的東西；老家是一首歌，那首深情的曲子從你一出世的時候就已經融入到了你的血液和精神之中，不管你走到天涯海角，也不論你的歌喉是否優美、嗓音是否洪亮，只要你在工作的間隙望一眼故鄉的方向，或者在某一個寧靜的夜晚，在你走出房間、走出酒綠燈紅之後，有意無意間舉頭望一下那輪金黃的圓月，不用低頭，老家或許就已經在你的思念中、記憶裏了。老家的印象，是詩情畫意，是鳥語花香，是勤勞奉獻，是豐收在望，是舒展陶醉。老家總是給我許多美好的追憶。想起老家，使我在浮華的世界裏得到了一種清醒和自足。

走過人生的那條河

在冬日的陽光中，我在河道邊的林子中穿行。陽光透過稀疏的樹枝，印照在厚厚的積雪上。河水依舊在潺潺流淌，不時激起幾朵小小的浪花。歲月隨著河水，無語流走，帶走我們的青春、帶走那燃燒的激情時光。

隨著河水蜿蜒前行，恍惚中是在歲月的河流中淌過。我們用心槳劃破幽靜的夢，留下的串串足跡凝固成瞬間的永恆。

往事如煙。時光流轉，曆久彌珍，曾經的歡笑、曾經的輝煌，曾經的豪情萬丈，早已成爲滋潤心田的甘泉，照亮前程的燈火。

有愛，就會有一切，人生的真締有時很簡單。在淌過歲月的河流後，我們可以領悟更多。

歲月流失以後，豐碑還在。人走遠以後，故事還在。長成于斯，工學於斯，春播秋種，寒來暑往，漸漸的，我們也會變成爲這河邊樹上的一枝樹杈或一片葉子，清風明月無價，遠山近水有情，這一份淡泊寧靜，也只有自己才能體會。無畏歲月的風霜染白雙鬢，不懼生活的雕刻滿額的皺紋，以這樣的情懷，以一種不依附於任何的姿態和境界，獨立於大千世界芸芸眾生。

我們邁步，沿著時光車輪留下的轍印；我們求索，走過人生的長河。

酒中人生

酒不醉人人自醉，千杯飲盡劉伶愧。對月邀飲嫦娥伴，一江愁緒酒中會。

烹羊宰牛且爲樂，會須一飲千百杯。醉臥桌頭君莫笑，幾人能解酒深味?

酒的存在，便是讓人醉的，如同愛情的存在。

不同的種類，不同的顏色，琳琅滿目，它擺在世人的目光中，任人挑選。

有的人喜歡喝那種烈的，烈得可以燃燒的那種。他不但喜歡烈，而且喜歡大口大口地喝，然後再猛醉一場。他喜歡在醉裏找尋夢想，在醉裏火辣辣地愛一次，無怨無悔，哪怕是醒來，只留下痛苦。

有的人喜歡喝那種淡淡的酒，比如啤酒，不是爲熱烈地醉，只是爲了慢慢地品嘗慢慢地醉，不一定是爲了全醉，但卻要有醉的感覺。他可以看著酒杯，在沒有醉之前便開始幻想。這樣的酒，他可以喝上一生，也可以醉上一生。

有一種人，他喜歡喝那種鄉下人釀造的米酒。很淳樸，鄉下人大多會做，雖然廉價，但卻另有一種芬芳，他就是喜歡這種味道，並且願意在這種味道裏醉倒。

有一種人，他喜歡喝那種很貴很貴的紅酒，很多人都買不起的那種酒，最好是這個世界上獨一無二的酒。他也許會醉，也許不會，他其實更喜歡那種買的感覺和眾人羨慕的目光。

還有一種人，更徹底，他可以買所有種類的酒，但卻不喝，只是爲了珍藏。你可以說他很奢移，但他願意，你管不著，因爲他有錢他買得起。

當然也有一種人，他什麼酒都不買，並且鄙視所有的酒和所有喝酒的人，他永遠不知道喝酒的快樂也不需要體會醉酒的感覺，他需要的除了"清醒"還是"清醒"。

其實關於酒，它也有它的愛情。

不分層次，不分色彩，它不孤芳自賞，它也不妄自菲薄，它只是希望找到一個懂得喝的人，只要找到一個懂得怎樣喝，懂得怎樣才能知道它味道的人就好。

酒終生的願望，只不過是要找一個真正有味覺的嘴，真正能承受它的胃，真正能夠醉倒在快樂中的人。

然而酒不能，更多的時候，它只是被標上價格擺在貨架上。它沒有選擇，它只能聽天由命。

其實，在很久很久以前，酒的愛情就已經死掉。

沉思的草原石人

溫泉縣的石人、岩畫、墓葬地，形成了草原的三大奇觀。

因其古老和神秘，人們遠涉而至後，對其膜拜，感受久遠文化隱隱律動的脈息。

草原石人，至今仍是一個沒有解開的謎。這種奇特景觀，是一個讓現代學者們無從考研的未知世界。

溫泉的草原石人，從看到它們的第一眼開始，也許你就在想這樣一些問題 —— 這些石人是誰雕鑿的？屬於哪一個民族部落的文化遺產？它又意味著什麼？

遺憾的是，誰也無法找到這些問題的答案，對此史學界也沒有一致意見。

溫泉縣的草原石人均是由一整塊岩石雕鑿而成的，與真人身軀相差無幾，它往往和墓地聯繫在一起。

有一個較爲明確的事實是：這些石人是隋唐時期突厥遊牧民族的墓前雕像。經過一千多年的風吹雨淋，墓穴早已陷落無蹤，只有雕像恪守著自己的職責，履行著墓碑應盡的義務。

溫泉縣草原多雨，在嘩嘩的雨聲中，草原長久地處於古老的安詳與寧靜中。雨點，澆濕了石人的頭髮與雙肩，但它對這一切已渾然不覺，以千古不變的姿態雙手抱置胸前，面東而立，專心思索著他不知已想過多少遍的心事兒。在它目光的盡頭，太陽又透出了淡淡的餘暉。

也許只有太陽才能解開這個謎。因爲在草原上只有三種東西超越時空並且不會腐爛，那就是太陽，石頭和風。

夢想可以改變人生

遠在南京的一位老作家給我寄來了央視名嘴朱軍最近剛出版的自傳《時刻準備著》。我利用兩天的大禮拜休息時間一鼓作氣讀完了這本書，朱軍奮鬥不止並最終獲得成功的經歷，喚起了思想上的共鳴，給人一種盪氣迴腸的感覺，這是一本當今難得的勵志書。

夢想可以改變人生”，“得意時淡然，失意時坦然”，這是我看過朱軍的《時刻準備著》後在心中最爲醒目的二句話。這也是二句淡泊名利而又自強不息的人生格言。正是這樣的二句簡潔明瞭的話激勵著朱軍從一個名不見經傳的相聲演員，成爲了今天家喻戶曉、赫赫有名，可以挺胸抬頭走上“金話筒”領獎臺的一流主持人。

我們平時總是習慣旁徵博引幾個名人名家的言語或是經歷來充實自己的話語，壯大意喻的聲勢，可那些被一筆帶過的辛酸史和成功錄卻是鮮爲人知的。

在進中央電視臺之前，朱軍只是蘭州軍區戰鬥歌舞團的一名相聲演員，兼任團裏的節目主持人。常年的相聲基本功、繞口令、貫口功夫，使他當這個主持人還是遊刃有餘的。由於他是部隊老兵，形象還算一身正氣，嗓音尙屬渾厚，是八十年代比較標準的部隊文藝工作者形象，所以在“蘭戰”得以穩步的發展。隨著主持次數的增多，朱軍變得小有名氣，甚至走在街上時，也會有很多人指著他說：“這不是電視上的那個人嗎？”這簡單的一句話對於當時的朱軍來說，無疑是令他亢奮的催化劑，也點燃了他當時對未來的些許憧憬，用他自己的話說：“直至今天，我都覺得那種感覺無法細緻的描述。”

由於朱軍在當地是較爲“臉熟”的主持人，因此在一次電視電視臺慶祝黨的生日晚會上他被定爲主持人。也正是因爲這個機會讓他有幸結識了楊瀾。這麼說並不因爲楊瀾的名氣，而是楊瀾說過一句對朱軍的一生起了轉折性的一句性。“朱軍，你主持的挺好的，你應該走出去試試，要是原地不動的話，５年，也就是５年，你就沒有什麼太大的發展了。”當時的朱軍見識不廣，對於她的話只是開始朦朦朧朧地幻想。直到中央電視臺的高立民導演稱讚他的條件不錯，並鼓勵他有機會去北京發展的時候，朱軍才暗自下了去北京的決心。這兩個人是朱軍無法忘卻的，她們雖然只是說了不經意的一句話，但對朱軍來講，卻是知遇之恩。

人生就是這樣，沒有艱難的選擇就沒有後來的一切。1994 年，朱軍滿懷著對事業的憧憬，背負著妻子的信任和祝福，以及自己僅有的 2000 元錢來到了北京。亢奮和激動的心情令他飛奔到中央電視臺。很可惜，高立民導演和楊瀾的電話一直無人接聽。朱軍只是在傳達室的長凳上渡過了在北京的第一天，整整２４個小時。這２４個小時裏他只勉強吃了碗湯麵。孤零零地在這個陌生的城市裏摸索著找到了一家地下室旅店。寂寞和無助充斥著他的心，幸好此時的朱軍沒有灰心，因爲他知道，開弓沒有回頭箭，他是男人。我不是個毅力堅強的人，對於朱軍這個決心宛如磐石的漢子，我由衷的欽佩。幾天過去了，電話依舊沒人接，囊中羞澀的朱軍態度如初。所謂天將降大任與斯人也，必先苦其心志，勞其筋骨。終於在來到北京的第四天，他遇見了人生中的又一“貴人”。要知道，中央電視臺的大門是不比農貿市場的大門的，進門需“進門條”。朱軍在門口已徘徊許久，秋天的瑟風早已將他的臉吹的腓紅。正巧那個時候一個小姑娘總是在門口出出進進的接人。無奈之下，朱軍只得硬著頭皮跟人家“套磁”。憨厚的長相和他的軍人證贏得了這位姑娘的信任。朱軍終於步入了央視的大門，心中有說不盡的感動。

有一句話說的特別好，“朋友就是爲你擋風遮雨的，如果你在很遠的地方承受著風雨，而我卻無能爲力，我也會爲你祈禱。祈禱那些風雨降臨到我身上。”人的一生總會有很多朋友，他們在我們最困難、最需要幫助的時候伸出了友誼之手，他們令我們難忘。對於那位年輕的姑娘朱軍無以回報，因爲他根本不知道她的姓名和聯繫方式，他能做的，只是在心中默默地爲她的幸福祈禱。

人若生得逢時便會走運，走起運來摔倒了都會坐到金磚上。正當朱軍在電視臺上轉悠的時候，意外地在電梯門口遇見了正在尋找他的高立民導演，原來在他走後的第二天，高導演就聯繫過朱軍，因爲有一檔節目要試新人。可朱軍又不在，沒想到在這裏遇見。真是踏破鐵鞋無覓處，得來全不費功夫。這檔節目便是後來眾所周知的《東西南北中》。經過策劃組一系列的研究和考核，朱軍憑藉著自己的經驗和實力順利地當選了這檔節目的主持人。這是他成功的一個起點，也是他人生的一個新的里程碑。

朱軍是個大器晚成的人。朱軍是十分勤奮和敬業的，在中央電視臺的七八年間，取得了許多驕人的成績，他的形象真正在我們心中要根深蒂固是因爲 2000 年開創的《藝術人生》。

到了今天，朱軍已經對無數名人做過訪談。也深切體會到了他們的苦難的歷程，這是一種在默默凝聚的感情。感情的威力是很大的，夫妻間的感情可以使人類繁衍，而這種朋友間的感情可以使人類昇華。四年來的《藝術人生》讓朱軍對人生的認識加深了很多。

2003 年 11 月，朱軍榮獲了“金話筒”獎，可以說這是他事業上的一個巔峰時期。那麼這眾人矚目的“金話筒”又意味著什麼呢？它不是英俊的面孔和流利的表達，不是恢宏的場面和至高的榮譽，而是母親曾經的操勞、父親淳淳的教導、朋友的仗義、同事的奉獻、觀眾在電視機前滾落的眼淚，以及心心相印的溫暖情懷。

朱軍的成功之路是艱辛的。還有很多的心酸和苦楚他都沒有告訴別人，還有更多的壓力他在自己背負著，但他又是幸運的、幸福的。在他人生的路上，每一個關鍵的時刻都能得到許多善良、熱情的領導，師長朋友的真誠幫助。"機會不能坐等"，在走過的道路上，有許多巧遇，看上去是垂青於他。機遇從來都是降臨在那些有準備的人的身上。一個人的言行、努力和知識都是爲機遇所做的準備。所以看起來似乎是冥冥之中命運支配的巧合，實際則是他抓住了機遇，又不懈追求的結果，只不過是表面上看似乎有點投機、有點傳奇罷了。

筆行至此，我感慨頗深。與朱軍相比，在把握機遇和對事業追求的毅力上我都差了很多。回想起來，自己在時間的浪費上沒有吝惜過，在人生歷程中投入的勞動和汗水都不多，我不敢再想像原地踏步走的自己將會是什麼樣子。每個人的面前都有很多條路，良好的抉擇需要我們自身堅實的能力和超人的膽識，朱軍是我的榜樣。

安妮斯頓說過："我把生活看作登山，當你登上了一定的高度後便會不自覺的回頭看。可更加重要的是，你還會向前看，向前走，因爲你還要攀登。"

學習朱軍，時刻準備著，不斷充實自己、武裝自己、超越自己，把握好每一個來之不易的機遇，那時就離成功不遠了。

感謝老作家，慧眼識珠，讓我享受了一次精神大餐，堅定了不斷進取的信心。

一個人的夜晚

一個人的夜晚，習慣了打開電腦，打開 QQ。可是今晚 QQ 上的朋友無一線上，心頭不覺湧起一絲淡淡的愁緒，這是一個不聊天的夜晚。

白天有太多的疲憊和煩亂。匆匆的人群，在趕路的進程中品嘗得失。擁有、失落、歡欣與眼淚交相混合，其中甘苦，只有在靜靜的夜晚仔細品味。

一個人的夜晚，幸福的人都睡了，進入了甜美的夢境。孤獨與星星和我作伴，權利、金錢、對抗、陷阱……一切都遠而又遠，關上門就是一方純淨的空間。心空撐起一片藍天，飄起幾朵美麗的雲，或者，乾脆下一場潔白潔白的雪，覆蓋一切。

一個人的夜晚，平靜地撫摩自己的傷疤，童年的幻想，青年的莽撞，一個少年晃晃悠悠地從日記本裏走了過來，拿著開路的鐮刀，常常刺傷自己的手。

一個人的夜晚，一步一步地走進真實，走進深沉和悟境。孤獨和寂寞，傷感和坦然，心在靜夜裏一點一點地走過一生的路。

一個人的夜晚，少了朋友聚會時的那份喧鬧。丟下白日工作的煩惱，只是爲著可以靜靜地點燃一支煙，慢慢地品一杯咖啡。在寂靜的夜幕低垂中，我和電腦息息相通，相依爲命；桌上的電腦螢幕好比一盞太陽，驅走了四周的黑暗。就著窗外的朦朧的月色，打開塵封的記憶。

白天太喧囂了，被忙碌的人群和來來往往的車輛塞得滿滿當當，到處是塵土飛揚，我看不到自己的影子，找不到自己的位置，無法定位我的方向。我的靈魂和著塵埃在奔跑，讓我覺得心在濃縮。所以我喜歡在夜闌人靜的時候，讓平和與溫暖在厚積如土的心上一圈一圈的蕩漾，每蕩漾一圈，我心上的灰塵就開始向周圍擴散，每少一些灰塵，我便覺得自己的心靈開始變得輕鬆與潔淨，於是我在自己的心裏開始變得美麗起來。

隨著資訊高速公路的飛速發展，我們走進了網絡時代。多年以前，我選擇了網絡這個幽靜的熟悉角落，逃進來，寂寞的臉上或許還有絲說不清的渴望感受和渴望分享。這麼長時間以來，文字其實一直在心底湧動，死去的只是手中的筆。在自己寫的字和別人寫的字之間，我更喜歡自己寫的。讓鍵盤來觸撫思想脈搏最輕微的跳動，不想讓自己的靈魂像秋天的落葉一樣繼續它每年一次的凋落，用手中的鍵來敲打我身上的灰塵，用文字的聲音來碰撞一些質感的心靈，用滑鼠來發送我輕微的歎息與歡樂。

一個人的夜晚，我常常對著電腦螢幕浮動著淺笑，用一雙思考的眼睛和螢幕交流著。有時候我不說話，我怕我的聲音驚動了另一顆需要安靜的心，而用我的沉靜去觸動需要慰藉的心，透過螢幕我們仿佛看到了彼此那會心的微笑，無法掩飾地從內心流露出來的樣子。像一盞燈，在夜裏照亮了彼此的心。有時候只是那麼簡單的一句話，也會讓你覺得好似隆冬的寒夜燃起一束暖人的篝火，好似炎熱的夏季夜風輕送的那一絲清涼。

一個人的夜晚，周圍寂靜無聲，只有我敲擊鍵盤的聲音。我喜歡在電腦螢幕的光暈下打字，因爲它讓我在黑夜裏看到了一盞燈，永遠照亮著別人，卻在暗處搜尋著自己。喜歡文字，因爲文字讓我摘掉了生活中那個厚重的面具，讓我將易逝的青春用文字凝固成永恆的歲月。網絡是海，網友是魚。午夜時分，赤足走出臥室，悄然走進書房，翩然打開電腦，輕輕點擊圖示，魚一樣輕盈地滑進那張無形的網中，真是覺得愜意極了。生活中有的，網絡裏也有，生活中沒有的，網絡裏也有，網絡翻版著現實的生活。生活中我們常常把自己包裹得嚴嚴實實，有時候因爲冬天的寒冷，在夏天就爲自己準備好了裘皮大衣。工作中，爲了一些必須的社交場合，不得不把自己裝扮起來，以至於迷失了自己。在網絡裏，你可以輕描淡寫，可以不修邊幅，也可以蓬頭垢腦，只要你高興，想怎麼著坐在電腦旁邊和朋友交流都行。他們看到的是你發送過去的一些帶著溫度的文字，清新的、傷感的、激情的、灼熱的、聰慧的。你不需要知道他（她）的模樣，於是你開始透過他（她）的語言用滑鼠來勾勒一張張模糊而溫暖的臉，直到他們的輪廓在你的面前漸漸的清晰。

一個人的夜晚，當很多人都把夜交給夢、睡在夜的懷抱裏的時候，我像一個幽靈一樣在文字間行走。我有時不在線上多停留、選擇了隱身，面對一些彩色的頭像常常感覺到無所適從。而文字更容易讓我走進他們真實的內心。一些陰鬱而美麗的文字，一些酷熱而淒豔的言情故事。心靈會被一種頹廢或綺麗所震動，讓你感覺到生命如同脆弱的琴弦，個人如同漂流中的落葉。不論是刁鑽怪異的、唯美煽情的，還是一些淨化靈魂的理性篇章，都可以讓你透過文字靠近他們真實的內心，你看到的不只是文字，是一顆顆在波譎詭秘的世俗生活裏頑強掙扎著的靈魂，可以感覺到他們的血液在黑暗中流淌，感覺到他們疲憊的身軀迫切的希望有一個可以停一停、靠一靠的地方。

一個人的夜晚，綿綿良宵，有電腦相伴，有音樂相擁，有一群未謀面的朋友翩翩起舞，再遠的路，也可以在瞬隙間抵達，把隱約的焦慮熨貼成絲綢的柔軟。在這裏無論相識與否，互相常帶著善意的微笑，一起對酌文字、談吐契合，或悲或喜。讓快樂或不快樂在彼此的文字中尋求哪怕只是片刻的安寧。一個人的夜晚，還有滿天空的星星，世界並不孤獨，夜晚的陽光在人們巧手的編織下，比白天更燦爛明媚，也因了這些星空下一個人的夜晚，漢字便在網絡這塊神奇的土地上發出美麗又溫暖的光芒。

一個人的夜晚，好靜好靜，靜得可以聽到自己心跳的聲音；一個人的夜晚，有時也煩，孤燈相伴，無法感受月華的溫柔、星光的燦爛，愁緒在濃濃的夜色中漫延；一個人的夜晚，有時也感到很苦，人生易老、年華易逝，難以把時光挽留住；一個人的夜晚，浪漫詩意，好甜好甜，可以獨自享有一個清涼的空間，領略那風清雲淡的飄逸；一個人的夜晚，好美好美，良辰美景，可以在網絡中和一個個灑脫精靈相會，體會著百味人生……

商城遺址前的沉思

有人說，最能代表中國文化的是歷史，最能代表歷史的是建築，最能代表建築的是古跡，最能代表古跡的是時間。

仲秋十月，我來到了鄭州市內的商城遺址。在喧鬧的市區南部——城南路，有一片靜悄悄的園林，東南部入口處，別樣的一塊大碑斜立在遊人眼前，上書"鄭州商代遺址"。拾階而上，一道寬約四米、高約五米、綿延數公里的城牆輪廓展現在眼前，滿眼是歷史剝落的遺痕，這古老的城牆，在世紀的風雨中佇立了數千年，他們有太多太多的話哽咽在心頭，……給人總的印象是悲壯、蒼涼、雄渾而深邃。當我觸摸到記錄著鄭州 3600 年歷史的古商城泥土時，驚歎、陶醉、崇敬之情溢於言表；古老的城牆，別樣的古建築，獨具特色的城隍文化，讓我真實感受了一回中國古老文化的深厚底蘊。

自 2004 年 11 月 5 日鄭州邁入"中國八大古都"之列後，商城遺址就成爲鄭州作爲古都的最大資本，真實刻錄著鄭州 3600 年的歷史歲月。

鄭州商城是中國歷史上第一座建有城垣的王都，面積二十五平方公里，至今仍屹立著長達十二公里、有著三千多年歷史的古城牆。經過半個世紀的考古發掘和科學研究，大量的考古實施以及專家學者的反復論證證明，鄭州商城是距今 3600 年的商初都城，專家們確認它是商湯所建之亳都，也是中國歷史上第一座建有城牆的王都。享譽世界的商代文明即從這裏起步。鄭州商代遺址是國務院公佈的第一批全國重點文物保護單位，是目前我國已發現的規模最大、保存最完好的商代前期都城遺址。它是早於“安陽殷墟”的商代前期城市遺址。在這個城內出土的兩件銅方鼎，是商代前期銅器中罕見的王室遺物。在此還出土了大量的房基、地窖、水井、壕溝、墓葬等遺跡，以及銅器、石器、蚌器、玉器、陶器以及原始瓷器等遺物，還有少量的刀刻字骨和陶文符號。鄭州商城遺址的發現，爲研究商代奴隸社會和中國古代城市的形成與發展提供了寶貴的實物資料。

“歲月無聲流逝，商魂永載千秋。”漫步在古老的城牆上，踏在板結的黃土上，環顧生長著樹木和綠草的牆體，我如同穿越了 36 個世紀的時光隧道與歷史對話，彷佛隱約看到了商代早期的一座都邑，看到了洞開的城門和往來的馬車，看到了商民移動的身影。沿著長長的古城牆，我細細地觀察。我感到，自己的凝眸眼神，像夜幕下的探照燈在發散縷縷光束，爲這新奇而不停地注視、追尋和掃描，彷佛要窺出其中蘊藏的無限秘密。

微風輕輕拂過，又像是給人們深情訴說，好像遙遠的商朝古國正跨越漫長時空隧道，將那昔日的繁華重現在今人面前，使人們彷佛如履仙音的繚繞，不停爲凝聚的蒼老古樸歷史氛圍所沉澱，爲目睹的沉睡三千多年鏽跡斑斑古老文物而沉醉，直至陷入深深的沉思遐想，絲絲縷縷地涓涓流淌。

坐在一塊已不知有多少歲月的石頭上，目睹周圍肅條的故城，好像曠若往世，不由得浮想翩翩：曾經盛極一時的商王朝如今何在？那些高大的深宮大殿到那裏去了？那些戰馬嘶鳴、刀光劍影的景象又在何方？你不得不感歎歲月的無情、歷史的無奈、人類的渺小。一部中國歷史，包羅萬象，像這商城一樣，誰能說得清！秦始皇統一中國，修長城，修馳道，統一度量衡，焚書坑儒，修阿房宮……暴君乎？聖君乎？諸葛亮未出茅廬而知三分天下，舌戰群儒，草船借箭，火燒赤壁，六出歧山……賢耶？愚耶？歷史學家、小說家站在各自不同的認識角度，可以爲秦始皇翻案，爲曹操翻案，甚至爲雍正皇帝翻案……至於以後還會爲誰翻案。誰也說不準。但我知道，"不讀詩書也枉然"，讀了詩書更枉然！杜甫曾經寫過一首詩："王楊盧駱當時體，輕薄爲文哂未休，爾曹身與名俱滅，不廢江河萬古流。"他講的是文學。歷史講的是政治，二者也許有異典同工之妙。

歷史的煙波往往會湮滅許許多多讓人難以追索的記憶片斷。3600 年的歲月，洗去了所有的浮華與繁榮，讓那些帝王將相、文臣武士、宮女嬌娘都湮滅在歷史長河中，只留下了這古老城牆，幾乎化作了一堆黃土任後人憑弔，去追思、去發現、去感悟。

商城，你的寥廓，你的蒼茫，你的久遠，你的歷史、你的內涵、你的底蘊、你的文化、你的心靈，餘音嫋嫋、餘味無窮，讓後人神思蹁躚，正被嵌入癡迷和彷徨。屬於你的，留與後人的，難以揣測的，如今這些究竟在哪里呢？還能尋找回來嗎？

行走的風景 — 張帆印象

作者：申玲（《北疆開發報》記者、新疆作家協會會員）

認識張帆多年了，朋友在一起時間長了，就會非常熟悉他的性格和愛好。

張帆是新疆作家協會會員、新疆攝影家協會會員。他是一個內秀而寡言的人，又是一個實幹家，愛好眾多，朋友們常說他是一個雜家，幾年前在出版了散文作品集《靜遠小屋》之後，又有一本散文作品集《行走的風景》由作家出版社出版，近期又將在寶島臺灣出版《歲月拾萃》文集。他在攝影上還有自己的獨到見解，出版了攝影與文學專集《溫泉旅遊手冊》，在網絡文學中擔任好幾個網站的斑竹，每一塊陣地他都割捨不下，他的時間總是不夠用，他又是一個敬業的人，爲了做好每一件事情，他只能每天都去犧牲自己的休息時間，於是他在朋友們的眼裏成了一個拼命三郎。

這幾年，張帆一直沉浸在散文、隨筆和網絡文學寫作與攝影的快樂之中。在張帆看來，每個人對自己的人生都應該有一個清醒的認識，在人生的每個階段應該去做哪些事情，都應該有一個相對清楚的設計。也就是說，一個人必須學會科學地分配年齡。

在最初的探索和思考之後，某一天的張帆突然意識到在人生最豐饒的階段，應該將更多的精力投入到散文、隨筆和網絡文學與攝影當中，去豐富自己的人生，人生儘管如此短暫，還要努力去把它過的有意義一些。

於是，他的所見所聞，都在它的筆端和攝影機下被永久的定格。行走於他來說是一種跋涉，更是一種心靈的記錄。

其實，任何一次跋涉都是一次艱難的自我超越。雖然它並不一定意味著作家在敍事觀念上將會產生某種轉變，但是，作爲一個成熟的作家來說，每一步都想走得更遠，每一步都想邁得更高，也透露出他的每一次跋涉都將更爲艱辛。

自從他的三部作品問世以來，無論是讀者還是朋友，都一直焦渴地等待著他的新作問世。張帆的腳步一直在行走，並沒有停留在舊有的成績中沾沾自喜，但他已不滿足於行走，並日以繼夜地奔跑著。就像當年他的第一本書出版一樣，寫作者一旦獲得了自己的聲音，便以一種不可遏止的方式奔跑著。儘管寫作早已超過了他自己設定的篇幅，但張帆好像並沒有停下來的意思。

緊接著，他的攝影作品經過精心準備後開始展出，並被疆內許多報紙雜誌使用。他的攝影作品反映的幾乎都是本地的風土人情，這些攝影作品表現了他內心的一種唯美情結。他的攝影作品更多出自於內心獨特的審美觀。

在這個世界上，每一個人都在經歷著只屬於自己的生活，每一個人都恪守著自身獨特的精神歷程，即使寫作和攝影也不例外。對於張帆來說，雖然多年的寫作和攝影經歷，足以使他的人生變得豐富多彩，但是，就其自身的生命歷程來說，他依然沿著一個作家的生存方式生活著，依然沉湎於自己的內心生活，沉湎于心靈的懷想，守望著屬於自己的命運。

猶如任何一個生命都是一個複雜的存在，任何一種命運都是人類奇跡的一部分一樣，張帆以他的勤奮、智慧、心胸、膽識，終於使自己的人生變得熠熠生輝。

張帆的文章能夠把好看的、能觸及靈魂的內容留給讀者自己。

我想這正是張帆的寫作精神和寫作形式的真實態度。他惟一對得起讀者的是，他總是以真誠面對他們，他從來不爲文學之外的原因去違背文學的規律，或者違背良心。

他一直努力辛勤地行走著，並且把行走的風景中美麗畫面都留給了喜歡他的讀者。

正如他在自已寫的一篇《行走的風景》中的文章中寫道：走過的路，是一個故事是一段回憶；走過的路，是一支歌謠是一部小說。故事精彩不精彩，回憶美麗不美麗，歌謠動聽不動聽，小說可讀不可讀，那得看你走過的路上有沒有灑下辛勤的汗滴。

凡是汗滴灑過的地方，那故事便有完整的結構，回憶便有了甜蜜的味道，歌謠就有悠揚的旋律，小說更有動人的情節。張帆辛勤的汗滴，已經染亮了他人生的色彩。

生活之詩

— 讀張帆散文集《靜遠小屋》

作者：王鐘（新疆作家協會會員）

被寒冬鎖得久了，人們總是期盼春天的到來，在等待春天的日子裏，每個人都在期盼第一場春雨。每年的春天都會為人們帶來好兆頭，當人們還在為第一場春雨如何將至博爾塔拉爭論不休的時候，實際上在某個地方，肯定已經下過雨了。在物欲橫流的城市裏，行色匆匆的人們很少停下腳步，去注意周圍色彩的變化。實際上當積雪還未徹底融化時，我們的生活已經有了一層朦朧的綠意，而當第一場春雨還未來臨時，在博爾塔拉的某個地方，有一棵小草已經刺破日漸消融的雪線，把綠色深深紮進陽光裏了。這就是《靜遠小屋》給我們帶來的啓示。

散文集《靜遠小屋》由中國文聯出版社出版，書中精選了張帆在不同時期內 80 篇散文、詩歌、及文學評論，約 20 萬字。在長期從事基層領導工作之餘，張帆沒有忘記手中的筆，書中有許多讚美故鄉博爾塔拉的篇章，如《美哉，賽裏木》、《山清水秀好地方－溫泉縣》、《艾比湖印象》等，描繪博爾塔拉風土人情的《博爾塔拉灑趣》、《紀曉蘭途經甘家湖的故事》，《又見野菜上桌來》，以及直面現實宏揚正氣的《再見，共青團》、《善待農民》、《是非網吧》。其中《再見，共青團》令人想起《鋼鐵是怎樣煉成的》中的主人公保爾，其中“我是一塊磚，東西南北任黨搬。今後無論我走到哪里，都會像在團的崗位上一樣，……”讀後令人肅然起敬，這種敬業精神正是我們今天所缺少的。《善待農民》也是一篇好文章，“不知你是否仔細想過，中國的農民，是最具吃苦、最具奉獻精神的農民”。讀後使人聯想到目前的“三農”問題。這與喬吉甫州長在自治州十一屆人大二次會議上政府工作報告中談到的“一產抓奶牛，二產抓山口，三產抓旅遊”的總體發展思路不謀而合。我認爲，缺乏勾通、理解和信任是目前振興我州經濟的一個攔路虎，它阻礙了我州的經濟發展，以及各項事業的發展，形成了一個“你說你的，我幹我的”的怪圈。我們現在缺少的正是一座相互勾通、理解和信任橋樑，一座聯繫廣大幹部群眾和農民朋友的橋樑，我以爲這是目前改變工作作風和思想觀念是振興博州的核心問題。說缺少一座相互勾通、理解、信任的橋樑也不完全對，領導天天下去調研，掛職幹部每個鄉鎮都有，可是問題還是存在的。這也是《善待農民》一文所引發的思考。我想，一個作家如果做到了關注生活關注現實的話，是不難寫出好的作品的。

張帆不僅是一個作家，而且是一個生活的感悟者。《靜遠小屋》給讀者帶來的正是在現實生活一點一滴的感悟。生活如詩，《靜遠小屋》的作者給我們帶來的正是這樣一種啓迪。

沒有人逼你去品嘗一種感覺，如果你是一位文化書迷的話，有一天你在光顧博樂新華書店，碰巧你看到有一本書叫《靜遠小屋》的書，如果天賜良機的話，她的作者張帆就在你的身邊，我想《靜遠小屋》的作者張帆先生絕對不會冒昧地上前與你搭話，然後開始拼命吹噓自己的書。我想張帆這時候是害羞的，像初春的少女，因爲他不是商人。

一路陽光

— 讀張帆的散文集《行走的風景》

作者：蔣光成（中國作家協會會員、國家二級作家）

和張帆認識，得益于新疆首屆網絡文學那次懇談會。在那次會上，我知道了網名被稱作天涯牧馬人的，就是張帆。

這幾年，張帆一直沉浸在散文、隨筆和網絡文學寫作的快樂之中，他的這些文章寫得很隨意，寫得也有些意思。在張帆看來，每個人對自己的人生都應該有一個清醒的認識，在人生的哪個階段應該去做哪些事情，適合做哪個事情，都應該有一個相對清楚的設計。也就是說，一個人必須學會科學地分配年齡。而張帆在逼近四十歲時，也意識到了自己在這種人生最豐饒的階段，應該將更多的精力投入到散文、隨筆和網絡文學當中，扎扎實實地寫出一些有份量的作品。

於是，從 21 世紀開始，他開始增加散文和隨筆寫作的數量，放縱自己寫作的欲望。

其實，任何一次跋涉都是一次艱難的自我超越。雖然它並不一定意味著作家在敍事觀念上將會產生某種轉變，但是，作爲一個成熟的作家來說，每一步都想走得更遠，每一步都想邁得更高，也透露出他的每一次跋涉都將更爲艱辛。

在近幾年的這段時間裏，張帆一方面一刻不停地在與自我的思維進行搏鬥，與自己的信心進行較量，另一方面，他還不得不面對現實。自從他的兩部作品問世以來，無論是讀者還是朋友，都一直焦渴地等待著他的新作問世。他們總是按照中國當下一些作家的創作速度來衡量張帆，於是，猜測者有之，懷疑者有之，乃至失望者也有之，各種消息總是不斷地出現在人們的視野中。張帆似乎從第一本書開始，便成為一個網絡寫手時隱時現於文壇。好在張帆對此並不在意，他依然保持著清醒的頭腦，克服一個又一個意想不到的障礙，努力地解決自身的問題。

就像當年他的第一本書出版一樣，寫作者一旦獲得了自己的聲音，便以一種不可遏止的方式奔跑著。儘管寫作早已超過了他自己設定的篇幅，但張帆好像沒有停下來的意思。

在這個世界上，每一個人都在經歷著只屬於自己的生活，每一個人都恪守著自身獨特的精神歷程，即使寫作也不例外。對於張帆來說，雖然多年的寫作經歷，足以使他的人生變得豐富多彩，但是，就其自身的生命歷程來說，他依然沿著一個作家的生存方式生活著，依然沉湎於自己的內心生活，沉湎于心靈的懷想，守望著屬於自己的命運。

但是，我們現實中的文壇卻似乎並非如此。無論是老作家還是新作家，無論是男作家還是女作家，已很少有人甘於堅守自己的內心懷想。他們總是以近乎瘋狂的寫作速度，不停地拋出自己的新作，不斷地成為現代資訊反復關注的焦點，以至於人們漸漸地養成了一種思維習慣，似乎一兩年之內，一個作家如果沒有新作問世，便意味著他的寫作生命的終結。這種以高產量的方式來彰顯作家能力的寫作格局，隨著新世紀的到來愈演愈烈 —— 很多文學刊物都在不斷地推出增刊，以滿足各種新作的發表；有些文學刊物還將原來的月刊改成“半月刊”，增加作品發表的容量；各種文藝出版社更是借助強大的市場操作，以名目繁多的新叢書形式，一批批地出版作家們的新作。而在這種現象的背後，卻是作品內在品質的急劇下降，寫作的媚俗化和時尚化變得越來越名目張膽，作家的整體精神越來越蒼白，心靈越來越虛浮，文學也似乎變得越來越庸懶，越來越乏味。寫作，常常以下墜的方式，依靠那些所謂的人生經驗和歷史常識，不斷地複製著現實生存的秩序，拷貝著歷史記憶的表像，卻無法打開人們內心深處的隱秘空間，無法展示人類的某種可能性生活，也無法讓人們在夢想中獲得生存的智慧和力量，更無法激勵人們重返精神的高貴與聖潔。

面對這種以作品數量建立起來的寫作自信，我認爲，一個時代、一個民族的文學並不是靠數量來說明的，而是靠經典，靠精品。對一個作家來說，道理也是一樣的。所以，許多作家都不約而同地奉行“一本書主義”，馬爾克斯就認爲“一個作家只能寫出一本書，不管這本書卷帙多麼浩瀚，名目多麼繁多”。正如馬爾克斯在回憶自己眾多作品的寫作歷程時所說的，這種一本書主義既是對普魯斯特、塞林格等人而言的一種狹義的真實狀況，更是一個作家對待自己每一次創作時應有的態度。比如《百年孤獨》、比如《族長的沒落》，包括《沒有人給他寫信的上校》，甚至短篇小說《禮拜二午睡時刻》，這些作品都是使出了渾身解數，運用了所有的寫作技巧才寫出來的。但它們的出現又不過是下一次的標靶，它們的出生是爲了作家進行下一次“擊敗它”的創作。不知道在我們目前的創作中，有多少作家堅持了這樣的態度與信念，相反，我們看到的是另外的一種情形，蔑視經典，高舉享樂，濫用寫作的權利。

但是，在這種龐大的作品數量的衝擊面前，張帆卻依然保持著自己的冷靜。他既不想讚歎他們，更不想追隨他們。如果僅僅從寫作的數量上來說，在新疆的作家群裏，張帆確實屬於“貧窮”一類。他的所有創作，總字數還不到一百萬字，而這個寫作數量，即使是在中國七十年代出生的作家群中，都已經比比皆是，更不要說那些六十年代以及五十年代出生的作家了。

然而，“貧窮”的張帆卻有著自己的夢想。他曾說，美國作家哈金的一句話給了他一個很大的啓示。哈金說，美國作家心中都有一個偉大的願望，就是一生要寫一部偉大的小說，所以，美國的作家總是用寫五本書的精力去寫一本書。因爲在他的眼裏，很多世界上的文學大師，其作品數量都是少得驚人。威廉·福克納的一生，也只寫了不到二十本書，而且每本都並不厚；奈保爾和卡爾維諾也都只有十幾本書；而剛剛獲得諾貝爾文學獎的南非作家庫切的作品更少，加起來也不會超過十本。但是，這並不影響他們成爲世界級的文學大師，也無法動搖他們在世界文壇中的地位。而我們中國的作家正好相反，常常是用寫一本書的精力去寫五本書，在張帆看來，這無疑是對寫作的一種不尊重，也是對人類靈魂的一種不尊重，從某種意義上說，它們不是作家內心的產物，而是作家的“內分泌”。

猶如任何一個生命都是一個複雜的存在，任何一種命運都是人類奇跡的一部分一樣，張帆以他的勤奮、智慧、心胸、膽識，終於使自己的人生變得熠熠生輝。

更重要的是，張帆還年輕，還處在人生最具創造力的巔峰階段，而且，他還有一個偉大的願望 — “一生中寫出一部傑作”的理想在等待著他，召喚著他。

張帆對文學的熱愛和追求從時間上說，那是很遙遠的事了。作爲一個一直用心靈寫作，並視寫作爲生命的純文學作家，張帆能從純粹的先鋒走到今天，絕不是一種偶然。我想，也許是某一天，張帆忽然發現自己純而又純的先鋒作品讀者寥寥，是不是也存在著某種錯誤，進入了某種誤區，或是對先鋒的誤會呢？難道先鋒就是讓讀者在生澀的語言遊戲中失去閱讀愉悅嗎？我想答案是否定的。先鋒並非形式上的晦澀，而是他的思想具有一般作家所缺乏的超前性與前瞻性，於是，張帆機智並成功地爲他先鋒的核找到一個輕鬆的載體，也就是用新寫實的形式打造一艘艘美麗的甚至豪華的能夠承載先鋒核心的“泰坦尼克”。

他的文章能夠把好看的、能觸及靈魂的內容留給讀者自己。我想這正是張帆的寫作精神和寫作形式的真實態度。他惟一對得起讀者的是，他總是以真誠面對他們，他從來不爲文學之外的原因去違背文學的規律，或者違背良心。

這就是張帆！